LOTHAR ROCHAU

MARATHON
MIT MAUERN

W0211086

Die Herausgabe der Publikation erfolgte mit Unterstützung der Beauftragten des Landes Sachsen-Anhalt zur Aufarbeitung der SED-Diktatur.

SACHSEN-ANHALT

Beauftragte
des Landes Sachsen-Anhalt
zur Aufarbeitung
der SED-Diktatur

Diese Veröffentlichung stellt keine Meinungsäußerung der Beauftragten des Landes Sachsen-Anhalt zur Aufarbeitung der SED-Diktatur dar. Für die inhaltlichen Aussagen trägt der Autor die Verantwortung.

LOTHAR ROCHAU

mit Ines und Peter Godazgar

MARATHON MIT MAUERN

Mein deutsch-deutsches Leben

Autobiografie

mitteldeutscher verlag

Cover: Lothar Rochau, 2021 (Foto: Maike Glöckner)
Umschlagfoto hinten: Lothar Rochau bei Wanderung in den Brachwitzer Alpen, 1979 (Foto: Privatarchiv Lothar Rochau)
Abbildungen im Text: Privatarchiv Lothar Rochau

Abbildungsdigitalisierung: Henrike Fabienne Resch

Bibliografische Information der Deutschen Nationalbibliothek
Die Deutsche Nationalbibliothek verzeichnet diese Publikation in der Deutschen Nationalbibliografie; detaillierte bibliografische Daten sind im Internet über http://dnb.de abrufbar.

Das Werk ist urheberrechtlich geschützt. Jede Verwertung außerhalb der Freigrenzen des Urheberrechts ist ohne Zustimmung des Verlages unzulässig und strafbar. Das gilt insbesondere für Vervielfältigungen, Übersetzungen, Mikroverfilmungen und die Einspeicherung und Verarbeitung in elektronischen Systemen.

1. Auflage
© 2021 mdv Mitteldeutscher Verlag GmbH, Halle (Saale)
www.mitteldeutscherverlag.de

Alle Rechte vorbehalten.

Gesamtherstellung: Mitteldeutscher Verlag, Halle (Saale)

ISBN 978-3-96311-443-4

Printed in the EU

Birgit Neumann-Becker

GELEITWORT

In den 1970/1980er Jahren ist in Halle (Saale) ein Menschenfischer unterwegs: Der Jugenddiakon Lothar Rochau macht für viele den Unterschied. Jugendliche strömen zu den Werkstatt-Veranstaltungen seiner Gemeinde. Inmitten der Plattenbauten Halle-Neustadts, in denen Jugendliche auf das Funktionieren in der kommunistischen Diktatur eingeschworen werden sollen, erreicht ein Erwachsener ihre Herzen, versteht ihre Fragen, kümmert sich um ihre Sorgen, öffnet Räume zum Diskutieren: Er ermöglicht Freiheit. Das reicht, um harte staatliche Reaktionen herauszufordern. Dabei belasten die Jugendlichen viele Probleme in den Familien, in der Schule, bei der Berufswahl oder durch Werbeversuche der Stasi. Lothar Rochau kennt sie aus seiner eigenen Geschichte. Die Kirche ist ihm deshalb neue Heimat geworden.
Rochau geht den ganzen Weg, einen vollen Marathon: Die Staatssicherheit inszeniert Konflikte innerhalb der Kirche, streut Lügen und Gerüchte, zersetzt Vertrauen, schüchtert ein. Und die Kirche schützt ihn nicht konsequent genug. Rochau wird verhaftet und soll in aggressiv geführten quälenden Verhören gebrochen werden; in einem politischen Willkür-Prozess wird er 1983 zu drei Jahren Haft verurteilt und aus der DDR geworfen.
Seit 1990 die geheimen Akten offen sind, klärt sich die Geschichte auf: Erich Honecker und Erich Mielke persönlich beschäftigten sich mit Lothar Rochau. Die Staatssicherheit hatte fast 100 Spitzel auf ihn angesetzt. Bis

heute finden sich neue Informationen, aktuell liegen fast 10.000 Seiten vor.
Im März 1991 wird Lothar Rochau als einer der Ersten strafrechtlich rehabilitiert; das Urteil gegen ihn wird aufgehoben: Es verstieß nicht nur gegen die Menschenrechte, sondern auch gegen die Verfassung der DDR.
Nach der Deutschen Einheit sucht er das Gespräch mit den Richtern und Staatsanwälten, die ihn verurteilt hatten. Er tut dies behutsam – aber auch vergeblich. Eine bittere Erfahrung. Damit ist seine Geschichte repräsentativ für die Erfahrung fast aller DDR-Oppositionellen: Ehemalige Funktionäre, Staatsanwälte, Richter und Offiziere der Stasi lehnen die Übernahme persönlicher Verantwortung ab. Im Gegenteil, die Peiniger verzeihen ihren Opfern nicht, dass sie überlebt haben und bis heute die Dinge beim Namen nennen. Hinzu kommt: Viele ehemalige politische Häftlinge leben mit gesundheitlichen Schäden und in einer prekären finanziellen Situation.
Weil Lothar Rochau will, dass die Wahrheit über die DDR schonungslos ausgesprochen wird, berichtet er seit 1984 als Zeitzeuge vor Schülerinnen und Schülern – und erreicht erneut ihre Herzen.
Lothar Rochau und viele Weggefährten zeigen, dass man seinem Gewissen folgen soll, und ermutigen auch heute zum kritischen Nachdenken. Damit leisten sie nichts weniger als einen konkreten, wertvollen Dienst an der Gegenwart und legen eine Saat für die Zukunft unserer Demokratie. Ein Lebensmarathon für Lothar Rochau und für unsere von der Vergangenheit belastete Gesellschaft.
Als Beauftragte des Landes Sachsen-Anhalt zur Aufarbeitung der SED-Diktatur danke ich ihm von ganzem Herzen dafür, dass er diesen langen Weg – auch mit der Arbeit an diesem Buch – geht.

INHALTSVERZEICHNIS

VON OST NACH WEST – UND WIEDER ZURÜCK

Einleitung

Am 1. Dezember 1983 sitze ich in einem Bus voller jubelnder Menschen und erlebe am eigenen Leib: Freude muss nicht immer ansteckend sein. Meine Mitfahrer lachen, umarmen sich und vergießen Freudentränen. Warum? Nun, das Fahrzeug hat vor wenigen Sekunden bei Herleshausen die deutsch-deutsche Grenze passiert, kurz danach sind über das Bordmikrofon die Sätze erklungen: „Meine Damen und Herren, ich darf Sie recht herzlich im Namen des Bundesministeriums für innerdeutsche Beziehungen auf dem Territorium der Bundesrepublik Deutschland begrüßen. Sie sind jetzt frei."

Na, wenn das kein Grund zum Jubeln ist!

Frei – in der Tat, ich war frei. Nachdem ich zuvor seit meinem 16. Lebensjahr bespitzelt worden war und sechs Monate im berüchtigten Stasi-Knast „Roter Ochse" in Halle an der Saale gesessen hatte, war ich frei. Und doch konnte ich mich nicht freuen, während sich der Bus seinem Ziel, dem Aufnahmelager Gießen, näherte. Stumm saß ich auf meinem Sitz, und wenn ich wie meine glücklichen Mitreisenden eine Träne vergossen haben sollte (ich erinnere mich nicht mehr, ob es so war), dann war es auf jeden Fall keine Freudenträne.

Ja, ich war frei – aber ich hatte dafür mein Land verlassen müssen, meine Ehefrau, meinen sieben Jahre alten Sohn, meine Freunde und Gefährten. Dieser Verlust und das quälende Gefühl der Endgültigkeit wogen in jenem

Moment schwerer, als der Gewinn von Rede- und Reisefreiheit.
Manch einer mag dies verwunderlich finden – noch verwunderlicher mag er freilich finden, dass ich knapp sechs Jahre später und ohne längeres Nachdenken Folgendes tat: Am 10. November 1989, einen Tag also, nachdem Günter Schabowski mehr oder weniger versehentlich die Berliner Mauer und damit die Grenzen zwischen der DDR und der BRD geöffnet hatte, reiste ich zurück nach Halle an der Saale, zurück in meine Heimatstadt. Ich tat dies, obwohl ich seit meiner Ausreise aus der DDR sage und schreibe 37 Familienmitglieder und Freunde in den Westen nachgeholt hatte.
Unnötig zu erwähnen, dass kein Einziger von ihnen meinen Schritt nachvollziehen konnte. Meine Frau, mein Sohn, meine Eltern – sie alle waren alles andere als begeistert, zumal ich sogar erneut die Staatsbürgerschaft der DDR annahm. Am 29. März 1990 hielt ich den kleinen blauen DDR-Ausweis wieder in den Händen – knapp fünf Monate nach dem Mauerfall, gut sechs Monate vor der Wiedervereinigung.

Mein deutsch-deutsches Leben. Von Ost nach West – und wieder zurück. Ab und zu staune ich selbst noch darüber. Was hat mich zum Wanderer zwischen den beiden Deutschlands gemacht? Und was haben diese Wanderungen mit mir gemacht?
Davon will ich erzählen. Von meiner Kindheit in Thüringen, von meiner Zeit in der NVA, der DDR-Armee, von meiner Arbeit als Diakon in der Kirchengemeinde Halle-Neustadt, jener neuen Stadt der Chemiearbeiter.
Zwangsläufig muss ich auch erzählen von Vertrauen und Verrat – übrigens in Ost und West –, von Verhaftung und

Verhören. Natürlich auch von den welt- oder zumindest die DDR bewegenden Ereignissen. Von meiner Kirche, und auch von ihrem Verrat an meiner Person. Von den Jahren nach der Friedlichen Revolution als Leiter des Jugendamts in der größten Stadt Sachsen-Anhalts und von neuen Enttäuschungen, die mich nur deshalb nicht haben verzweifeln lassen, weil ich aktiv am Aufbau neuer Strukturen im Osten mitarbeitete.

Und schließlich auch von meinen Läufen. Hunderte, ach was, Tausende von Kilometern bin ich gerannt, seit ich um die Jahrtausendwende meinen ersten Marathon lief. Anfangs geschah dies einfach aus der Notwendigkeit abzunehmen. Aber schnell merkte ich, dass sich die Monotonie des Laufens in eine regelrechte Form der Meditation umwandelte. Heute vergeht keine Woche, in der ich nicht wenigstens zwischen 50 und 70 Kilometer absolviere.

Und auch von meinem jüngsten großen Abenteuer auf dem afrikanischen Kontinent will ich erzählen. Meinen 60. Geburtstag nahm ich zum Anlass, eine Stiftung zu gründen – der Einfachheit halber gab ich ihr meinen Namen. Die Lothar-Rochau-Stiftung unterstützt ein Diakoniezentrum in Tandala in Tansania, knapp 1.000 Kilometer südwestlich der Hauptstadt Daressalam.

All das kommt mir vor wie eine große Reise – oder auch wie mein ganz persönlicher Lebensmarathon. Auch heute noch muss ich oft an den Dezemberabend im Jahr 1983 denken, als ich im Bus mit dem Ziel „Freiheit" saß. Blutrot ging an der innerdeutschen Grenze die große Wintersonne unter. Das Bild hat sich tief in meinem Gedächtnis eingebrannt. Jetzt, mit 68 Jahren, fühle ich mich angekommen. Aber noch längst nicht am Ziel.

GEBOREN IN WEISSENSEE

Das Städtchen Weißensee liegt rund 35 Kilometer nördlich von Erfurt. Zu den Söhnen der Stadt gehören der Minnesänger Heinrich Hetzbold von Weißensee, der im 14. Jahrhundert gelebt hat, und die drei Philologen Christoph Wilhelm Mitscherlich (1760–1854), Adolph Gottlob Lange (1778–1831) und Karl Christian Reisig (1792–1829). Außerdem, bereits im 17. Jahrhundert, gleich drei nicht ganz unbekannte Theologen und Missionare – insofern wohl ein gutes Pflaster für den kleinen Lothar, der am 2. September 1952 in dem thüringischen Provinzstädtchen das Licht der Welt erblickte.
Ebenfalls eine Weile in Weißensee gewirkt hat Oskar Brüsewitz, jener evangelische Pfarrer, der sich im August 1976 in Zeitz selbst verbrannte, aus Protest gegen den Kommunismus. Von Brüsewitz, seiner Tat und davon, was sie bei mir ausgelöst hat, wird später noch ausführlich die Rede sein.
Weißensee ist ein kleines, stolzes Städtchen. Gelegen im Landkreis Sömmerda, hat es eine durchaus beeindruckende Geschichte aufzuweisen, die mehr als 800 Jahre zurückreicht.

Mein Vater war Jahrgang 1932, meine Mutter wurde 1930 geboren. Beide waren also noch sehr jung als sie Eltern wurden. Das war damals freilich nichts Besonderes. Es war Nachkriegszeit, und die Menschen bekamen ihre Kinder bekanntlich generell deutlich früher als heute. Meine Eltern haben am 7. Juli 1951 geheiratet, und noch im selben Jahr ist auch meine Schwester Dolores zur Welt gekommen.
Gelernt hat mein Vater den Beruf des Rundfunkmecha-

nikers in Erfurt, bei der Firma Hämmerling, später war er Mechaniker im Volkseigenen Betrieb (VEB) Robotron Büromaschinenwerk Sömmerda; auch meine Mutter hat dort gearbeitet.
Kurz nach meiner Geburt sind meine Eltern in den Harz gezogen. Dort war mein Vater von 1952 bis 1955 Angehöriger der Deutschen Grenzpolizei. Wir lebten in jenen Jahren in Benneckenstein im späteren Grenzgebiet, denn mein Vater war aus Überzeugung freiwillig zur kasernierten Volkspolizei gegangen. 1955 sind wir wieder nach Weißensee zurückgezogen.
Ich erinnere mich an eine glückliche Kindheit in herrlicher Landschaft und mit reichlich Schnee im Winter. Überall lockten fast unbegrenzte Spielmöglichkeiten und viele Tiere. Die Straße gehörte damals noch den Kindern.

Als der Zweite Weltkrieg endlich zu Ende war, war mein Vater 13 Jahre alt. Quasi seine gesamte Kindheit hat er in der Nazi- und Kriegszeit verlebt. Beide, mein Vater und meine Mutter, mussten eine Vielzahl von Verlusten bewältigen. Mein Vater verlor seinen Vater schon früh im Krieg. Meine Mutter verlor im Zweiten Weltkrieg vier Brüder, die als Soldaten in diesem sinnlosen Gemetzel starben. Ihre Schwester erkrankte an Typhus und starb in der Nachkriegszeit einen langsamen Tod. Diese Erfahrungen spielten fraglos eine entscheidende Rolle im Fühlen und Denken meiner Eltern. Das Erlebnis von Krieg und Hunger hat sich tief eingebrannt.
So erinnere ich mich noch heute, dass mein Vater, wenn es um das Thema Essen ging, den Satz aussprach: „Essen ist ein Kulturgenuss und nichts Selbstverständliches."
Von seinem ersten Lehrlingsgehalt, das er damals als Rundfunkmechanikerlehrling verdiente – kurz nach dem

Krieg, es waren um die 25 Mark – ist er essen gegangen. Tatsächlich hat er das gesamte Geld, heute würde man sagen: verfressen. Er war einfach so hungrig und wollte sich wenigstens einmal richtig satt essen. Da bekam er natürlich jede Menge Ärger mit seiner Mutter. So war der Umgang mit Lebensmitteln immer ein essenzielles Erziehungsmoment bei uns.

Kein Wunder also, dass mein Vater durchaus jemand war, der die neue Zeit mit dem Aufbau einer sozialistischen Gesellschaft mit herbeiführen wollte. Er wurde Mitglied der SED, der Sozialistischen Einheitspartei Deutschlands, die 1946 aus der Zwangsvereinigung von SPD und KPD hervorgegangen war. Mein Vater war vom Sozialismus überzeugt, er wollte seinen Beitrag in der neuen Zeit leisten und engagierte sich dementsprechend viel in der Parteiarbeit.

Es herrschte Aufbruchsstimmung, die Hoffnungen waren groß. 1955 wurde mein Vater nicht nur Mitglied der SED, sondern auch der Kampfgruppen und anderer gesellschaftlicher Organisationen wie dem Freien Deutschen Gewerkschaftsbund (FDGB), der Gesellschaft für Deutsch-Sowjetische Freundschaft (DSF) und so weiter. Er war dauernd unterwegs – „für eine bessere Zeit" – und dies tat er uns Kindern und auch unserer Mutter immer wieder kund.

Später, in den Jahren 1972 und 1973, hatte er sogar noch mal die SED-Parteihochschule besucht. Er hatte den festen Glauben daran, dass er über seine Partei die Lebensverhältnisse der kleinen Leute zum Positiven verändern kann.

Die Menschen, die ihm am meisten am Herzen lagen, waren stets die Handwerker. Er selbst hatte schließlich als Rundfunkmechaniker seine Wurzeln im Handwerk.

Später hat er als Dreher im Büromaschinenwerk Sömmerda gearbeitet. Das Handwerk zu fördern, war für ihn Berufung, und so wurde er 1973 Mitglied der Handwerkskammer. Ab 1974 war er auch noch in der Arbeiter-und-Bauern-Inspektion (ABI) aktiv. Diese im Mai 1963 eingeführte Kontrollinstitution war dem Zentralkomitee der SED und dem Ministerrat der DDR unterstellt und sollte die Erfüllung der Partei- und Regierungsbeschlüsse sichern.

DDR-weit gab es rund 280.000 ehrenamtliche ABI-Mitarbeiter, auch „Volkskontrolleure" genannt. Hauptberuflich arbeiteten sie in Genossenschaften, Betrieben und Kombinaten, Ministerien und Verwaltungen. Als ABI-Mitarbeiter kontrollierten sie aber ihre Mitarbeiter und waren sogar befugt, Weisungen zu erteilen und Disziplinarmaßnahmen anzuordnen. Das änderte freilich nichts daran, dass ihre tatsächlichen Einflussmöglichkeiten eher gering waren, auch wenn die Tageszeitungen (und manchmal sogar das Fernsehen) in der DDR oft über Erfolge der Volkskontrolleure berichteten, wenn es um Versorgungsmängel und mangelhafte Dienstleistungen ging.

Was mir sehr wichtig ist: Mein Vater war kein „Bonze" und auch kein Apparatschik, das war er beileibe nicht.

Er war ein Mensch, dem es darum ging, seinen ganz persönlichen Beitrag beim Aufbau des Sozialismus in der DDR zu leisten. Er wollte dabei helfen, den Erfolg der neuen Gesellschaftsordnung zu sichern – und das ging nur mit guten Handwerkern. Das war ihm ganz wichtig und so war es für ihn auch nur folgerichtig, dass er seit Anfang der 1970er Jahre beim Rat des Kreises Sömmerda arbeitete.

Später war er dort zuständig als verantwortlicher Refe-

ratsleiter für den wichtigen und sensiblen Bereich der Örtlichen Versorgungswirtschaft. Seine Handwerker zu fördern, war ihm wirklich eine Herzenssache.
Als Referatsleiter war er aber auch für die Genehmigungen von Handwerksbetrieben zuständig – und das gestaltete sich im Laufe der Zeit immer schwieriger. Mein Vater kämpfte an zwei Fronten: zum einen mit der Parteidoktrin, zum anderen mit der Mangelwirtschaft. Das ging nicht spurlos an ihm vorüber. Immer häufiger musste er miterleben, wie Handwerker gegängelt wurden und zunehmend am real existierenden Sozialismus verzweifelten. Und wie sie schließlich in den Westen gingen.

Und meine Mutter? Sie war eine starke und selbstbewusste Frau.
Sie stammte aus einer Kaufmannsfamilie in der Uckermark, genauer: aus einem Nest namens Greiffenberg, heute ein Ortsteil der Stadt Angermünde, unweit der polnischen Grenze. In Greiffenberg gab es ein Lebensmittel- und Kolonialwarengeschäft, und das gehörte der Familie meiner Mutter.
Natürlich musste meine Mutter mitarbeiten, und sie wurde nicht geschont: Der beschwerliche Transport großer Blöcke Butter mit dem Fahrrad war Knochenarbeit pur, und auch die tägliche Lieferung der Milch in großen Kannen war alles andere als kinderfreundlich. Aber auch hier wurde die Grundlage gelegt für den sorgsamen, wertschätzenden Umgang mit Lebensmitteln.
Entscheidend für unsere Familiengeschichte war der Verlust der Geschwister im Nationalsozialismus und die jahrelange Trauer meiner sehr frommen Großmutter. Der frühe Tod ihrer fünf Kinder hatte ihr das Herz gebrochen, und wer könnte das nicht verstehen? Doch trotz der grau-

samen Kriegs- und Nachkriegserfahrungen hat sie uns viel Herzenswärme und Großmut gegeben.

Der Vater Sozialist, die Mutter getaufte evangelische Christin – wer setzt sich da wohl durch? Als ich elf Monate alt war, wurde ich getauft. Eine ausschlaggebende Rolle bei dieser Entscheidung hat freilich auch besagte fromme Großmutter mütterlicherseits gespielt. Indes hatten die Kirche und das Christentum keinerlei Bedeutung in meiner Kindheit – abgesehen von den Besuchen des Krippenspiels am Heiligen Abend.
Prägend für den Alltag war dann doch die Sichtweise meines Vaters. In seinen Augen hatte die Kirche großen Anteil am „reaktionären" Gedankengut der Menschen und stand zudem im Lauf ihrer Geschichte allzu oft auf der Seite der Mächtigen.
Was man freilich nicht vergessen sollte: Es war auch die Zeit des Theologen und Bischofs Friedrich Karl Otto Dibelius, eines bekennenden Antikommunisten. Dibelius lebte zwar im Westen, spielte aber für uns im Osten trotzdem eine gewisse Rolle, denn die Evangelische Kirche war damals trotz der in Deutschland bestehenden Zweistaatlichkeit noch gesamtdeutsch organisiert.
Große Wirkung übte in der noch jungen DDR der thüringische Landesbischof Moritz Mitzenheim aus, der einen eigenen thüringischen Weg mit Walter Ulbricht gehen wollte. Und natürlich gab es weitere Pfarrer, die aktiv gegen den Nationalsozialismus gekämpft hatten und die jetzt in der neuen sozialistischen Gesellschaft ihren Platz suchten. Neben vielen Mitläufern gab es aber auch noch die sogenannten „Deutschen Christen", die im Nationalsozialismus aktiv den Kurs Hitlers und seiner Helfer unterstützt hatten. Die meisten von ihnen hatten sich

ohne Restriktionen aus dem Dritten Reich herüberretten können.
Doch trotz der oben erwähnten Widerständler und einiger weiterer Christen aus der Bekennenden Kirche[1] um den evangelischen Theologen Martin Niemöller herum war die Pfarrerschaft für meinen Vater insgesamt ein „reaktionärer Haufen".
Im Unterschied dazu hat meine Mutter weder die Religion im Allgemeinen noch das Christentum im Speziellen verteufelt. Sie hat ganz einfach und alltäglich versucht, Glaube, Liebe und Hoffnung zu leben – und das ging auch ganz gut ohne Kirche. Sie war bis zu ihrem Tod im Jahr 2008 evangelisch.
So war es für uns Kinder normal, dass wir am Heiligen Abend nur mit unserer Mutter zur Kirche gingen. In der im Ursprung romanischen Kirche St. Peter und Paul, die als Stadtkirche eng mit dem Wirken der Johanniter im 12./13. Jahrhundert in Weißensee verbunden war und am höchsten Punkt von Weißensee liegt, fühlte ich mich jedes Mal in eine völlig andere Welt versetzt. Ich kann heute noch gut verstehen, was es heißt, wenn Kinder ohne christlichen Glauben aufwachsen. Für mich war es vor allem das Fremde, das mich dabei besonders in seinen Bann zog. Das, womit ich im alltäglichen Leben sonst nichts zu tun hatte. Der weihnachtliche Kirchgang weckte dabei durchaus ambivalente Gefühle: ein schaurig schönes Ri-

1 Die Bekennende Kirche war eine Oppositionsbewegung evangelischer Christen gegen Versuche einer Gleichschaltung von Lehre und Organisation der Deutschen Evangelischen Kirche mit dem Nationalsozialismus. Wichtige Mitglieder waren Otto Dibelius, Martin Niemöller und der im April 1945 auf ausdrücklichen Befehl Adolf Hitlers im KZ Flossenbürg hingerichtete Theologe Dietrich Bonhoeffer.

tual. Es war immer kalt und dunkel in der Kirche, das hat eine Faszination ausgelöst, der ich mich nicht entziehen konnte.
Später war diese herrliche Kirche – meine Taufkirche – übrigens viele Jahre aufgrund des desolaten Bauzustandes gesperrt. Nach der Friedlichen Revolution wurde dieses einzigartige Gotteshaus zum Glück als Stadt- und Kulturkirche wieder aufwendig saniert.

„PLATZ DA, DER LANDVOGT KOMMT"

Am 3. September 1959 wurde ich eingeschult. Ich erinnere mich daran, dass im ersten Schuljahr einige Bänke leer blieben. Man sah es, aber man sprach nicht darüber, obwohl der Grund klar war: Die Familien zogen weg, und sie zogen natürlich in eine ganz bestimmte Himmelsrichtung. Mein Vater versuchte, uns von solchen Dingen abzuschirmen. Konkret kann ich mich nur an eine Familie erinnern, die weggegangen war. Sie war natürlich Stadt- und Schulgespräch.
An meine Schulzeit habe ich nicht ausschließlich positive Erinnerungen. Das liegt vor allem an einem ganz bestimmten Lehrer: Während der NS-Zeit war er mit meinem Vater gemeinsam beim Deutschen Jungvolk – den „Pimpfen" – aktiv. In der DDR wandelte er sich zu einem besonders linientreuen kommunistischen Lehrer.
Das war grundsätzlich nichts Ungewöhnliches, zumal im Nationalsozialismus im Jahr 1939 per Verordnung die Zwangsmitgliedschaft beim Deutschen Jungvolk festgelegt worden war. Jener Lehrer war zu meiner Zeit der Direktor der „Geschwister Scholl"-Oberschule und zugleich

mein Geschichtslehrer. Er trat sehr autoritär und streng auf, schritt in Reiterhosen und Stiefeln durchs Schulgebäude und fuchtelte unentwegt wild mit dem Zeigestock herum.
Legendär war auch sein „Begrüßungsritual“: Wenn sein Ruf „Platz da, der Landvogt kommt!“ durch die Gänge schallte, dann teilten sich die Schüler vor ihm wie es einst das Rote Meer vor Moses getan hatte.
Der Mann erzeugte bei mir Angst und Misstrauen. Vor seinen Unterrichtsstunden schlief ich regelmäßig schlecht, ich hatte eine Heidenangst vor dem Kerl. Immerhin: Ein Glücksfall für mich war, dass seine Tochter ebenfalls in meine Klasse ging und wir beide uns gut verstanden. Außerdem – trotz des Reiterhosen-Lehrers – war Geschichte mein Lieblingsfach, neben Sport.
Meinen Vater hatte ich wohl auch auf meiner Seite: Nachdem er wieder einmal in der Schule vorsprechen musste wegen irgendeines „Vergehens“ meinerseits, kam er wütend nach Hause und schimpfte: Der Direktor solle sich mal an seine eigene Jugend erinnern.
Eine zweite Person aus jener Zeit hat sich bei mir fest eingebrannt: nämlich die Leiterin des Grundschulhortes. Sie war keine „Hundertprozentige“, sie war eine „Hundertfünfzigprozentige“. In jener Zeit gingen fast sämtliche Kinder in den Hort – eine entsprechend große Rolle spielte die Einrichtung für unsere Sozialisation.
Die Hortleiterin nun kam mir vor wie die böse Königin im Märchen: Ständig fragte sie mich und meine Freunde über unsere häusliche Situation aus und ob wir genug zu essen bekämen. Ich empfand das als beschämend.
1960 bekam ich auch erstmals ein Gefühl davon, was später „Rotlichtbestrahlung“ genannt wurde. Meine Eltern hatten als Erste in dem neuen Acht-Familien-Block

in Weißensee, wo wir ab 1959 wohnten, einen Schwarz-Weiß-Fernseher.
Dieser Fernseher bescherte uns regelmäßige Besuche. Besonders an den Wochenenden kamen Verwandte und Nachbarn ins „Latschenkino“. Es waren immer großartige Abende, zumal wenn wir Kinder dabei sein durften und Serien wie „Lassie“ (der schlaue Langhaarcollie) oder „Fury“ (der ebenso schlaue Mustang) oder spannende Western mit angucken durften. Ein Fernsehverbot glich einer Katastrophe.
Stoße ich heute im Fernsehen auf einen solchen Western, dann staune ich immer über die Harmlosigkeit, die diese Filme ausstrahlen. Kaum zu glauben, dass ich einst mit großen Augen und klopfendem Herzen davorgesessen habe.
Montags im Hort wurden wir dann allerdings von der strengen Hortleiterin nach dem Fernsehprogramm ausgefragt. Besonders perfide war ihre Frage nach der Uhr vor der Nachrichtensendung. Die „Aktuelle Kamera“ wurde angekündigt mit einer Uhr, bei der die Minuten mit Punkten dargestellt, der „Tagesschau“ hingegen war eine Uhr mit „Minuten-Strichen“ vorangestellt.
Leider war ich nicht so pfiffig, wie meine große Schwester, die schon früh die Hinterhältigkeit der Pädagogin erkannt hatte, und so sagte ich naiv die Wahrheit.
Damit brachte ich mich regelmäßig in die Bredouille und durfte immer mal wieder im Hort in der berüchtigten Ecke stehen, freilich ohne meine bescheuerte Lage wirklich zu verstehen. Erst viel später lernte ich die Denkweise von der „Kunst der gespaltenen Zunge“ kennen, die in der DDR eine ganze Jugend geprägt hatte.
Umso wichtiger ist mir, die Kindheit in der DDR-Gesellschaft nicht zu verklären. Selbstverständlich wurden wir

als Kinder umsorgt. Selbstverständlich hatten wir schöne Kindheitserlebnisse am laufenden Band. Selbstverständlich hatten wir liebende Eltern. Doch mit zunehmendem Alter merkte ich immer stärker, wie brüchig diese Sicherheit war. Es war nicht in erster Linie der bescheidene Lebensstil, der eine dauerhafte Herausforderung für mich darstellte. Es war der ständige Kampf, nicht gegen die eigene innere Überzeugung handeln zu müssen.

Eigenlob liegt mir nicht, aber ich war wohl ein ganz guter Schüler. In den ersten Schuljahren hatte ich noch einen Notendurchschnitt von ungefähr 2,0. Ein besonders fleißiger Schüler war ich allerdings nie. Außerdem hatte ich schon früh etliche andere Interessen und Hobbys, die mir oft wichtiger waren als die Schule.

Ich war wohl etwa zehn Jahre alt, als eine Sache eine immer größere Rolle in meinem Leben zu spielen begann, eine Sache, die bis heute zu meinen Leidenschaften gehört: der Sport.

Wie so oft war es meine Mutter, die mir den Weg zeigte. Ich war ein sehr lebendiger Junge, und so sagte sie irgendwann: „Der Junge muss Sport machen!" Und so bin ich mit meinen Cousins zweimal die Woche zum Ringen gegangen. Mein erster Verein war die SG Dynamo Leubingen, ein Verein in einem Dorf bei Weißensee.

Heute würde man die Hände über dem Kopf zusammenschlagen angesichts der Trainingsbedingungen, die seinerzeit herrschten. Sie als mäßig zu bezeichnen, ist maßlos untertrieben. Tatsächlich trainierten wir in einem verqualmten Hinterzimmer der Dorfgaststätte, auf völlig abgewetzten alten Matten und unter katastrophalen hygienischen Bedingungen.

Schlimm? Aus damaliger Sicht natürlich nicht! Das Ganze machte mir einen Riesenspaß, zumal meine Freunde und Cousins dabei waren. Natürlich blieb es nicht aus, dass ich mit Abschürfungen und anderen kleineren und größeren Verletzungen nach Hause kam. Meine Mutter sah sich das eine Weile an, bevor sie die Reißleine zog. Ich protestierte, aber nach einigen Diskussionen meldete sie mich beim Ringen ab und bei der BSG „Motor" Sömmerda, Sektion Leichtathletik, an. Eine weise Entscheidung, wie sich herausstellte, denn dort lernte ich – in der nicht ganz einfachen Zeit der Pubertät – einen fantastischen Menschen und Trainer kennen, der es verstand, meine Eigenwilligkeiten in gute Bahnen zu lenken. Er war streng und forderte von seiner Trainingsgruppe viel. Aber gerade deshalb, und weil er immer fair und gerecht mit uns umgegangen ist, habe ich ihm von Anfang an vertraut.

Die Trauer ums verlorene Ringen wich schnell der Freude an der Leichtathletik. Drei bis vier Mal pro Woche trainierte ich fortan im Verein, an den Wochenenden absolvierte ich längere Trainingsläufe oder fuhr mit unserem Übungsleiter Bernd Krannich zu Wettkämpfen. Wir waren damals eine größere Trainingsgruppe, etwa zehn bis fünfzehn Kinder und Jugendliche im Alter von 12 bis 17 Jahren. Trotz der harten Einheiten machte mir das Training viel Freude, zumal Mädchen dabei waren und wir gemeinsam viele Reisen zu Wettkämpfen unternahmen.

Das harte Training führte dann auch zu ersten kleinen und größeren Erfolgen im Laufsport. Ich nahm an den Kinder- und Jugendspartakiaden teil und erlief einige Titel und sogar Rekorde.

Vor allem aber steigerte es mein Selbstwertgefühl. In den wenigen Jahren als Leichtathlet entwickelte ich mich zu einem selbstbewussten und durchsetzungsfähigen jungen Menschen. Dafür bin ich meinem alten Trainer bis heute sehr dankbar.

Für meinen Vater und meine Lehrer und Ausbilder war dieses gewachsene Selbstbewusstsein freilich nicht nur ein Grund zur Freude, zumal das bewegte und bewegende Jahr 1968 vor der Tür stand.

Nach acht Schuljahren in Weißensee kam ich in eine Spezialklasse nach Sömmerda und habe gleichzeitig eine Lehre aufgenommen. Aus heutiger Sicht mag das ungewöhnlich erscheinen. Ende der 1960er Jahre gab es aber für junge Menschen – ein Notendurchschnitt bis 2,5 vorausgesetzt – die Möglichkeit einer verkürzten Gesamtausbildung, soll heißen: Abschluss 10. Klasse der Polytechnischen Oberschule bei gleichzeitiger Berufsausbildung. Meine Schwester lernte Elektromechanikerin und ich Werkzeugmacher. Man muss bedenken: Ein Abiturabschluss war gerade einmal acht Prozent eines Jahrgangs vorbehalten. Neben den entsprechenden Leistungen musste man auch den richtigen Klassenstandpunkt haben – in der Realität war der richtige Klassenstandpunkt sogar noch etwas wichtiger als gute Leistungen. Das Leitbild der Volksbildung der DDR unter Margot Honecker war ja die sogenannte „allumfassend gebildete sozialistische Persönlichkeit“.

So war dieser außergewöhnliche Ausbildungsweg für mich eine gute Alternative.

FLOWER POWER IM DORFSAAL

Im Jahr 1968 wurde ich 16 Jahre alt. Es war ein bewegtes Jahr, auch aus der Perspektive unserer heutigen, extrem schnelllebigen Zeit: Die Studenten- und Bürgerrechtsbewegungen erreichten ihren Höhepunkt, es gab Unruhen in der Bundesrepublik und in Frankreich, Japan, Mexiko ...

Und wir jungen Leute? Wir ließen uns die Haare wachsen. Meine Schwester und ich fanden immer mehr Gefallen an der auch in der DDR aufkommenden Bewegung der Bluesfreaks, Tramper und Hippies. Zum Outfit gehörten die Blue Jeans der Marke Levi's, die berühmten „Jesuslatschen", derbe Lederjoppen (auch „Thälmannjacken" genannt), Batik-Kleider oder eingefärbte Unterröcke und Hebammentaschen. Das Nonplusultra war natürlich der „Shelli", der großzügig geschnittene, olivgrüne Shell-Parka der US-Army. Wer den besaß, der hatte in der Regel bis zu 1.000 DDR-Mark auf dem Schwarzmarkt investiert. Zum Vergleich: Als Diakon hatte ich im Jahr 1977 ein Monatsgehalt von 452 DDR-Mark.

Die Blues- und Rockmusik fing mein Lebensgefühl ein. Sie war Kult und für manchen eine Art Religionsersatz. Nur wer bei den Bands den Nimbus des „Echten", des „Hausgemachten" trug, hatte bei mir eine Chance. Die Musik unserer „Langhaarigen-Subkultur" wurde damals bestimmt von Bob Dylan, den Byrds, Joan Baez, Crosby, Stills, Nash & Young, The Band und natürlich auch von den Rolling Stones oder den Animals. Dazu kamen die Idole der Flower-Power Zeit: allen voran Jimi Hendrix, The Doors, die unvergessliche Janis Joplin oder Joe Cocker.

Nach meiner Armeezeit, Ende 1972, lernte ich dann die Zugkraft des gitarrengetriebenen Sounds eines B. B. King, John Lee Hooker und nicht zuletzt des legendären Muddy Waters kennen.

Daheim in der DDR spielten die „Klaus Renft Combo" (die 1975 verboten wurde), Stefan Distelmann – der für mich den besten „weißen Blues“ spielte –, die Klosterbrüder oder Jürgen Kerth, der ungekrönte König des thüringischen Blues, in den Jahren vor meiner Einberufung zur NVA eine große Rolle. An den Wochenenden trampten wir quer durch Thüringen, um unsere Lieblingsbands zu erleben. Kaum ein Wochenende verging, wo wir nicht unterwegs waren. Unsere Idole waren ja nur wenig älter als wir.

Unsere Eltern und Ausbilder sahen diese Entwicklung natürlich mit sehr gemischten Gefühlen, zumal die Kluft zum Leitbild der „sozialistischen Persönlichkeit“ schon rein äußerlich immer größer wurde.

1968 – das war natürlich auch das Jahr des Einmarschs der Warschauer-Pakt-Staaten in die ČSSR, die Tschechoslowakische Sozialistische Republik. Wenige Tage vor meinem 16. Geburtstag, am 21. August 1968, schlugen Truppen des Warschauer Paktes den ein halbes Jahr zuvor ausgebrochenen „Prager Frühling“ gewaltsam nieder.

Alexander Dubček, der am 5. Januar 1968 Erster Sekretär der Kommunistischen Partei der Tschechoslowakei (KSÈ) wurde, wollte einen „Sozialismus mit menschlichem Antlitz“ schaffen, in dem zum ersten Mal in der Geschichte des Kommunismus der Versuch unternommen wurde, Sozialismus, Demokratie und Freiheit als ein einheitliches Reformwerk zu betrachten. Doch das passte nicht in das Bild der Stalinisten in der DDR. Und schon gar nicht in jenes der Machthaber in der UdSSR.

Die Stimmung, die in jener Zeit herrschte, ist mir noch sehr präsent: Die Menschen zogen Parallelen zum DDR-Arbeiteraufstand vom 17. Juni 1953, ebenso zum ungarischen Volksaufstand 1956. Und sie wurden – obwohl politisch oft desinteressiert – vom Vorgehen des „großen

Bruders" und seiner Verbündeten abgeschreckt. Gerüchte und Halbwahrheiten machten die Runde – eine gute Zeit für Fake News.
Auch mein Vater hatte in jenen Tagen Bereitschaftsdienst bei den Kampfgruppen. Für uns waren es Tage voller Angst. Wir fürchteten, dass er demnächst als Reservist eingezogen würde, wie das in anderen Familien schon der Fall gewesen war. Das Gefühl, die Welt stehe kurz vor einem neuen Krieg, war allgegenwärtig.
Erst viel später habe ich erfahren, dass die Sowjets eine aktive Beteiligung von DDR-Truppen an der Niederschlagung des Prager Frühlings verhindert hatten. Zu nah war offenbar noch die Erinnerung an deutsche Soldaten in Prag.

Keine Frage – 1968 hat zu meiner Politisierung ganz entscheidend mit beigetragen: Die aufwühlenden Ereignisse jenes Jahres und die Gefühle, die sie in mir auslösten, mündeten in meine ersten leidenschaftlich geführten politischen Auseinandersetzungen.
Meine Freunde und ich verstanden nicht, wie man den Versuch, einen „Sozialismus mit menschlichem Antlitz" aufzubauen, mit Panzern niederrollen konnte. Es war für uns schlicht nicht nachvollziehbar, zumal in einer Zeit, in der wir dabei waren, Begriffe wie „Freiheit", „Authentizität" und „Nonkonformismus" zu verinnerlichen, mit der Rockmusik als Katalysator.
Ich hatte bis dahin nur Friedenszeiten erlebt, und nun stand plötzlich eine kriegerische Handlung im Raum. Das war unglaublich.
Der große Widerspruch, um nicht zu sagen: Der Irrsinn bestand für mich in der Tatsache, dass sich hier doch eigentlich befreundete Staaten mit ihren Armeen gegen-

überstanden. In der Schule und Lehre wurden solche Gegensätzlichkeiten allzu oft mit Phrasen und Dogmen erklärt – es ging schließlich nicht um Bildung und Aufklärung, sondern um Erziehung zum richtigen Klassenstandpunkt. Selbstständiges und kreatives Denken des Einzelnen war verpönt, entscheidend war die Unterordnung im Kollektiv. Das DDR-Volksbildungssystem hatte mit den humanistischen Idealen von Bildung nicht viel gemein, sondern war aus meiner heutigen Rückschau ein „Verbildungssystem".

So wurden Schule und Ausbildung in dieser spannenden Zeit für mich immer nebensächlicher. Ich tat nur noch so viel, um gerade über die Runden zu kommen. Ich lebte auf das Wochenende zu, um endlich wieder an der „Piste" zu stehen, die langen Haare in den Wind zu halten und mich auf gute Musik zu freuen.

Mit meinen Freunden lebte ich in einer Parallelwelt: Wenn wir es geschafft hatten, eine Karte für ein Blueskonzert in einem kleinen Dorfsaal zu ergattern, um mit anderen ein paar Stunden in einem kleinen, quasi rechtsfreien Raum zu sein, war die Welt in Ordnung.

Meistens war es eine friedliche Atmosphäre, angereichert mit einem Hauch von Anarchie. Auch weil die „Lehrlingswoche" mit ihren kleinbürgerlich-sozialistischen Anforderungen immer spießiger für mich wurde, mussten Musik und gute Literatur an den Wochenenden bei mir ganz viele Bedürfnisse erfüllen.

Eingeleitet wurde das Wochenende in der Regel am Sonnabendnachmittag mit den neuesten Hits unserer Idole im Beat-Club, der ersten Musiksendung mit englischsprachigen Interpreten im deutschen (West-)Fernsehen, moderiert von Uschi Nerke, ausgestrahlt von Radio Bremen. An den Wochentagen spielte kurioserweise eine Rund-

funkstation mit dem kuriosen Namen Deutscher Soldatensender 935 mittags um 13.30 Uhr eine große Rolle: Dort waren die neuesten Hits unserer Idole zu hören.
In den Jahren 1971/1972 stand dann auch die Entmachtung von Walter Ulbricht und der Wechsel zu Erich Honecker an. Erneut keimte die Hoffnung auf ein „Tauwetter mit einem beginnenden Frühling" auf. Und diesmal ersehnten nicht nur die Künstler in der DDR echte Reformen.
Tauwetter, in der Tat. Kaum zu glauben, aber selbst Erich Honecker sagte damals, sinngemäß, den Satz: „Es kommt nicht darauf an, was man auf dem Kopf hat, sondern was man im Kopf hat." Damit hatte ich endlich auch eine gute Argumentationshilfe für meine immer länger wachsenden Haare.
Interessanterweise gab es dann auch vor allem im Bereich der Literatur einige wirklich positive Signale, geradezu Umbrüche: 1972 erschienen „Die neuen Leiden des jungen W." von Ulrich Plenzdorf. Uraufgeführt wurde das Stück in Halle (Saale), der Stadt, die für mich so wichtig wurde.
Heinrich Böll, der große Menschenfreund und Literaturnobelpreisträger aus Köln, brachte seine ersten Geschichten in der DDR heraus. Von dem jung gestorbenen Pazifisten Wolfgang Borchert wurde in der DDR das „Gesamtwerk" mit mehr als 500 Seiten neu aufgelegt, der Greizer Lyriker Rainer Kunze veröffentlichte sein Büchlein „Brief mit blauem Siegel". Nicht zu vergessen die wunderbaren Erzählungen des „1968er-Schriftstellers" Hermann Hesse oder die philosophischen Werke von Friedrich Nietzsche, etwa „Also sprach Zarathustra – Ein Buch für Alle und Keinen".
Es gab sie also durchaus, die Signale des Umbruchs. In der Rückschau und den Betonkopf seiner letzten Jahre

vor Augen erscheint das einigermaßen unwirklich, aber mit Erich Honecker hatten ganz viele Menschen zunächst einmal viele Hoffnungen verbunden.
Die Ablösung von Walter Ulbricht durch Erich Honecker im Mai 1971 bedeutete für den Osten Deutschlands einen tiefen Einschnitt. Der Stalinist Ulbricht hatte sich in den 1960er Jahren vorsichtig von der Führungsrolle der KPDSU und dem sowjetischen Modell gelöst und dafür einen hohen Preis gezahlt.
Honecker dagegen erkannte die Führungsrolle der Sowjetunion wieder unumwunden und bedingungslos an. Damit freilich waren die Hoffnungen auf einen grundlegenden Wandel durch echte Reformen schneller verflogen als sie gekommen waren. Wieder einmal.

MEINE GANZ PERSÖNLICHE EISZEIT

Dann kam der berühmt-berüchtigte Brief mit dem blauem Siegel. Die Aufforderung, sich zum Wehrdienst zu melden.
Das Schreiben erreichte mich im April 1971 – es enthielt meinen Einberufungsbefehl nach Eggesin. Der kleine Ort in Mecklenburg-Vorpommern war zu DDR-Zeiten eine Art Synonym für Armee. Nach dem Zweiten Weltkrieg wurde Eggesin (gemeinsam mit dem benachbarten Torgelow) zur Garnisonsstadt ausgebaut: Ab 1952 wurden dort zunächst Einheiten der Kasernierten Volkspolizei, der Vorläuferin der Nationalen Volksarmee, und später der NVA selber angesiedelt. Noch heute ist Eggesin ein wichtiger Bundeswehr-Standort.
Für mich begann meine ganz persönliche Eiszeit.

Ich muss es so deutlich sagen: Die NVA war für mich in den 1970er Jahren bestenfalls ein Ort der vertanen Zeit, häufiger aber ein Ort der Schikane, des Brüllens, der Dummheit und des reinsten Kadavergehorsams.

Im Jahr 1983, während meiner vielen Vernehmungen durch die Staatssicherheit, wurde ich immer wieder gefragt, wann und wo mein Bruch mit der sozialistischen Gesellschaft vonstatten gegangen ist. Selbstverständlich ist eine derart radikale persönliche Veränderung ein langer Prozess. Gleichwohl kann ich als Ausgangspunkt unumwunden meine Erfahrungen bei der NVA nennen.
Die Nationale Volksarmee, das war im Jargon schlicht die „Asche", und auch für Außenstehende war klar: Das verhieß nichts Gutes. Die, freundlich gesagt, traditionellen Männlichkeitsbilder dort und die regelmäßigen Saufgelage fand ich schon immer abstoßend. Als ich dann als Achtzehnjähriger zur „Asche" musste, um meinen achtzehnmonatigen Grundwehrdienst abzuleisten, verfluchte ich nicht nur meinen neuen Haarschnitt: Schon der erste Kontakt mit der Kaserne war ein Schockerlebnis erster Güte.
Eggesin war unter den Standorten der NVA berühmtberüchtigt, wobei die Betonung auf „berüchtigt" liegt. Mehrere Tausend Soldaten und Offiziere waren dort im Militärbezirk V stationiert. Ich selbst diente in der IX. Panzerdivision. Die vielen Kasernen waren hermetisch abgeschirmt. Unter den Soldaten sprach man ironisch davon, dass hier die „SAKIMA", die Sand-und-Kiefern-Macke grassiert.
Wir lebten in einer Welt der „ständigen Gefechtsbereitschaft". Der Alltag war geprägt von Drill, Unterwerfung, Zwang und Kontrolle – kein Wunder, dass diese hässliche

Mischung über kurz oder lang bei vielen zu einer Veränderung der Persönlichkeit führte. Ich selbst hatte auch nach mehr als 20 Wochen Kaserne noch keinen „Freigang" genehmigt bekommen – kein Wunder, dass ich keinen Unterschied mehr zum Knast erkennen konnte.

Schon nach wenigen Wochen spürte ich immer öfter: Die krassen Einschränkungen gingen weit über eine militärische Notwendigkeit hinaus. In meinen Augen ging es vor allem um eines: Junge Menschen sollten für eine kranke Ideologie gebrochen werden.

Der Willkür von Vorgesetzten waren Tür und Tor geöffnet, und auch das Gruppengefüge unter den Soldaten bekam durch die sogenannte EK-Bewegung starke Risse. EK stand für Entlassungskandidat und bedeutete: Seht her, ihr „Spritzer" im ersten Diensthalbjahr, wir sind die Herren – und ihr seid ein Nichts.

Wir Neulinge mussten den EKs dienen: Bettenbau, Essen holen, EK-Band abschneiden,[2] das waren noch die harmloseren Sachen. Schwerer wogen die ständigen Demütigungen und vielen Formen von Sadismus, die an der Tagesordnung waren.

Der 1977 in den Westen abgeschobene Schriftsteller Jürgen Fuchs (1950–1999) hat seine Armeeerfahrungen bitterböse beschrieben in seinem Roman „Fassonschnitt". Ein besseres, beklemmenderes, genaueres Buch über den schleichenden Prozess der Entpersonifizierung habe ich nicht gelesen.

---

2 Das EK-Band war ein Maßband, wie es Hausfrauen und Mütter in ihrem Nähkasten aufbewahrten. Es maß 150 Zentimeter. So war es bestens geeignet, die letzten 150 Tage der Entlassungskandidaten zu verdeutlichen. Jeden Tag wurde ein Zentimeter abgeschnitten, jeder Zentimeter brachte die EKs dem Ende ihrer verhassten Armeezeit näher.

Was die Sache für die Neuankömmlinge so ausweglos machte: Das perverse System von Demütigung und Schikane wurde von den Vorgesetzten wohlwollend geduldet, bestenfalls verklärt als „inneres Selbsterziehungs- und Kontrollsystem der Soldaten".
Mit diesem bedingungslosen Befehl- und Gehorsamssystem kam ich von Anfang an nicht zurecht. Ich erinnere mich noch genau, als an einem grauen Herbsttag der damalige Armeegeneral Heinz Hoffmann Eggesin besuchte. In den Tagen zuvor waren wir abgeordnet, um das Gras gleichmäßig zu schneiden, um die letzten Blätter von den Bäumen zu holen und um nicht nur die Bordsteinkanten, sondern auch die Birkenstämme weiß zu streichen.
Bei solcherart Stumpfsinn, bei derartiger Idiotie konnte der „Befehl 30/74 – Alkoholverbot in der Kaserne" natürlich nur ins Leere laufen.
Da ich in den Augen meiner Vorgesetzten kein guter Soldat war, durfte ich meinen ersten Heimaturlaub, erst nach 21 Wochen Kasernenaufenthalt antreten. Natürlich war die Verweigerung mit der ständigen Gefechtsbereitschaft begründet worden, der 85/15-Anwesenheitsregelung. Sie besagte, dass die Kaserne zu jedem Zeitpunkt mit mindestens 85 Prozent der Soldaten belegt sein musste, maximal 15 Prozent durften in den Ausgang.

Die Zustände in Eggesin wurden für mich schnell immer bedrückender. Mit einem Leidensgenossen aus Leipzig überlegte ich, welche realistischen Chancen es gibt, dieses kranke System zu verlassen. So landeten wir nach einer Odyssee von Arzt zu Arzt endlich im zentralen Armeelazarett in Bad Saarow mit der Aussicht auf eine eventuelle frühzeitigere Entlassung aus dem Armeedienst.

Für eine Ausmusterung waren wir bereit, einiges auf uns zu nehmen. Ich täuschte ständige Kopfschmerzen und häufiges Nasenbluten vor und ließ mich freiwillig behandeln. Dies jedoch war mit neuen Torturen verbunden, dazu gehörten auch mehrere Punktionen, bei denen Gehirnwasser gezogen wurde. Es waren wahnsinnig schmerzhafte Erfahrungen, und die besonderen Bedingungen in einem Armeelazarett machten es nicht erträglicher.

Frustierenderweise war am Ende alles vergebens: Nach einigen Wochen Aufenthalt wurde ich durch eine Ärztekommission in Bad Saarow als geheilt entlassen. Binnen 24 Stunden sollte ich mich wieder bei der Truppe in Eggesin melden. Ich war an einem absoluten Tiefpunkt angelangt, hatte nur eine Rückfahrkarte in der Tasche. Ich wollte mich sinnlos besaufen – doch dazu fehlte mir das Geld. Es war der 24. Oktober 1971, ich irrte ziellos herum und landete im Zentrum von Ueckermünde, zehn Kilometer nördlich von Eggesin, direkt am Stettiner Haff gelegen. Irgendwann kam ich an der Stadtkirche vorbei. Vor dem Gebäude waren viele Gräber gefallener Sowjetsoldaten. Aus welchem Impuls ich das Gotteshaus betreten habe, kann ich bis heute nicht genau sagen, vermutlich war es einfach eine Fügung.

Ich betrat die Kirche und setzte mich in eine der hinteren Bänke. Ich muss ausgesehen haben wie das berühmte traurige Häuflein Elend.

Eine ältere Frau sprach mich an, die Küsterin der Kirche. Sie fragte, ob es mir denn nicht gut gehe. Ich versuchte, ihr meine verzwickte Lage zu erklären, und es entwickelte sich ein sehr trostreiches Gespräch. Später zeigte sie mir noch „ihre" Kirche, sie sprach von Martin Luther und der Symbolik des Schwans im Christentum.

Als ich mich von ihr verabschiedete, schenkte sie mir ein blau eingebundenes Exemplar des „Neuen Testaments". Seitdem begleitet mich diese „Frohe Botschaft" durch mein gesamtes Leben.
Zurück in der Kaserne fing ich an, das Buch zu lesen. Leichte Kost war es für mich aber nicht. Vielleicht fragen Sie sich, warum die Bibel als Sohn einer Christin für mich eine „Neuentdeckung" war. Nun, meine Mutter war zwar Christin, aber sie war eine Christin im praktischen Sinne. Sie hatte mich nie an die christliche Literatur herangeführt, sie besaß auch keine Bibel, das hätte mein Vater vermutlich auch gar nicht geduldet.
Und selbstverständlich hatte ich dann auch bei der Truppe niemanden, mit dem ich über die Texte sprechen konnte. Niemand dort wäre auf die Idee gekommen, sich freiwillig als Christ zu erkennen zu geben.
Erst Wochen später, nachdem ich das „Manifest Jesu" – die Bergpredigt – gelesen hatte, versuchte ich, behutsam mit zwei an Philosophie interessierten Kameraden darüber zu reden. Was dort, in den Kapiteln 5 bis 7 des Matthäus-Evangeliums, geschrieben stand, war ja das absolute Kontrastprogramm zu meiner damaligen Situation.
Jesus von Nazareth wurde für mich zu einem besonderen Lehrer und Philosophen. Seine Botschaft von der Liebe zu allen Menschen, auch zu unseren Feinden (!), ging mir nicht mehr aus dem Kopf. Und sie passte wunderbar in mein Weltbild, das weit abseits der realen Welt lag. Ich spürte die positiven Auswirkungen auf mein persönliches Empfinden schnell: Für den Rest der Armeezeit war ich etwas gelassener, ein bisschen hoffnungsvoller. Vor allem hatte ich wieder eine echte intellektuelle Herausforderung.
Freilich war die Situation bei der Armee keineswegs bes-

ser geworden. Ich befand mich weiter in dieser erdrückenden, erniedrigenden und von Kadavergehorsam geprägten Lage. Doch das Wunderbare war, dass ich trotz aller Widrigkeiten eine neue Gewissheit hatte, die mich nicht gänzlich verzweifeln ließ an den Umständen.
Ich wusste: Die Dummheit würde nicht siegen.
Heute würde ich vielleicht sagen: Du kannst nicht tiefer fallen als in Gottes Hand.

UNTERWEGS ALS „KUNDE"

Im Oktober 1972 wurde ich aus der „Schule der Nation" entlassen. Es war einer der schönsten Tage meines Lebens. Endlich wieder leben und nicht gelebt werden!
Doch die Freude währte nicht lange. Ich ging in meinen Lehrbetrieb zurück, den VEB Büro- und Rechenmaschinenwerk Sömmerda. Dort hatte ich im Februar 1971 meinen Facharbeiterabschluss als Werkzeugmacher gemacht, und dort wollte ich nun wieder anfangen. So dachte ich, denn es war mir eigentlich auch zugesagt worden. Es gab eine böse Überraschung, denn man wies mir keine Stelle als Werkzeugmacher zu, sondern bot mir eine deutlich minderwertigere Arbeit an: Ich sollte als sogenannter „Zähler und Wieger" arbeiten. Das war eine absolute Idiotenarbeit, die darin bestand, Materialteile auf die Waage zu stellen, sie zu wiegen und dann ins Lager zu bringen. Eine Hilfstätigkeit, die einzig darauf abzielte, mich zu demütigen.
Ich war natürlich sehr verärgert, denn mir war klar, dass ich bei der erstbesten Gelegenheit meine junge „Karriere" als Hilfsarbeiter beenden werde.

Mit 20 Jahren stand ich also an einem entscheidenden Wendepunkt. Ich wusste intuitiv: Jetzt muss etwas Neues kommen. Und so habe ich mich im Winterhalbjahr 1972/73 intensiv bemüht, eine Ausbildung an einer Fachhochschule oder Fachschule zu beginnen. Da ich zudem nach wie vor sehr an Geschichte interessiert war, bewarb ich mich unter anderem auch an der Fachschule für Archivwesen in Potsdam.

Ich hatte mich gut vorbereitet, selbst mein Äußeres war akzeptabel, und so fuhr ich frohen Mutes nach Potsdam. Kurz nach meiner Ankunft gab es ein intensives Bewerbungsgespräch mit einer kleinen Kommission, und nach meinem Eindruck hatte ich mich auch recht gut verkauft.

Wenige Tage später kam die Absage.

Ich weiß nicht mehr, ob es eine schriftliche Absage war oder ob ich einen Anruf bekam – ich weiß aber, dass mich die Mitteilung nicht nur sehr enttäuschte, sondern dass ich sie geradezu sarkastisch fand: *Ich möge mich doch erst einmal in der sozialistischen Produktionsarbeit bewähren und dann wieder vorsprechen …*

Sozialistische Produktionsarbeit? Da kam ich doch gerade her!

Der Sinn, der für mich hier ganz klar mitschwang: Die Bewährung in der Produktionsarbeit ist eigentlich eine Strafe.

Als Strafe, so habe ich es in der Tat gesehen, denn ich konnte mir nicht vorstellen, dass ich in einem Materiallager die spannendsten Jahre meines Lebens verbringen sollte.

Ich zog die Konsequenz und kündigte nach wenigen Monaten, im Frühling 1973.

Heutzutage, in unserer voll und ganz durchökonomisierten Welt, steht das Wort Kunde vor allem für eine Person, ein Unternehmen oder eine Organisation, die oder das „als Nachfrager ein Geschäft mit einer Gegenpartei abschließt". So erklärt es jedenfalls das Online-Lexikon Wikipedia.

Manch einer behauptet sogar, besagter Kunde sei König, was ich aber für ein Gerücht halte.

Auch in der DDR gab es Kunden (dort freilich waren sie alles andere als Könige). Allerdings war das Wort auch noch gänzlich anders besetzt. Ich fürchte allerdings, es gehört zu den aussterbenden DDR-Begriffen, denn seine Verwendung nimmt stark ab, und dürfte irgendwann aussterben. Ein ähnliches Schicksal haben DDR-Wörter wie „Winkelement" (Wink-Element, nicht Winkel-Element![3]) oder „Sättigungsbeilage" – allerdings finde ich es in diesen Fällen nicht so traurig.

Mit einem „Kunden" bezeichnete man in den 1970er Jahren einen Anhänger der Blueser-Szene. Die Blueser-Szene wiederum war – ebenfalls laut Wikipedia, aber meine Erfahrung deckt sich hiermit – „die langlebigste und zugleich lebendigste Jugendkultur in der DDR".

Einen etymologischen Ursprung hatte das Wort freilich auch – es stammte aus dem Rotwelschen, wo es eine Bezeichnung war für wandernde Handwerksburschen, aber auch für Bettler und Landstreicher.

Zu den äußerlichen Erkennungszeichen der Kunden gehörten der schon erwähnte grüne Parka (der Shelli), Bluejeans (am besten der Marke Levi's), an den Füßen im

3 Und da dieses Wort gerade bei jungen Menschen inzwischen Stirnrunzeln hervorruft stößt, sei für alle Nachgeborenen erklärt: Winkelemente waren schlicht und ergreifend: kleine Fähnchen.

Sommer Römersandalen (auch Jesuslatschen genannt) und im Winter Kletterschuhe aus Wildleder (die Tramper oder Klettis).

Derart ausgestattet fanden wir uns unglaublich cool und lässig!

Die DDR-Staatsmacht hatte freilich eine andere Bezeichnung für uns. Für sie waren wir einfach Gammler und Rowdys.

Und Gammler trampten. Das Trampen war die bevorzugte Fortbewegungsart junger unangepasster DDR-Bürger. Sie war zwar aus der Not geboren, weil kaum jemand ein Auto besaß – aber für uns war Trampen mehr als das: nämlich eine Form der Suche nach Freiheit. Für mich gab es damals in diesem geschlossenen Land kaum etwas Schöneres, als an der Autobahnauffahrt zu stehen, den Daumen rauszuhalten und dabei ein wenig Freiheit zu spüren. Auf meinen diversen Tramp-Touren hatte ich zahllose interessante „Kunden" kennengelernt: allesamt junge, unangepasste Menschen, die ähnliche Gedanken und Träume hatten, wie ich selbst. Sie lasen, wie ich auch, Hermann Hesse, Wolfgang Borchert und Albert Schweitzer waren ihnen nicht fremd und unser Musikgeschmack war auch ähnlich. Wir trafen uns regelmäßig in Bad Frankenhausen, das damals ein Zentrum der Bluesbewegung war. An den Wochenenden trampten viele progressive Leute aus der ganzen DDR, vor allem aber aus Thüringen dorthin. Im örtlichen Kulturhaus gab es regelmäßige Tanzveranstaltungen, auf denen wir unsere Lieblingsbands hörten. Und wir hatten harte Auseinandersetzungen mit jenen, die in unseren Augen „Kleinbürger" oder „Spießer" waren über das Thema „Anpassung und Widerspruch".

In unseren vielen Diskussionen der damaligen Zeit, tauchte immer wieder ein Satz auf, der geradezu zum geflügelten Wort wurde: „Ein Staat ist immer so gut, wie er mit seinen schwächsten Mitgliedern umgeht."

Das fand ich für mich selbst herausfordernd und so begann ich, nach Möglichkeiten zu suchen, neben den vielen endlosen Diskussionen etwas Sinnvolles und Praktisches zu tun. Ich wollte mich einsetzen für Menschen, die in dieser Gesellschaft keine Lobby hatten oder deren Stimme verstummt war. Dieser Wunsch war bereits in den letzten Monaten meiner Armeezeit merklich gewachsen, und die Lektüre des Neuen Testaments spielte dabei natürlich eine wichtige Rolle: Wenn es einen Gott geben sollte, dann muss er sich doch besonders bei den Ausgegrenzten, den Benachteiligten, Schwachen und Behinderten zeigen.

Die radikale Sichtweise der Bibel faszinierte mich zunehmend, und so verinnerlichte ich den Gedanken, die „Seiten endgültig zu wechseln".

Die wunderbaren Seligpreisungen der Bergpredigt gingen mir nicht mehr aus dem Kopf. Und ebenso wenig der Satz Jesu aus dem Matthäusevangelium, Kapitel 16, Vers 26 (oder auch analog im Markus-Evangelium, Kapitel 8, Vers 36): „Was hülfe es dem Menschen, wenn er die ganze Welt gewönne und nähme an seiner Seele Schaden? Oder was kann der Mensch geben, damit er seine Seele wieder löse?"

Die großen Fragen lauteten damals für mich: Kann ich in einer Diktatur glücklich sein? Zu welchem Preis? Und was hatte ich als junger Mensch in einem unfreien und geschlossenen Land zu verlieren oder anders herum: Was konnte ich mit der christlichen Religion gewinnen?

Eine erste Antwort bestand darin, dass ich 1973 konfirmiert wurde. Es war kein großes Fest, erst recht kein Familienfest – im Gegenteil: Zur eigentlichen Konfirmation war ich nur mit vier älteren Frauen, die den Gottesdienst besuchten, allein in der Sakristei der Kirche in Weißensee.

Die Erfahrungen bei der NVA hatten nämlich auch dazu geführt, dass ich mich zunehmend von meinem Vater entfremdete. Die Diskussionen mit ihm wurden in der Zeit nach dem Wehrdienst härter und parteiischer. Meine Mutter litt sehr darunter, doch einen faulen Kompromiss wollte ich nicht mehr eingehen.

Einer der Standardvorwürfe meines Vater lautete: „Willst du denn alles aufs Spiel setzen? Wir haben nicht dafür gearbeitet, dass du uns mit deinem Querulantentum alles kaputt machst. Komm endlich zur Vernunft und arrangiere dich mit unserem Staat, dann stehen auch dir alle Türen offen."

Je härter die Auseinandersetzungen nach meiner Konfirmation wurden, desto mehr tat mir mein Vater auf eine gewisse Art und Weise leid: Ich spürte immer mehr, unter welch enormen Druck die Partei ihn setze; kein Wunder: Im kleinen Weißensee sprach sich schnell herum, dass der junge Lothar Rochau regen Kontakt zu Pfarrer Siegfried Merker hatte.

Siegfried Merker war als evangelischer Pfarrer seit 1959 in Weißensee tätig. In seiner lebendigen Gemeindearbeit engagierte sich als junger Mann auch der spätere evangelische Pfarrer Oskar Brüsewitz.

OSKAR BRÜSEWITZ

Brüsewitz war 1960 als Schuhmachermeister mit seiner Familie nach Weißensee gekommen. Noch im selben Jahr bemühte er sich um eine Gewerbeerlaubnis, die ihm auch erteilt wurde. Schwieriger war es, geeignete Räume für die Werkstatt zu finden. So kaufte er einen ausrangierten Eisenbahnwagen, in dem er eine „christlich-missionarische Werkstatt" einrichtete. Dies blieb selbstverständlich weder meinem Vater noch dem Ministerium für Staatssicherheit (MfS) verborgen, zumal Brüsewitz sehr kontaktfreudig war und auch mit den Ankündigungen in seinem Schaukasten nicht selten für Aufregung sorgte. Der Schaukasten befand sich am Tor vom Pfarrhaus, das in Weißensee kurioserweise in der Karl-Marx-Straße stand. Er war damit auf kirchlichem Terrain, sodass staatliche Stellen nur einen begrenzten Zugriff darauf hatten.

Brüsewitz war ein echter Volksmissionar, ein fantasievoller Mensch, der sein Herz auf der Zunge trug und die Leute mit allen Mitteln von Gott überzeugen wollte.

Als Laienprediger veranstaltete er Evangelisationen, vorrangig für junge Leute, und andere öffentlichkeitswirksame Aktionen, die meinen Vater als aktives Parteimitglied nicht kalt lassen konnten. Brüsewitz' oft spontane Ideen stießen aber auch innerhalb der Gemeinde und der Kirchenoberen nicht immer nur auf Zustimmung. Sie waren aber immer aufsehenerregend. Zum Beispiel veranstaltete er seine Erntedankgottesdienste gern mit lebenden Tieren.

Regelmäßige Höhepunkte in den Auseinandersetzungen mit meinem Vater bildeten indes immer die Wahlen in der DDR – oder das, was man so nannte. Im Volksmund schlicht als „Zettelfalten" deklariert, hatte mein Vater gerade in diesem Bereich die „Diktatur des Proletariats" mit abzusichern. Erzählungen zufolge muss Oskar Brüsewitz meinen Vater in jenen Jahren als „Gesinnungslump" bezeichnet haben, eine Beleidigung, die meinen Vater Zeit seines Lebens beschäftigte.

Viele Jahre später erzählte er mir einmal, dass sich Oskar Brüsewitz im Volkshaus zu Weißensee öffentlich gegen die Wahlen ausgesprochen hatte: „Ich habe schon gewählt – nämlich Jesus Christus", hatte Brüsewitz verkündet. Zur damaligen Zeit war diese Äußerung ein enormer Akt des zivilen Ungehorsams.

Brüsewitz' großes Sendungsbewusstsein war auch ein Grund für die ständigen Querelen, die er Anfang der 1960er Jahre mit meinem Vater hatte und dessen späteren großen Groll auf alle „Schwarzkittel". Für mich waren die beiden immer ein bisschen wie Don Camillo und Peppone.[4]

In den Jahren 1964 bis 1969 besuchte Oskar Brüsewitz die Predigerschule in Erfurt, ein Jahr später wurde er ordiniert und begann seine Arbeit als Pfarrer in Rippicha, einem Nest im damaligen Kreis Zeitz (im Bezirk Halle). Am 18. August 1976 übergoss er sich vor der Michaeliskirche in Zeitz mit Benzin und zündete sich selbst an. Zuvor hatte er zwei Plakate auf das Dach seines Autos gestellt, auf denen stand: *Funkspruch an alle – Funkspruch an alle – Wir klagen den Kommunismus an wegen Unterdrückung der Kirchen in Schulen an Kindern und Jugendlichen* und

---

4 Don Camillo und Peppone sind die Hauptfiguren mehrerer Romane des italienischen Schriftstellers Giovannino Guareschi, die mit sehr großem Erfolg in der 1950er und 1960er Jahren verfilmt wurden. Im Mittelpunkt stehen ein katholischer Priester und ein kommunistischer Bürgermeister, die sich stets befehden, am Ende aber regelmäßig erkennen müssen, dass sie eigentlich die gleichen Ziele verfolgen.

Funkspruch an alle – Funkspruch an alle – Die Kirche in der DDR klagt den Kommunismus an! Wegen Unterdrückung der Kirchen in Schulen an Kindern und Jugendlichen.
Mitarbeiter der Staatssicherheit griffen ein, rissen die Plakate herab und transportierten den schwer verletzten Brüsewitz in ein Krankenhaus.
Vier Tage später, am 22. August, starb Oskar Brüsewitz im Alter von 47 Jahren im Bezirkskrankenhaus Halle-Dölau an seinen Verletzungen. Seine Familie hatte ihn nicht mehr besuchen dürfen.
Zu seiner Beerdigung am 26. August kamen rund 400 Menschen aus allen Teilen der DDR auf den kleinen Friedhof hinter der Kirche von Rippicha – und das, obwohl der Termin nicht öffentlich bekannt gemacht worden war. Natürlich versuchte die Stasi, Brüsewitz' Tat zunächst zu vertuschen. Medien in der BRD berichteten jedoch am 20. August über die Selbstverbrennung. Und so erschien am 31. August 1976 im „Neuen Deutschland" ein Leitartikel unter der Überschrift „Du sollst nicht falsch Zeugnis reden". Darin wurde im schlimmsten Propagandastil die Würde des Menschen Oskar Brüsewitz verletzt. Der Pfarrer wurde als Psychopath verleumdet, als krankhaft veranlagter Mensch, der nicht wusste, was er tat. Es war eine einzige zynische Demonstration der Arroganz und der Macht des SED-Staates gegenüber einem ebenso eigenwilligen wie bekennenden Christen. Der staatliche Umgang mit Brüsewitz hatte einen großen Einfluss auf mich. Er war neben den entwürdigenden und repressiven Erfahrungen, die ich bei der Armee machen musste, entscheidend für den Bruch mit dem Sozialismus, wie er in der DDR existierte.
Gemeinsam mit Freunden wie Günter Kruse und Eckhard Kränz habe ich in jenem schicksalshaften Jahr 1976 einen

Brief an Kurt Hager, Mitglied des Politbüros und Ideologiechef der SED, geschrieben. Wir verliehen darin unserer Wut und Ohnmacht Ausdruck. – Eine Reaktion bekamen wir von dort nicht, spürten allerdings indirekt am Druck, dass die Stasi von unserer Aktion informiert war.

Drei Monate nach Brüsewitz' Selbstverbrennung, am 16. November 1976, wurde der Liedermacher Wolf Biermann nach einem Konzert in Köln ausgebürgert. Zuvor hatte er nach zwölfjährigem Auftrittsverbot sein erstes öffentliches Konzert gegeben, in einer Kirche in Prenzlau. Dort sprach er davon, dass es ein „Abhauen" als „Flucht in der Tod" gäbe, eine klare Anspielung auf Brüsewitz' Tat.
Besonders enttäuscht waren meine Freunde und ich indes über die lasche, geradezu beschwichtigende Position unserer Kirchenoberen. Die Kirchenleitung schrieb ein „Wort an die Gemeinden". Es wurde in vielen Gottesdiensten verlesen. Einerseits distanzierten sich die Autoren von den verleumderischen Darstellungen der DDR-Medien – andererseits riefen sie dazu auf, Brüsewitz' Tat nicht zur Propaganda gegen die die DDR zu nutzen.
Ich fragte mich: Hatten die Autoren ihren Pfarrer nicht verstanden oder war ihre kirchengeschichtlich einmalige Standortbestimmung einer „Kirche im Sozialismus" wichtiger, als der Widerstand gegen den Totalitätsanspruch eines atheistischen Staates?
Diese damals in meiner kirchlichen Ausbildung hart diskutierte Frage, sollte für mein späteres Leben als Diakon in der Evangelischen Kirche der DDR noch von Bedeutung sein.

EINE TIEFGREIFENDE ENTSCHEIDUNG

Im Winterhalbjahr 1972/73 ging ich zu Pfarrer Siegfried Merker und tat ihm meine Absicht kund, ein kirchliches Studium aufzunehmen. Auf seine Frage, ob ich denn getauft und konfirmiert sei, antwortete ich: getauft ja, konfirmiert nein.

Da die Konfirmation Bedingung für die Ausbildung zum Diakon war – damals warb die Diakonie mit dem Slogan „ein Beruf ganz nahe am Menschen" –, unterzog ich mich eines halbjährigen Einzelunterrichts im Arbeitszimmer des Pfarrers. In einer für mich fremden und doch zugleich sehr gastfreundlichen Welt, lernte ich an den Mittwochabenden nicht nur die Bibel und die christliche Ethik besser kennen, sondern auch die Besonderheiten eines evangelischen Pfarrhauses.

Auf eine besondere Weise tat mir dieser „Privatunterricht" gut, zumal mir die Frau des Pfarrers mit einer großen Offenheit und Herzlichkeit begegnete. Mehr als 40 Jahre später hatte ich sie in Naumburg besucht – ihr Mann war gerade gestorben – und mit ihr über jene Zeit in Weißensee gesprochen. Im Advent des Jahres 2014 sagte sie zu mir: „Lieber Lothar, 40 Jahre hat meine Familie dein Leben immer mit verfolgt und für dich gebetet." Das hat mich zutiefst beeindruckt, es klingt bis heute bei mir nach.

Am 17. Juni 1973 – nach einer kleinen mündlichen Prüfung – wurde ich von Pfarrer Merker konfirmiert. Exakt 20 Jahre nach dem Volksaufstand in der DDR – ein wahrhaft denkwürdiges Datum.

In den sechs Monaten davor habe ich endlose Gespräche mit Pfarrer Merkel geführt: über christliche Glaubenslehre, Ethik und Kirchengeschichte, über die großen Phi-

losophen der Antike und den Einfluss der Psychologie auf den christlichen Glauben und das Gebet. Besonders spannend fand ich die Frage nach der Zwei-Reiche-Lehre. Martin Luther trifft hier Aussagen über das Verhältnis von geistlichem und weltlichem Regiment, soll heißen: des Reichs Gottes und der Welt beziehungsweise von Kirche und Staat. Klar, dass daraus auch Folgerungen für das Verhältnis der Christen zum real existierenden Sozialismus gezogen wurden.
Eine Frage lautete: War es wirklich die Absicht des historischen Jesus von Nazareth gewesen, dass sich seine Nachfolger auf ihr „Seelenheil" beschränken und den real existierenden Sozialismus im „weltlichen Regiment" gewähren lassen?
Ich bin heute noch dankbar für die Zeit, die sich Pfarrer Merker 1973 für meine vielen Fragen genommen hatte.

Als Kleinkind mit knapp einem Jahr hatte ich die Taufe erhalten. Danach habe ich so gut wie keine Berührung mehr mit der Kirche gehabt. Abgesehen von den kurzen Ausflügen in das „Reich des Oskar Brüsewitz", fand ich erst wieder Kontakt zur Kirche mit meinem „Bildungsausflug" Anfang der 1970er Jahre als junger Erwachsener.
Das sah ich als eine große Chance an, welche ich nutzen wollte. So bastelte ich vehement im „langweiligsten Land der Welt" an meinem eigenen Lebensentwurf. Hatte ich doch den festen Willen vor Augen, eine Ausbildung bei der Kirche zu beginnen. Ich wollte unbedingt einen Gegenentwurf zur „allseitig gebildeten sozialistischen Persönlichkeit" leben und damit meinen Eltern beweisen, dass es auch Sinnhaftigkeit außerhalb sozialistischer Vorstellungen, Normen und Vorgaben gibt.

So war die Evangelische Kirche mein Abenteuer und Wagnis zugleich.

Bei der Konfirmation in der Kirche in Weißensee – ich deutete es bereits an – waren weder meine Eltern noch irgendwelche anderen Verwandten anwesend. Abgesehen davon, dass mein Vater meinen Schritt missbilligte: Für meine Eltern wäre die Teilnahme nicht weniger als existenzgefährdend gewesen. Nach der Konfirmation ging ich nach Hause, abends traf ich mich noch mit zwei, drei Freunden, wir sprachen darüber, aus Weißensee wegzugehen.
Mein Vater war natürlich alles andere als erfreut, als er von meinem christlichen Bekenntnis erfuhr. Es gab einen Riesenstreit.
Meine Mutter versuchte wieder einmal zu besänftigen, was ihr aber nicht gelang. Mir war klar geworden, dass es jetzt kein Zurück mehr geben konnte.
Ich hatte eine tiefgreifende Entscheidung getroffen – sie bedeutete den endgültigen Bruch mit meinem Vater für viele Jahre.

NEUER BEGINN IN NEINSTEDT

Am 10. September 1973 beginnt mein neues Leben in einer neuen Welt. In den kommenden vier Jahren werde ich eine Ausbildung zum Diakon absolvieren, zunächst in Neinstedt im Harz, dann in Eisenach. Manch einen mag überraschen, dass dies in der DDR möglich war. Ziel des DDR-Bildungssystems war schließlich die Herausbildung einer „allseitig entwickelten sozialistischen Persönlich-

keit". Dennoch gab es – quasi als Parallelwelt – ein recht vielfältiges konfessionell oder kirchlich gebundenes Bildungswesen.
So gab es in der DDR auch sechs evangelische Brüderhäuser.
Eines davon war das Brüderhaus „Lindenhof" in Neinstedt bei Quedlinburg. Eingebettet in die großen diakonischen „Neinstedter Anstalten", in denen mehr als 600 zum Teil schwer geistig behinderte Menschen betreut wurden, durften dort bis 1990 nur junge Männer eine vierjährige Ausbildung zum Diakon absolvieren.
In meiner Jahrgangsstufe waren wir lediglich sechs junge Menschen: Sie kamen vornehmlich aus christlich-protestantischen Elternhäusern und waren dementsprechend eingeübt in die Glaubenspraktiken des Christentums. So herrschte in Neinstedt eine verbindliche christlich-

Das Brüderhaus in Neinstedt, in dem im September 1973 ein neuer Lebensabschnitt für mich begann: Dort und später in Eisenach absolvierte ich meine Ausbildung zum Diakon.

familiäre Atmosphäre mit regelmäßigen Tischgemeinschaften, Andachten, Gottesdiensten und Gebetszeiten. Im Bruderhaus, in dem wir lebten, gab es ein sehr christlich-frommes Hauselternpaar, das nichts dem Zufall überließ. Die beiden waren nicht nur darauf bedacht, den Tagesrhythmus streng zu kontrollieren – sie achteten auch auf unser „Seelenheil".
Es ging ja nicht nur darum, ein Studium durchzuziehen, um dann eine Prüfung abzulegen. Mindestens ebenso wichtig war die sogenannte „Einübung" in eine geistliche Gemeinschaft. In dieser Umgebung war ich ein „Exot", und anfangs fiel es mir nicht ganz leicht, diese Welt zu verstehen geschweige denn, innerlich anzunehmen. Abgesehen von meinem kleinen blauen Testament, das mir die freundliche Küsterin in Ueckermünde geschenkt hatte, hatte ich schließlich keinerlei „christliche Ausrüstung", um von heute auf morgen in dieser anderen, neuen Welt zu bestehen. Für die anderen war der Umgang mit christlichen Ritualen und ähnlichen Dingen selbstverständlich. Mir war er zunächst sehr fremd.

Gleich an meinem ersten Tag im Brüderhaus schenkte mir der Hausvater, Robert Weigel, eine nagelneue Ausgabe einer vollständigen Bibel aus dem Westen. Diese Ausgabe war damals sehr begehrt, und sie hatte einen großen Vorteil für mich: Sie war versehen mit kurzen Kommentierungen des evangelischen Theologen Hans Bruns.
Erst später begriff ich, dass es sich hierbei um eine Auslegung handelte, die gern für Missions- und Evangelisationsveranstaltungen genutzt wurde. Damit konnte ich aber gut leben, auch wenn diese fromme Welt für mich nicht vereinbar war mit meinen Erfahrungen. Sie kam

mir vielmehr als eine innere und äußere Flucht vor der Realität vor.
Spannend waren für mich die täglichen Morgen- und Abendandachten inklusive der Auslegung der Tageslosung der „Herrnhuter Brüdergemeinde". Hier konnte jeder Bruder in bestimmten Abständen die innere und äußere Welt aus seiner Sicht mit Lied, Textauslegung und Gebet darlegen.
Auf diese Weise ergaben sich beeindruckende Möglichkeiten, um zum Beispiel offen über Missstände innerhalb und außerhalb des kirchlichen Lebens zu sprechen. Schon damals habe ich nicht verstanden, warum Christen diese große Chance der freien Rede und Textauslegung, die sich da bot, nicht stärker auch politisch nutzten.
In jener Zeit entdeckte ich in der Bibliothek des Brüderhauses das Werk Dietrich Bonhoeffers, des großen christlichen Märtyrers des 20. Jahrhunderts. Sein Buch „Widerstand und Ergebung" las ich mit Hingabe. Diese ebenso mutigen wie tief berührenden Briefe und Aufzeichnungen aus der Haft 1944 – wenige Monate vor seiner Hinrichtung durch die Nationalsozialisten – haben mich tief beeindruckt. Bonhoeffer stand in einer langen Kette christlicher Märtyrer in der Kirchengeschichte und war für Teile der Evangelischen Kirche in der DDR von großer theologischer und politischer Bedeutung.
Meine erste Andacht hatte einen Text aus dem Brief des Jakobus zum Inhalt: „Seid aber Täter des Wortes und nicht Hörer allein, wodurch ihr euch selbst betrüget." Diese Worte sollten später noch einmal eine große Bedeutung für mich haben.
In der Rückschau kam ich im September 1973 genau zum richtigen Zeitpunkt in der Gemeinschaft der Brüder-

schaft an. Mit meinen 21 Jahren hatte ich schon einiges an Brüchen und Umbrüchen erlebt.
So wurden es zwei wunderbare Jahre des Studiums mit interessanten Lehrerpersönlichkeiten. Ich las viel und begann, klassische Musik zu hören. Ich lernte völlig neue Wissensgebiete kennen: Theologie, Kirchengeschichte, Pädagogik, Psychologie, Kirchenmusik ... Die Bibliothek und die Möglichkeit, bei meinen Dozenten „Westbücher" auszuleihen, taten ihr Übriges.

An den Wochenenden und an den Feiertagen unterstützten wir nicht selten die Heilerziehungspfleger und andere Mitarbeiter bei ihrer herausfordernden Arbeit in den Einrichtungen mit Menschen mit geistiger Behinderung. Vor allem die Mitarbeit während der Advents- und Weihnachtszeit war sehr prägend. Eine gute Schule in Sachen Demut und Dankbarkeit.

Besonders in Erinnerung geblieben ist mir meine einzige Lehrerin, Ursula Glahn: Ich hatte großen Nachholbedarf bei den christlichen Glaubensinhalten, und ihre Fächerkombination aus Literatur, Psychologie und Kunstgeschichte interessierte mich sehr – umso mehr strengte ich mich bei ihr an.
Sie war ehemals im staatlichen Bereich tätig gewesen, hatte aber aufgrund ihres christlichen Glaubens dort Probleme bekommen. Später ging sie dann als Dozentin an diese kirchlich-diakonische Ausbildungsstätte und lehrte dort viele Jahre.
Ich werde nie vergessen, wie sie uns die großen Baudenkmäler der Romanik und der Gotik erklärt hat. Ihre Vorlesungen in Kunstgeschichte mit dem Kennenlernen der großen – und kleinen – europäischen Kirchen und

Kathedralen waren für mich unvergessliche Höhepunkte meiner Ausbildung. Seit dieser Zeit vergeht übrigens kein Jahr, in dem ich nicht Ostern oder im Advent meine Lieblingskirche besuche: die romanische Stiftskirche St. Cyriakus aus dem Jahre 961 in Gernrode/Harz.

Die zweite Persönlichkeit, die in der damaligen Zeit einen prägenden Einfluss auf mich hinterlassen hatte, war der damalige Leiter der Neinstedter Anstalten, Pfarrer Rolf Löffler. Vor allem seine Vorlesungen in Kirchengeschichte – im Kreis unserer sechs Schüler – waren ein besonderes Erlebnis. Kein Wunder, in der staatlichen Ausbildung begann das Fach Geschichte doch erst so richtig am 21. Februar 1848, mit dem Erscheinen des „Kommunistischen Manifests" von Karl Marx und Friedrich Engels.
Einprägsam waren seine Vorlesungen über die Anfänge des Christentums im Römischen Reich, mit der Christenverfolgung nach der Kreuzigung Jesu und dem „Urkommunismus" der ersten christlichen Gemeinden in der Apostelgeschichte. Da fielen beispielsweise Sätze wie: „Das Blut der Märtyrer ist der Same der Kirche."
Die waren eingemeißelt. Sie wurden für mich zu Leitsätzen. Denn die Kirche war für mich Abenteuer und Wagnis zugleich. Wie jeder junge Mensch sehnte ich mich danach, etwas Besonderes zu sein, ich wollte nicht nur mitschwimmen. Übersetzt und angewendet auf oben genannten Satz bedeutete das für mich auch: Ohne die Christenverfolgung in der Geschichte wäre die Kirche nicht zu dem geworden, was sie ist. Und so dachte ich mir, dass man als Christ in der DDR eben auch verfolgt wurde, und damit quasi eine Reifeprüfung absolvierte. Anders gesagt: Ich wollte nicht den einfachen Weg gehen, sondern den schwierigeren und spannenderen.

Die Diskussionen hatten eben nicht nur eine theologische, sondern auch eine gesellschaftliche und politische Dimension. Wir beschäftigten uns mit Fragen der Rolle der Kirchen im Nationalsozialismus ebenso wie mit der politischen Diakonie in der DDR, die ja auch angesichts der Sozialpolitik des SED-Staates von hoher Bedeutung war.
Kurzum: Mit fast jedem Tag meiner Ausbildung öffneten sich mir neue Horizonte: Es war eine Zeit des Innehaltens, der Konzentration, der Aufnahme.

HOCHZEIT

Wenige Monate nach meinem Beginn in Neinstedt lernte ich in Quedlinburg in einem kleinen Backwarengeschäft eine sehr fröhliche und kommunikative Verkäuferin kennen. Als gebürtiger Thüringer war ich ohnehin ein großer Kuchenfreund, aber die Verkäuferin war ein zusätzlicher Grund, dass ich das Geschäft immer öfter besuchte. Ihre positive und unkomplizierte Art, die Welt zu sehen, tat mir ausgesprochen gut.
Schnell hatte ich mich in sie verliebt.
Karin Morgenstern hatte wie ich die zehn Klassen der Polytechnischen Oberschule absolviert. Daran angeschlossen hatte sie eine Lehre als Fachverkäuferin. Nach unserem Kennenlernen hat sie dann, aus innerer Überzeugung heraus, eine kirchliche Ausbildung als Kinderdiakonin in Wolmirstedt bei Magdeburg begonnen und 1976 erfolgreich abgeschlossen.
Diese sehr lebensbejahende Frau teilte also meine besonderen Anschauungen und Vorstellungen über Gegenwart

und Zukunft. Eine große Rolle spielte dabei von Anfang an die Tatsache, dass ich mich als zukünftiger Diakon auf einen sehr bescheidenen Lebensstil einlassen würde.
Für Karin war frühzeitig klar, was sie wollte: Ein authentisches Leben, in dem sie sich nicht verbiegen musste. Dafür war sie auch bereit, mit mir ein unkonventionelles und einfaches Leben zu teilen. Das störte uns aber nicht im Geringsten, denn wir hatten ja uns und viele Freunde.
Ich war im dritten Jahr meiner kirchlichen Ausbildung zum Diakon als wir am 19. Dezember 1975 standesamtlich heirateten, im historischen Quedlinburger Rathaus, ohne unsere Familien, die aus unterschiedlichen Gründen fernblieben: Mein Schwiegervater lehnte mich ab wegen meiner „Zottelmähne". Mein Vater lehnte mich ab aus politischen Gründen, und meine Mutter, die mich nicht ablehnte, konnte aus Loyalität zu meinem Vater nicht kommen. Und so waren wir bei der Trauung nur zu viert. Die Ringe bekamen wir vom Hauselternpaar im Brüderhaus geschenkt, und Mittagessen gab es mit zwei Freunden im „Schwarzen Bär".

Wenige Monate zuvor hatten wir mit Freunden ein wahrhaft schönes Fleckchen Erde kennengelernt: Braunsdorf war ein besonderer Ort. Dort, nahe Saalfeld im Thüringer Wald, lebte seit 1955 der charismatische Geistliche Walter Schilling als Dorfpfarrer mit seiner Familie. Viele junge Leute aus der ganzen DDR pilgerten seit Ende der 1960er Jahre an den Wochenenden und in der Urlaubszeit in dieses aufstrebende Zentrum der sogenannten „Offenen Arbeit".
Nach Braunsdorf konnte jeder kommen. Die vorurteilslose Annahme – egal in welchem Outfit und mit welcher Überzeugung – war ein Grundprinzip dieses „Vaters der

offenen Arbeit". Hier, auf dieser kleinen „Insel im roten Meer", träumte man von einer besseren Gesellschaft – und erprobte Basisdemokratie.
Walter Schilling war ein großer Menschenfreund, und er traute uns wenige Wochen später – am 24. Januar 1976 – in der Kirche der Neinstedter Anstalten. Als Seelsorger und Freund spielte er seit dieser Zeit und bis zu seinem Tod im Jahr 2013 – und sogar noch darüber hinaus – eine sehr entscheidende Rolle in meinen Leben. Bei den vielen Brüchen und Umbrüchen, vor allem aber bei den dramatischen Grenzerfahrungen mit Kirche und Staat war er für mich nicht nur eine wichtige Vaterfigur, sondern auch theologischer und politischer Ratgeber.
Am Tag unserer kirchlichen Hochzeit war es bitterkalt, und es lag viel Schnee. Auch in der Kirche war es eisig. Die Trauung stand unter dem Motto eines Spruchs aus dem Römerbrief Kapitel 1 Vers 16: „Denn ich schäme mich des Evangeliums von Jesus Christus nicht, denn in ihm wirkt die Kraft Gottes, die uns Leben gibt." Es erklang die wunderbare h-Moll-Messe von Johann Sebastian Bach, den Albert Schweitzer so passend den „fünften Evangelisten" genannt hat. Anschließend feierten wir mit vielen Freunden ausgelassen bis in den frühen Morgen in den Kellerräumen des Brüderhauses.

Die 1970er Jahre waren nicht zuletzt kulturpolitisch aufregend: 1973 fanden in Ost-Berlin die Weltfestspiele der Jugend und Studenten statt. Wolf Biermann trat dort auf; er gab sein kleines Konzert gleich auf der Straße. Die Stasi konnte es nicht verhindern, doch die Hoffnungen, mit dem dies und manches andere verbunden war, wurden kurz danach zerstört, spätestens im Jahr 1976, als sich Pfarrer Oskar Brüsewitz verbrannte und als Wolf Biermann ausgebürgert wurde, nachdem er im November 1976 sein legendäres Kölner Konzert gegeben hatte. Es gibt eine riesige Welle der Solidarität unter Kulturschaffenden: Schriftsteller, Maler, Musiker, Schauspieler protestierten gegen die Ausbürgerung.

Auch wenn ich auf dem Foto etwas nachdenklich wirke: Der 24. Januar 1976 war ein wunderbarer Tag. Die Aufnahme entstand bei der Hochzeitsfeier, die in den Kellerräumen des Bruderhauses in Neinstedt stattfand. Rechts mein Mitbruder Michael Behrendt.

Derweil beendete ich meine Grundausbildung im Evangelischen Brüderhaus in Neinstedt und ging im September 1975 ins Johannes-Falk-Haus nach Eisenach. Dort durchlief ich gemeinsam mit meinem Mitschüler Eckhard Kränz die Spezialausbildung „Jugendarbeit und Gemeindeaufbau". Mit diesem Ausbildungszweig wollte die Kirche ihren Standort in der kirchlichen Jugend- und Sozialarbeit bestimmen und deutlich machen, dass sie auch künftig in den gesichts- und geschichtslosen neuen Satellitenstädten präsent sein wolle. Getreu der Maxime: An dem Ort, wo Kirche lebt, muss sie auch Verantwortung wahrnehmen. Schon 1971 war auf der Bundessynode in Eisenach das auftragsbestimmende und oft missverstandene Wort von der „Kirche im Sozialismus" geboren worden. Darin hieß es: „Wir wollen Kirche nicht neben, nicht gegen, sondern Kirche im Sozialismus sein." Im selben Jahr, auf dem VIII. Parteitag der SED, hatte sich der neue Führungszirkel der SED um Erich Honecker, Erich Mielke und Harry Tisch von der Politik ihres Vorgängers Walter Ulbricht abgegrenzt. Jetzt galt es, die Belange des „kleinen Mannes" wieder stärker in den Blick zu nehmen, sowie die Wohnungsfrage als soziale Frage wahrzunehmen und ihr endlich wieder mehr Aufmerksamkeit zu schenken. Der Verfall ganzer Innenstädte ließ sich einfach nicht mehr übersehen.

Reformen sollten das Land voranbringen, doch am Machtorgan der SED – gleichsam „in einem Heiligen Russischen Reich mit Deutscher Prägung" – sollte natürlich nicht gerüttelt werden. So entstanden riesige Neubaustädte, nicht selten am Rand historischer alter Städte. Eine von ihnen sollte später meine zweite Heimat werden: die sozialistische Chemiearbeiterstadt Halle-Neustadt, die größte städtebauliche Neugründung auf dem Boden der DDR, für die Horst Sindermann, Erster Sekretär der SED-Bezirksleitung Halle, am 15. Juli 1964 den Grundstein gelegt hatte.

Im Johannes-Falk-Haus haben wir uns ab der Mitte der 1970er Jahre verstärkt nicht nur mit der offiziellen DDR-Literatur beschäftigt, sondern uns in der Tat mit allem beschäftigt, was uns damals an verbotener und gesellschaftskritischer Prosa und Lyrik zugänglich war: Morgens hörten wir Vorlesungen in den theologischen Fächern oder in Psychologie, Soziologie und Pädagogik – nachts lasen wir Alexander Solschenizyns „Der Archipel Gulag" oder schrieben heimlich die Lieder und Gedichte von Wolf Biermann ab. Wir wollten die Torturen und Absichten des Kommunismus im 20. Jahrhundert besser begreifen.

Persönlich hatten wir nach dem eher strengen geistlichen Regiment in Neinstedt ein herrliches, autonomes

Leben in Eisenach. Privat waren es zwanglose, geradezu anarchische Jahre – unser Leben stand in eklatantem Widerspruch zu dem kleinbürgerlich-preußischen Sozialismus, der um uns herum herrschte.

Spätestens Mitte der 1970er Jahre gab es *den* Kommunismus nicht mehr. Zwischen den Kommunisten diesseits und jenseits des „Eisernen Vorhangs" existierten durchaus Differenzen über den Weg, der beschritten werden sollte. So fand am 29. und 30. Juni 1976 in Ost-Berlin zum letzten Mal eine „Konferenz der kommunistischen und Arbeiterparteien Europas" statt, an der auch Vertreter kommunistischer Parteien in Frankreich, Italien oder Spanien teilnahmen. Das „Neue Deutschland" berichtete ausführlich und mit Wortprotokollen über diese – und das war durchaus bemerkenswert, denn die kommunistischen Parteien des Westens hinterfragten das Weltmachtgehabe der Sowjetunion.
Seit der gewaltsamen Niederschlagung des „Prager Frühlings" lag eine Art Schisma im Bereich des Möglichen; auch einige osteuropäische kommunistische Parteien gingen eigene Wege, vor allem im damaligen Jugoslawien und in Rumänien. Die „West-Kommunisten" lehnten eine sowjetische Bevormundung sowieso ab, stattdessen wuchs die Hoffnung, dass sich ein demokratischer Kommunismus entwickeln würde. So markierte diese Konferenz einen Wendepunkt in der Geschichte der kommunistischen Bewegung Europas: In den Folgejahren wurde sie durch „einen eigenen Ost-West-Konflikt zwischen eurokommunistischen Reformern und sowjettreuen Konservativen geprägt", wie es die Bundesstiftung zur Aufarbeitung der SED-Diktatur 2016 in einer Tagung zum Thema beschrieb.

Wir in Eisenach sahen einen von Moskau unabhängigen pluralistischen Eurokommunismus – inklusive Meinungs-, Presse- und Versammlungsfreiheit – schon als Vorboten von Bürgerrechtsbewegungen in den Ostblockstaaten an.
Es sollte dann auch nicht mehr lange dauern, bis sich in Polen das Hilfskomitee für verhaftete Werftarbeiter oder in der Tschechoslowakei die Bürgerrechtsbewegung Charta 77 gründeten und in die Gesellschaft hineinwirkten.
Hinzu kam die am 1. August 1975 in Helsinki unterzeichnete Schlussakte der Konferenz für Sicherheit und Zusammenarbeit in Europa. Bei der Unterzeichnung saß Erich Honecker zwischen Bundeskanzler Helmut Schmidt und dem US-amerikanischen Präsidenten Gerald Ford. Die Unterzeichnung war gleichsam eine Selbstverpflichtung, unter anderem ging es um die Unverletzlichkeit der Grenzen und um die Wahrung von Menschenrechten und Grundfreiheiten, also Gedanken-, Gewissens-, Religions- und Überzeugungsfreiheit.
In der Folge begann quer durch alle Gesellschaftsschichten eine rege Diskussion über die Kernpunkte der Menschenrechte. Und schon bald stellten erste Freunde von mir nach teilweise jahrelangen Schikanen Anträge auf Entlassung aus der Staatsbürgerschaft.
Wir lasen all diese Dokumente mit Leidenschaft – und merkten natürlich schnell, welche Widersprüche zwischen dem real-existierenden Sozialismus und den Reden der Parteitage lagen.
In Künstlerkreisen – aber nicht nur dort – machte das Wort vom „Tauwetter" und vom „neuen Frühling" die Runde.
Vielen Menschen ging es inzwischen materiell besser als

zur Ulbricht-Zeit. Man hatte das Gefühl, dass man für sein Geld auch wieder etwas kaufen konnte. Karl-Eduard von Schnitzler – der berühmt-berüchtigte Moderator der Propagandasendung „Der schwarze Kanal“ – lobte natürlich beharrlich das „Arbeiter-Bauernparadies“, in dem es trotz Weltwirtschafts- und Rohstoffkrise keine Arbeitslosen gibt.
Ich kaufte mir derweil von meinen kargen 50 Mark der DDR, die ich im Monat als eine Art Taschengeld erhielt, die erste Schallplatte von Manfred Krug. Bücher waren billig, in Antiquariaten suchte ich nach Raritäten.
Und in Halle (Saale) wurde im *neuen theater* „Die neuen Leiden des jungen W.“ von Ulrich Plenzdorf aufgeführt.
Die grundsätzliche Ambivalenz blieb freilich bestehen: Selbstverständlich sollte der Kulturschaffende mit einem klaren Standpunkt zum Sozialismus zu den großen Fragen der Zeit Stellung nehmen. Was nicht zur Herausbildung einer sozialistischen Denk- und Verhaltensweise beitrug oder zu Missdeutungen Anlass gab, hatte im sozialistischen Kulturbetrieb nichts zu suchen. Es ging immer um den „neuen sozialistischen Menschen“, der der Dummheit, der Korruption und der Bürokratie bereits widerstanden hat. Werke, in denen von Isolation und Einsamkeit die Rede war oder die die DDR „als langweiligstes Land der Welt“ bezeichneten, widersprachen nicht nur der sozialistischen Ideologie, sondern untergruben auch das Selbstbewusstsein der arbeitenden Menschen in der DDR.
Ulrich Plenzdorfs Edgar Wibeau passte da natürlich nicht rein. Trotz Zurechtweisungen aus den verschiedenen „Parteietagen der Macht“ waren die Vorstellungen mit Reinhard Straube in der Hauptrolle ständig ausverkauft, auch wir bekamen monatelang keine Karten.

Insgesamt herrschte eine spannende und schöpferische Unruhe, die verbunden ist mit Schriftstellern wie Volker Braun, Ulrich Plenzdorf, Rainer und Sarah Kirsch, Brigitte Reimann, Christa Wolf, Maxi Wander oder Reiner Kunze.

1976

Einige Ereignisse des Jahres 1976 habe ich schon angesprochen – tatsächlich empfanden viele Menschen, auch ich, dieses Jahr als Zäsur.
Nach drei Jahren Bauzeit wurde am 23. April der Palast der Republik eröffnet. Der Volksmund fand dafür schnell den wunderbaren Namen „Erichs Lampenladen", was einfach den zahllosen Lampen geschuldet war, die im Foyer von der Decke hingen und Tag und Nacht brannten, und natürlich eine Anspielung auf Erich Honecker war, der sich dieses „Denkmal" setzte.
Genau eine Woche später, am 30. April, wurde Michael Gartenschläger von Mitgliedern eines Spezialkommandos des Ministeriums für Staatssicherheit an der innerdeutschen Grenze erschossen. Er hatte versucht, eine Selbstschussanlage abzubauen. Als Gartenschläger erschossen wurde, war er 32 Jahre alt. Bereits im Alter von 17 Jahren – im August 1961 – war er festgenommen worden, weil er mit Freunden gegen den Mauerbau protestiert hatte. Wegen „staatsgefährdender Propaganda und Hetzte sowie der Diversion" (ein Diversant war im kommunistischen Sprachgebrauch ein feindlicher Agent, Saboteur oder Störer) wurde er nach einem dreitägigen Schauprozess zu einer lebenslangen (!) Zuchthausstrafe verurteilt. Zehn Jahre vegetierte er im Gefängnis dahin,

Isolationshaft und schlechte Verpflegung hatten ihn gesundheitlich stark angegriffen, bis er endlich von der Bundesrepublik freigekauft wurde. Für 40.000 D-Mark. Er machte sich in Hamburg als Tankstellenpächter selbstständig, engagierte sich aber weiter als Fluchthelfer. Bevor er erschossen wurde, war es ihm gelungen, zwei Selbstschussanlagen zu demontieren; eine verkaufte er dem Nachrichtenmagazin „Der Spiegel", mitsamt seiner Lebensgeschichte.

Über Oskar Brüsewitz' Selbstverbrennung und Wolf Biermanns Ausbürgerung habe ich bereits geschrieben, wenige Tage nachdem Biermann die Wiedereinreise in die DDR verweigert worden war, wurden kurz hintereinander die Liedermacher Gerulf Pannach und Christian Kunert sowie der damals 26-jährige Schriftsteller Jürgen Fuchs verhaftet und 1977 – nach internationalen Protesten – in den Westen abgeschoben.

Zur selben Zeit wurde der Reformkommunist und Regimekritiker Robert Havemann in seinem Haus in Grünheide bei Berlin drei Jahre lang unter Hausarrest gestellt. Bereits seit Jahren war er von der Stasi drangsaliert worden: Der Chemiker – der vom Nazi-Richter Roland Freister wegen Hochverrats zum Tode verurteilt worden war und bei den Nürnberger Juristenprozessen Zeuge der Anklage gewesen war – musste in der DDR ein Berufsverbot hinnehmen und den Ausschluss aus der Akademie der Wissenschaften der DDR. Bis zu seinem Tod im Jahr 1982 wurde Havemann rund um die Uhr von der Stasi überwacht.

Das Ziel war klar: Die DDR-Staatsmacht wollte allen Künstlern und „Freigeistern" unmissverständlich ihre Grenzen aufzeigen. Die Kollision zwischen Geist und Macht erreichte in der DDR einen neuen Höhepunkt.

Am 16. November trafen sich zahlreiche DDR-Schriftsteller und verfassten eine Resolution an die DDR-Führung: Stephan Hermlin, Sarah Kirsch, Christa und Gerhard Wolf, Volker Braun, Franz Fühmann, Stefan Heym, Günter Kunert, Heiner Müller, Rolf Schneider, Jurek Becker und der Bildhauer Fritz Cremer – sie alle appellierten als Erstunterzeichner, die Ausbürgerung Biermanns „zu überdenken". Das „Neue Deutschland" lehnte den Abdruck des Briefes ab – wen wundert's?
Stefan Heym übergab den Brief daraufhin der britischen Nachrichtenagentur Reuters, Stephan Hermlin spielte sie der französischen AFP zu. In der Folge wurde das Schreiben in allen wichtigen Westmedien veröffentlicht. Und das Fernsehen – zunächst der WDR, später dann auch die ARD – strahlte das komplette Biermann-Konzert in Köln aus. Was dazu führte, dass auch in der DDR viele Menschen Biermanns Lieder hörten.
Viele sagen – und ich stimme zu –, die Ausbürgerung Biermanns sei der Anfang vom Ende der DDR gewesen. Sie zog ja einen wahren Exodus von Künstlern nach sich. Die Daheimgebliebenen waren verstört. Zumindest im Bereich der Kultur hat sich die DDR nie wieder von dieser Fehlentscheidung erholt.
Im ganzen Land – im Freundeskreis, in Betrieben, Hochschulen und Kirchengemeinden – war dieser einmalige Akt von Machtmissbrauch Thema. Natürlich gab es die üblichen offiziellen „Hurra-Bekundungen" – und auch nicht nur aus der Nomenklatura der SED.
Aber es gab auf der anderen Seite auch die vielen kleinen Leute, die mit teilweise drastischen Strafen für ihre Solidarität mit Wolf Biermann büßten:
Heike Sura, damals Studentin aus Halle-Neustadt, verbüßte ein Jahr Zuchthaus im berüchtigten Frauengefäng-

nis Hoheneck. Ihr „Vergehen“: Sie hatte an einen Bus die Losung „Lasst Biermann rein“ gemalt und eigene Plakate hergestellt.

Dietmar Webel, damals 17 Jahre alt, sammelte 66 Unterschriften für die Wiedereinreise von Wolf Biermann und wurde deshalb zu einer Freiheitsstrafe von zwei Jahren auf Bewährung und Arbeitsplatzbindung in Buna verurteilt. Drei Monate saß er in Untersuchungshaft; auch seinen 18. Geburtstag verbrachte er im Gefängnis.

Mit Heike Sura und Dietmar Webel pflegte ich ab 1977 eine intensive Freundschaft. Beide hatten von Anfang an die „Offene Arbeit“ in Halle-Neustadt entscheidend mitgeprägt. Ihren Einsatz und ihren Mut, habe ich bei unseren gemeinsamen späteren Aktionen und Veranstaltungen immer wieder bewundert.

Mich – und natürlich auch viele meiner Freunde – bewegten all die Ereignisse des Jahres 1976 sehr, und unsere Diskussionen darüber mündeten in der immer selben Frage: Wie viel Reformwille steckt überhaupt noch in der SED?

Diese Partei nahm doch per Verfassung das absolute Macht- und auch Wahrheitsmonopol für sich in Anspruch; sie rechtfertigte es mit einem fast schon religiösen Dogmatismus; und sie ließ diesen Anspruch durch einen verbrecherischen Geheimdienst absichern.

Die SED-Propaganda verdrehte Tatsachen und verleumdete Menschen. Einfach abstoßend! Das „Neue Deutschland“ betrieb übelste Nachrede auf einem Niveau, das ihre Macher auf ewig disqualifizierte. Sie erreichten freilich das Gegenteil: Sie riefen neue kritische Geister auf den Plan. Sie artikulierten sich mutig mit Gegendarstellungen und offenem Protest.

Wir fragten uns: Was ist das für eine Geisteshaltung, was für eine Weltanschauung, die so mit dem Tod eines An-

dersdenkenden umgeht? Das war – nach der Armeezeit – mein zweiter tiefer Bruch mit dem real-existierenden Sozialismus.
Was mich aber irritierte: Auch das Verhalten meiner verfassten (öffentlich-rechtlichen) Kirche war merkwürdig lau und zurückhaltend.
Diese Frage hatte ja auch schon Oskar Brüsewitz umgetrieben: Ist die „Kirche im Sozialismus" noch die für das Evangelium brennende Kirche Jesu Christi?

„STADT OHNE GOTT"

1977 beendete ich mein Studium nach vier Jahren.
Ich hatte zu dieser Zeit noch einen recht guten Kontakt zu meiner Mutter – der Kontakt zu meinem Vater war hingegen abgerissen. Trotz unserer Sprachlosigkeit wollte ich ihm beweisen, dass auch ein anderer Lebensentwurf in der DDR gelingen kann. Mein Vater hatte ja viele Jahre nicht akzeptieren können, dass ich einen christlichen Weg eingeschlagen habe. (Das änderte sich auch erst, als ich 1983 verhaftet und später in die Bundesrepublik abgeschoben wurde.)
Meine Examensarbeit schrieb ich zum Thema: „Der christliche und der marxistische Eigentumsbegriff oder die Frage nach der höheren Gerechtigkeit". Ich empfand es als intellektuelle Herausforderung, die zwei großen Weltanschauungen, die mich bis dahin geprägt hatten, auf den Prüfstand zu stellen. Zum Abschluss meiner Ausbildung wollte ich mir noch einmal Zeit nehmen, um ein solches Thema umfassend zu bearbeiten.

Parallel zu meiner letzten Phase der Ausbildung in Eisenach betreute ich bereits eine nicht besetzte Pfarrstelle in Friemar, einer kleinen Gemeinde bei Gotha. Mit dem sehr erfahrenen Kirchenältesten aus der Gemeinde, der auch ein profunder Kenner des Marxismus-Leninismus war, diskutierte ich meine große Hausarbeit. An den Wochenenden kamen dann viele Freunde in unser geräumiges altes Pfarrhaus, und gemeinsam stellten wir die Zwischenergebnisse auf den Prüfstand. Ich habe diese Zeit in sehr schöner Erinnerung, zumal unser Sohn Tobias seine ersten Schritte machte. Tobias war ein absolutes Wunschkind, geboren am 28. Dezember, ausgerechnet am Ende des bewegenden Jahres 1976, das politisch in der DDR so viel durcheinander gewirbelt hatte. Die Freude, als wir ihn bekamen war riesengroß, zumal ich mich damals am Ende meiner Ausbildung befand, und viel Zeit hatte, mich mit ihm zu beschäftigen. Tobias war die Wochen über mit mir in Friemar, meine Frau, seine Mama, arbeitete in der Kreisstadt Gotha und verdiente das Geld.
Die großen ethischen Fragen nach dem Privateigentum waren in meinen Augen genauso wichtig wie die Verantwortung für eine „sozialistische Gesellschaft mit menschlichem Antlitz“ oder der Umgang mit der Schöpfung. Da die Eigentumsfrage immer zugleich mit der Machtfrage verbunden war, kam man meines Erachtens nicht umhin, die Frage nach der Gerechtigkeit aufzuwerfen.
Vorrangig waren es zwei Fragen, die mich beschäftigten: Welchem Zweck dienen die verschiedenen Wirtschafts- und Gesellschaftsordnungen, und wie wollen wir zukünftig leben? Ich denke, an Aktualität haben diese Fragen bis heute nichts verloren.
Meine Examensarbeit wurde mit „Gut“ bewertet. Die Prüfer bescheinigten mir besondere Ergebnisse beim Teil

„Marxismus-Leninismus“ und durchschnittliche Leistungen bei der Erörterung des „Christlichen Eigentumsbegriffs“. Damit konnte ich gut leben. Es ging mir vorrangig darum, den real-existierenden Sozialismus nicht nur zu erklären, sondern vor allem zu verändern. Und in gewisser Weise hat mich diese theoretische Arbeit auch vorbereitet auf die praktische Arbeit in der Gemeinde im halleschen Neubaugebiet wenige Monate später.
Der wissenschaftliche Elfenbeinturm war ja ohnehin nie mein Ding. Ich wollte mich fit machen für meine bevorstehenden beruflichen Herausforderungen. Dazu gehörte auch die Frage: Wie kann es in einer „Diktatur des Proletariats“ glaubhaft gelingen, Christsein zu leben?
Eines wusste ich schon im Jahr 1977 mit Blick auf meine neue Arbeitsstelle genau: Eine ländlich geprägte Gegend – mit noch größtenteils vorhandenen volkskirchlichen Strukturen – wie beispielsweise das Erzgebirge oder der Thüringer Wald, reizten mich überhaupt nicht. Mein Ziel war eine große junge Stadt, in der es ein hohes Maß an Säkularisierung gab – eine „Stadt ohne Gott“, wie damals ein bekannter Buchtitel des US-amerikanischen Theologen Harvey Cox hieß. Es ging mir darum, die gute Nachricht von der befreienden Kraft des Evangeliums, auf den Prüfstand einer „Gesellschaft ohne Gott“ zu stellen.
Die Kirche wurde damals in der DDR noch häufig als „Überbleibsel der alten bürgerlichen Gesellschaft“ dargestellt und dem „neuen, sich ständig weiterentwickelnden sozialistischen Menschen“ gegenübergestellt. Diesen „neuen Menschen“ wollte ich kennenlernen und mit ihm gemeinsam nach dem Besten für die Stadt suchen.

Erst viele Jahre später, nach dem Fall der Mauer, erfuhr ich, dass ich in diesen Jahren schon längst unter Beobachtung stand. Die Aktenlage der Bundesbehörde für die Stasiunterlagen (BStU) zeigt, dass der erste Bericht, der mir zurzeit zugänglich ist, auf den 3. September 1970 datiert ist.

Am 2. September 1970 war ich volljährig geworden. In dem Bericht, der direkt nach meinem 18. Geburtstag entstand, ging es darum, dass ich mit Freunden bei einem Blueskonzert war. Es spielte eine Band aus Weimar, deren Name mir entfallen ist. Ich erinnere mich aber, dass der Chef der Band damals sinngemäß dies sagte: „Ich bedanke mich vor allem beim Rat der Stadt in Sondershausen, dass sie so viel Arsch in der Hose hatten und diese Veranstaltung zugelassen haben. Es gibt aber auch andere Verwaltungen, die unsere Veranstaltung ablehnen."

In einer operativen Personenkontrolle (OPK) aus der damaligen Zeit wird genau festgehalten, wann ich den Bahnhof in Weißensee/Thüringen verlassen habe, um wenig später in meinem Elternhaus in der Bahnhofstraße 59 anzukommen.

Lachen muss ich über den Namen, den man mir gegeben hat: Mähne. In der Tat, damals hatte ich eine echte Mähne auf dem Kopf. (Wer mich persönlich kennt, der weiß: Davon ist leider rein gar nichts übrig geblieben.)

Ein Inoffizieller Mitarbeiter vermerkt minutös: „13.30 Uhr steht Mähne vor dem Volkspolizei Kreisamt (VPKA) in Sömmerda. Um 14.10 Uhr verließ ‚Mähne' das VPKA und ging zum VEB Kombinat ‚Zentronik', welches er durch das Tor 3 um 14.20 Uhr betrat. 16.00 Uhr verließ ‚Mähne' den Betrieb wieder durch das Tor 3 und ging in die Stadt zur Uhlandstr. Hier betrat er um 16.10 Uhr das Haus 1, ein Hochhaus."

Stimmt, da wohnte ein Freund, den ich besuchte!

Seltsam, aber mir kommen heute noch die Gedanken

und sogar Gerüche in den Kopf, wenn ich an dieses Hochhaus in Sömmerda denke, in dem ich am 23. März 1971 um 16.35 Uhr war. Es ist schon erstaunlich, was mit einem passiert, wenn man solche Berichte Jahrzehnte später liest.

Niederschmetternd sind freilich die Banalitäten, die hier beschrieben werden. Die Stasi hatte offenbar unendlich viel Zeit, denn der inhaltliche Gewinn des Berichts ist ja gleich Null. Es wird einzig geschildert, dass ich ein Haus betrete und irgendwann auch wieder verlasse.

Diese inhaltliche Leere wird sich im Laufe der Zeit freilich nach und nach füllen. Es sollte sich noch sehr deutlich zeigen, welche ungeahnten Möglichkeiten die Stasi, das „Schwert und Schild der Partei", im Kampf gegen „Staatsfeinde und Konterrevolutionäre" noch im Köcher hatte.

NEUSTART IN NEUSTADT

Meine Ausbildung zum Diakon war beendet, und so trat ich am 1. Oktober 1977 meine erste Arbeitsstelle an: in Halle-Neustadt.

Warum gerade dort? Es war im Jahr 1977 nicht ganz so einfach, eine Stelle als kirchlicher Mitarbeiter zu bekommen. Und ich hatte ja auch ganz bestimmte Vorstellungen: Als examinierter junger Diakon für Jugendarbeit und Gemeindeaufbau wollte ich meine bisherigen Lebenserfahrungen verbinden mit den Herausforderungen in einer Großstadt. Tatsächlich hatte ich mich DDR-weit um eine Stelle beworben. Die Zusage kam dann aus der „Chemiearbeiterstadt", für die am 15. Juli 1964 auf dem Gelände der 1. Polytechnischen Oberschule der Grund-

stein gelegt worden war, damals noch für den neuen Wohnbezirk Halle-West.
Knapp drei Jahre später wurde der Wohnbezirk zum eigenständigen Stadtkreis erklärt und erhielt den richtungsweisenden Namen Halle-Neustadt. Halle-Neustadt war Modellstadt: Dort sollte die Überlegenheit des Sozialismus in einer Art „Zukunftslabor" demonstriert werden. Im Zentrum der Aufmerksamkeit von Staat und Partei lag der „neue sozialistische Mensch", angesiedelt in der Chemieregion Halle mit den Großbetrieben Buna und Leuna.
Meinen Arbeitsvertrag schloss ich mit dem Evangelischen Kirchenkreis in Halle-Stadt zum 1. Oktober 1977 ab; meine Tätigkeitsschwerpunkte, die in der Offenen (Jugend-) Arbeit liegen sollten, präzisierte ich mit dem damaligen geschäftsführenden Pfarrer von Halle-Neustadt.
Die Evangelische Kirchengemeinde Halle-Neustadt – am Rande der Chemiearbeiterstadt gelegen – hatte sich bereits zehn Jahre zuvor gegründet – unter dem ermutigenden Leitsatz: „Gott ist immer schon vor Dir da."
Eine meiner ersten Aufgaben darin bestand, am zentralen Besuchsdienst teilzunehmen, der immer mittwochs von 18 bis 21 Uhr stattfand. Zentraler Besuchsdienst bedeutete: Haupt- und ehrenamtliche Mitarbeiter der Gemeinde gingen in die Neustädter Neubaublöcke, die oft zehn oder noch mehr Geschosse haben, klingelten an den Türen und fragten, ob ein Besuch durch die Evangelische Kirche gewünscht ist. Ohne Vorankündigung!
Diese missionarische Arbeitsform deckte sich keineswegs mit meinem Verständnis von Gemeindearbeit, und so stieg ich schon früh aus diesem Besuchsdienst wieder aus und begab mich stattdessen zu den wenigen Treffpunkten für junge Leute in Halle-Neustadt.

Hierbei ging es mir weder um Konfession noch um Konvention, sondern zuallererst um das Entdecken freier Räume, im wörtlichen und im übertragenen Sinn.
Halle-Neustadt war ja in kürzester Zeit zu einer „sozialistischen Großstadt" herangewachsen. 1965, ein Jahr nach der Gründung, lag die Einwohnerzahl bei knapp 600, 1966 lebten schon fast 4.000 Menschen dort. Wieder zwei Jahre später, 1968, waren es gut 19.000! 1970 schon 35.000 – und 1974 fast 68.000 Menschen! Diese Zahl stieg bis zur Friedlichen Revolution weiter an, und zwar auf bis zu 96.000 Menschen.
Entstanden war diese riesige Stadt komplett am Reißbrett.
Und es war vor allem eine sehr, sehr junge Stadt. Die hellen Fassaden der Neubaublöcke standen im krassen Gegensatz zur immer mehr bröckelnden, oft unter einer Dunstglocke aus Kohlenstaub liegenden Altstadt, hinzu kam eine Fernheizung, außerdem Kindergärten, Schulen und Kaufhallen, alles in Wohnortnähe – für viele Familien war das mehr als verlockend. Da störten auch die fehlenden Straßennamen nicht. Von Bodo Wylezich, Kabarettist der Halle-Neuspötter, habe ich diese Zeilen gefunden:

Wenn Du in Halle-Neustadt mal
'ne Liebste willst besuchen.
Dann gehste ziemlich schnell am Stock
und fängst bald an zu fluchen.
Die Straßen sind hier namenlos
man muss nach Zahlen wandern.
Und findste endlich Deine Braut
hat sie schon längst 'nen andern.

Das Durchschnittsalter der Neustädter lag um das Jahr 1980 deutlich unter 30 Jahren! Und für Kinder bis zum

14. Lebensjahr gab es auch wirklich ausreichend Kindereinrichtungen und außerschulische Angebote. Doch das änderte sich mit dem beginnenden Jugendalter. Und so kritisierten Jugendliche und junge Erwachsene in vielen Gesprächen, die ich damals führte, immer stärker, es gebe zu wenige Kultur- und Freizeiteinrichtungen in der farblosen und einförmigen Satellitenstadt. Oft drehten sich die Diskussionen um fehlende Jugendklubs oder attraktive Restaurants und Einkaufsmöglichkeiten, hinzu kam aber auch die allgegenwärtige Gängelung und Überwachung durch die Institutionen der Erwachsenenwelt.

Was vor allem fehlte: nichtstaatliche und nicht kontrollierte Schutz- und Freiräume in dem stetig wachsenden „Meer von Blöcken".

Insofern wunderte ich mich nicht darüber, dass die jungen Menschen zahlreiche Wünsche und Forderungen, die ich aus meiner eigenen Jugendzeit kannte, mit in die Offene Arbeit brachten. Kritisch hinterfragt wurden die Inhalte und Strukturen in Schule, Ausbildung, Beruf und Freizeit in einem verplanten Leben:

„Endlich mal die eigene Musik zu hören und zu spielen."

„Anders zu sein als die vielen Anderen."

„Das Recht, eigene Fehler machen zu dürfen."

„Nicht immer nur funktionieren müssen."

„Einen eigenen Lebensentwurf entwickeln."

„Reisen dürfen – und vielleicht ein kleines Woodstock wenigstens einmal zu erleben."

„Eigene Veranstaltungen jenseits der Freien Deutschen Jugend (FDJ) organisieren."

Es war längst nicht die Mehrheit der Jugendlichen und jungen Erwachsenen von Halle-Neustadt und der Altstadt, die sich ab dem Winterhalbjahr 1977/78 in der Offenen Arbeit versammelte – aber es war doch eine nicht unbedeutende Minderheit. Dazu gehörten vereinzelt auch junge Leute, die schon mal mit dem Gesetz in Konflikt geraten waren, die aufbegehrt hatten und ebenso persönliche wie prägende Rückschläge hatten einstecken müssen.

Schnell stießen wir bei diesen Gesprächen auf einige immer wiederkehrende Sinnfragen: „Was nützen mir eine gute Ausbildung oder ein Studium, wenn ich hinterher doch nicht aus dieser ‚geschlossenen Gesellschaft' ausbrechen kann?" Oder: „Warum soll ich studieren, wenn ich entweder doch nicht den gewünschten Studienplatz bekomme oder, wenn ich ihn doch bekomme, die Vereinnahmung und Bevormundung durch den Staat danach noch größer ist?"

Kein Wunder, dass wir nicht allein mit Unmut konfrontiert waren, sondern mit ungleich schwereren Konsequenzen, die aus der Unzufriedenheit folgten: Schul- und Ausbildungsabbrüche, Arbeitsbummelei, Alkoholismus, Republikflucht, Frühschwangerschaften oder gar Suizid. Es waren Herausforderungen, denen allein mit der sozialdiakonischen Arbeit der Kirche nicht beizukommen war. Ich fühlte mich wie Sisyphos. Für jeden Alkoholkranken oder psychisch Kranken, dem mühsam geholfen werden konnte, hatte die Gesellschaft sofort zehn neue produziert.

Mehrfach diskutierten wir in jener Zeit mit Fachleuten darüber, welche Anteile die sozialistische Gesellschaft am dissozialen Verhalten junger Menschen hat. Diese Fachleute waren auch Gemeindemitglieder. Zum Beispiel Regina Konschak, eine Sozialarbeiterin, die damals als Suchtbeauftragte beim Kreisarzt, also einer staatlichen Stelle, tätig war. Aus ihrer beruflichen Praxis wusste sie zu berichten, dass Alkoholismus unter jungen Facharbeitern ein ernst zu nehmendes Thema war.

Deren „Lösungen" waren für uns freilich oft keine. Ich wollte mich nicht damit zufriedengeben, dies seien einfach „kranke Anteile" und basta. Ich wollte auch nicht einfach hören, (Jugend-)Kriminalität sei schlicht ein „absterbendes Überbleibsel der alten bürgerlichen Gesellschaft". Vielmehr wollte ich über die grundsätzliche psychische Störanfälligkeit von Bewohnern solcher riesigen Neubaublocks diskutieren. Es ging mir um „offene Wunden", die schmerzten und gegen die die „neue sozialistische Gesellschaft" keinerlei Medikamente hatte.
Ein wirksames Medikament war indes in meinen Augen die Stärkung des eigenen Ichs. Ein kleines Lied des Liedermachers Konstantin Wecker aus seinem 1981 erschienenen Album „Liebesflug" drückt die Stimmung von damals sehr gut aus. Es heißt „Liebes Leben":

Liebes Leben, fang mich ein,
halt mich an die Erde.
Kann doch, was ich bin, nur sein,
wenn ich es auch werde.
Gib mir Tränen, gib mir Mut,
und von allem mehr.
Mach mich böse, mach mich gut,
nur nie ungefähr.
Liebes Leben, abgemacht?
Darfst mir nicht verfliegen.
Hab noch so viel Mitternacht
sprachlos vor mir liegen.

Als im Juli 1964 der Grundstein für Halle-Neustadt gelegt wurde, gab es unweit davon ein Dorf mit einer jahrhundertelangen Geschichte. Das kleine Passendorf wurde im Jahr 1091 erstmals urkundlich erwähnt. Für den Bau der Neustadt mussten Teile des Dorfes weichen, einige dörfliche Reste sind aber bis heute erhalten, beispielsweise das pittoreske Passendorfer Schlösschen und die zwischen 1720 und 1723 erbaute Passendorfer Kirche. Als ich nach Neustadt kam, gab es also mit der Gemeinde Passendorf bereits eine Gemeinde, die auf eine mehrere Hundert Jahre alte Tradition zurückblicken konnte.

Eine kleine Gemeinde am Rande – damit konnten die Machthaber der SED gerade noch leben. Aber sie hatten natürlich keinerlei Interesse daran, dass sich im Zentrum von Halle-Neustadt eine neue, lebendige christliche Gemeinde entwickelt. Und ein Kirchenneubau in der Mitte der sozialistischen Stadt war erst recht keine Option.

Die Neustädter Gemeinde trug's mit Fassung: Die Herrichtung der denkmalgeschützten Kirche im verbliebenen Rest des Dorfes Passendorf sowie der Um- und Anbau des alten Gemeindehauses am Schulplatz 3–4 waren Herausforderung genug. Es lag etwas versteckt, und dennoch nah genug, um von Passanten entdeckt zu werden. Die Bevölkerung Neustadts musste am Rande Passendorfs vorbei, wenn sie in die damals in der Nähe gelegene Turnhalle wollte, wo zu jener Zeit noch ein schmuckloses Centrum Warenhaus untergebracht war. Außerdem gab es in der Kammstraße noch eine kleine Buchhandlung.

Schließlich nutzte die Gemeinde auch ein herrliches Grundstück mit einer großen Villa im halleschen Stadtteil Dölau. Dort, in der Semmelweisstraße, wo ich mit meiner Frau und meinem Sohn eine kleine, unsanierte Wohnung im ehemaligen Gärtnerhaus bezog, befindet sich heute das Evangelische Bildungs- und Projektzentrum Villa Jühling.

Zu meiner Zeit gab es in der Evangelischen Kirchengemeinde eine Pfarrerin und zwei Pfarrer. Außerdem eine Katechetin (also eine Religionslehrerin), einen Kirchenmusiker und eine Sekretärin. Natürlich waren auch immer zusätzlich Vikare und andere Praktikanten tätig.
Die Erwartungen an mich, den neu angestellten Jugenddiakon, waren hoch. Ich sollte: offene Gesprächsabende jeweils für über 14-Jährige und über 16-Jährige anbieten, mindestens vier Rüst- und Freizeiten im Jahr durchführen, moderne Jugendgottesdienste sowie Werkstatt-Treffen (oder auch Werkstatt-Tage genannt) verantwortlich planen und durchführen, mitarbeiten bei der Kinder- und Konfirmandenarbeit sowie Dienstberatungen besuchen; schließlich sollten die Besuchsdienste und die Zusammenarbeit mit Mitgliedern des Jugendteams in Halles Altstadt weiter ausgebaut werden. Natürlich gehörte auch die diakonische Sozialarbeit ebenso wie die Seelsorge zu den Erwartungen, die die Gemeinde an den neuen Mitarbeiter hatte. Ach ja, und nicht zu vergessen: ein offener Begegnungsabend am Freitag und der perspektivische Ausbau geeigneter Räume in Halle-Neustadt und in Dölau.
Dennoch unterschrieb ich im Herbst 1977 meinen Arbeitsvertrag voller Enthusiasmus. Ich hatte mir nach vier Jahren Ausbildung vorgenommen, mich nur einer echten Herausforderung zu stellen. Und die war für einen jungen Jugenddiakon mehr als gegeben in Halle-Neustadt.
Später sagte mir ein guter Freund einmal: Die erste Stelle ist wie die erste große Liebe – viele Träume bleiben unerfüllt, und es endet selten mit einem Happy End.

DIE GESELLSCHAFT VERÄNDERN

Schon Anfang 1978 – also wenige Monate nach meinem Dienstbeginn – hatte ich pro Woche mit rund 200 jungen Menschen zu tun, die zwischen 16 und 27 Jahre alt waren. Höchstens fünf Prozent waren konfessionell gebunden. Die größte und aktivste Gruppe in der Offenen Arbeit bildeten Lehrlinge und junge Facharbeiter. Recht schnell baute ich mir einen aktiven Kreis an Ehrenamtlichen auf, der im Laufe der Jahre auch zum Freundeskreis wurde.

Noch im Herbst 1977 organisierten wir uns einen großen, alten Bauwagen. Gemeinsam machten wir ihn uns zurecht und diskutierten leidenschaftlich darin, hörten Musik vom Band, rauchten (Karo) und tranken (Tee oder Bier). Der offene Abend am Freitag begann gegen 19 Uhr – oft mit einer Meditation in der Kirche – und endete nicht selten weit nach Mitternacht. Oft brachten Teilnehmer ihre Musikinstrumente mit, um für die Jugendgottesdienste und Werkstatt-Treffen zu proben.

Dienstags veranstalteten wir regelmäßig thematische Abende. Dabei durften die bisher geltenden Konventionen, Doktrinen und Schulmeinungen ausdrücklich hinterfragt werden. Ständig neu hinterfragt wurde auch die eigene persönliche Risikobereitschaft und Zivilcourage.

Wir sprachen über unsere Vision, die offene Gesellschaft – folglich sollte diese Offenheit in unserer eigenen Arbeit sichtbar werden.

Worum ging es uns? Um Veränderung der *Gesellschaft*.

Worum ging es uns nicht? Um die Abschaffung des Sozialismus.

Fertige Konzepte waren uns suspekt. Wir verstanden uns nicht als „Betreuer“ von „Betreuten“, sondern als eine gemeinsame Such-Bewegung. Und gesucht wurde der sagenumwobene „Sozialismus mit menschlichem Antlitz".

Unser Anspruch war: Alles was mit unserem Leben zu tun hat, gehört auch in die Offene Arbeit. Dies galt übrigens nicht nur für uns, sondern auch für die – wenigen – anderen offenen Zentren der Offenen Arbeit, etwa in Jena, Erfurt, Dresden, Gera oder Schwerin und natürlich Braunsdorf.

Entsprechend groß war das Spektrum der Themenkomplexe, mit denen wir uns inhaltlich auseinandersetzten:

- Gerechtigkeit, Abrüstung, Bewahrung der Schöpfung, Gewaltlosigkeit und Frieden;
- revolutionäre und emanzipatorische Ansätze des historischen Jesus und anderer Religionsstifter;
- gesellschaftliche Veränderungen in der DDR und deren Folgen;
- Fragen nach der Entfremdung des Menschen, hierzu gehörten auch die Themen Konsum und Zivilisationskritik;
- die ökologische Krise (ja, die spielte schon damals eine wichtige Rolle).

Wir veranstalteten Philosophiekreise und hatten eine Lesebühne ins Leben gerufen. Bei Werkstatt-Treffen – als besonderer Form des Gemeindefests in der Offenen Arbeit – tauschten wir uns zweimal im Jahr mit anderen Gruppen aus der gesamten DDR aus. Fünf Elemente zeichneten ein gelungenes Werkstatt-Treffen für uns aus:

1. Roter Faden des Treffens war die Auseinandersetzung mit einem bestimmten Thema;
2. Kreativität und Einbringung des Publikums;
3. Elemente der Kunst und Kultur: Musik, Theater, Lesungen, Malerei;

4. Einbeziehung der Kinder und Familien;
5. Religiöse Elemente, dazu gehörten Gottesdienste, liturgische Nächte oder politische Nachtgebete.

Hier war Widerspruchsgeist gefragt und wurde geradezu herausgefordert.

Nach damaligen Angaben bekannten sich rund 3.000 Mitglieder zur Evangelischen Kirche in Halle-Neustadt. Ungefähr 500 davon gehörten zum aktiveren Kreis. Die Kerngemeinde von Halle-Neustadt – die als Nachfolgerin der ehemaligen Gemeinde von Passendorf 1967 gegründet wurde – reagierte anfangs noch aufgeschlossen auf unsere Offene Arbeit, wenngleich der „Kulturschock" über die vielen, nicht nur äußerlich andersartig aussehenden jungen Leute, für manche Gemeindemitglieder sicher nicht so einfach zu verkraften war. Doch auch ihr Gemeindeleben war geprägt von modernen Formen kirchlicher Arbeit: Hauskreise, neue Gottesdienst- und Seelsorgeformen, internationale Aktivitäten, Ökumene.

Aber als Kirche „nicht *neben*, nicht *gegen*, sondern *im* Sozialismus" versuchten vorrangig die Pfarrer, eine loyale Haltung zum „Arbeiter- und Bauernstaat" zu vertreten. Allzu „fortschrittsfeindliche" Auffassungen (fortschrittsfeindlich im Sinne der DDR, versteht sich) mochten sie lieber nicht zulassen.

Waren es in der Anfangszeit noch Streitpunkte bei vergleichsweise banalen Fragen wie Ordnung und Sauberkeit, kristallisierte sich mit der Zeit immer mehr eine unterschiedliche grundsätzliche Bewertung über die Rolle der Christen in der DDR heraus. Und obwohl sich die vorrangig aus der technischen Intelligenz zusammengesetzte Gemeindeleitung nach außen gern fortschrittlich

gab, verkraftete sie bereits nach wenigen Monaten den „frischen Wind" der jungen Menschen nicht mehr.
Dabei waren etwa Dietrich Bonhoeffers Konzept einer „Kirche für Andere" („Die Kirche ist nur Kirche, wenn sie für andere da ist ... Sie muss an den weltlichen Aufgaben des menschlichen Gemeinschaftslebens teilnehmen, nicht herrschend, sondern helfend und dienend") oder die Arbeitsweise der „Arbeiterpriester" in Frankreich nicht unbekannt und wurden auch in den Hauskreisen kontrovers diskutiert.
Auch ein Zitat von Christen aus Afrika machte damals die Runde: „Wo Gott dich hingesät hat, da sollst du blühen!"
Da keine Blume ohne einen guten Boden blühen kann, wurde von kirchlicher Seite schon beizeiten die neue real-sozialistische Stadt hofiert. Eine betont positive und dabei allzu oft unkritische Grundhaltung zum sozialistischen Staat prägte schon frühzeitig das Kirche-Staat-Verhältnis auch in meiner neuen Gemeinde. Damit hob sich die Kirchengemeinde Halle-Neustadt ab, auch von nicht wenigen Altstadtgemeinden von Halle.
Die staatlichen Verantwortungs- und Entscheidungsträger beim Rat des Kreises Halle-Neustadt und beim Rat des Bezirkes Halle sahen dies natürlich mit einem gewissen Wohlwollen.
Umgekehrt hatten es andersdenkende Pfarrer und Gemeindemitglieder in diesem Klima der viel zitierten „vertrauensvollen Zusammenarbeit" zwischen Staat und Kirche folglich nicht immer einfach.
Zu politischen Höhepunkten – etwa den Volkskammerwahlen, der Einführung des Wehrkundeunterrichts Ende der 1970er Jahre und sogar 1968 zu der sogenannten „Friedensdoktrin" des damaligen Generalsekretärs der KPdSU, Leonid Breschnew, die das Selbstbestimmungs-

recht der sozialistischen Staaten einschränkte – gab es positive Signale von der Pfarrerschaft und von Teilen der Leitung der Gemeinde. Auch kam es vor, dass Gemeindemitglieder im „Neuen Weg“, dem Organ der Blockpartei CDU, den Führungsanspruch der SED bekräftigten.

Aus heutiger Sicht mag das überraschen, aber zu jener Zeit hatten die Pfarrerschaft und Teile der Gemeindeleitung Halle-Neustadt umfangreiche offizielle Kontakte in das nichtsozialistische Ausland unterhalten: Westeuropa, Afrika, Lateinamerika. Studienreisen und Gegenbesuche waren an der Tagesordnung. Und auch im privaten Bereich gab es natürlich Kontakte nach Westdeutschland, die gepflegt werden wollten, sollten und mussten. Ein gutes Verhältnis zur „Abteilung für innere Angelegenheit“ und dem „Kreisausschuss der Nationalen Front“ war insofern von entscheidender Bedeutung für die Basisarbeit.

Ich selbst konnte und wollte das einfach nicht akzeptieren, wurden der DDR-Bevölkerung doch trotz der Unterzeichnung der KSZE-Schlussakte grundlegende Menschenrechte verweigert. Ich verstand nicht, wieso die Verantwortlichen der Gemeinde permanent ihre eigene Glaubwürdigkeit aufs Spiel setzten. Für mich sprachen sie keine authentische Sprache mehr, sondern die Sprache der Herrschenden in der DDR.

Argumentationen in wichtigen Fragen des Friedens, der Gerechtigkeit oder der Bewahrung der Schöpfung wurden vom Staat übernommen. Die regelmäßigen Aussprachen des Stellvertreters des Vorsitzenden für Inneres in Halle-Neustadt mit den hauptamtlichen Pfarrern, Gemeindeleitungsmitgliedern und anderen verantwortlichen Mitgliedern der Gemeinde zeigten Erfolg bei der kirchenpolitisch-ideologischen Arbeit des Staates.

Am 6. März 1978 kam es zu einem Spitzengespräch zwischen der SED und Repräsentanten der Evangelischen Kirche. Im „Neuen Deutschland" war tags darauf von einem „konstruktiven, freimütigen Gespräch" die Rede. Auf dem Titelblatt war Erich Honecker mit den Kirchenleuten zu sehen. Viele mögen dies als Sensation empfunden haben, und auch viele Gemeindemitglieder beschworen in der Folge den Geist dieses Treffens. Die SED freilich verfolgte ein anderes Ziel: Sie wünschte von der Kirche die Bejahung des Sozialismus – und damit die Stabilisierung der eigenen Macht. Und es hinderte die Staatsmacht freilich auch nicht daran, eine lückenlose Kontrolle über alle kirchlichen Einrichtungen und Veranstaltungen zu erlangen. Gerade das Wissen und die Aufklärung über Kontakte (Ein- und Ausreisen) waren ja von besonderer Bedeutung.

Im Grunde konnte es auf Dauer nicht gut gehen: Erwartungen der Gemeindeleitung – Stichwort „Kirche im Sozialismus" –, die ja versuchten, im Rahmen der bestehenden Möglichkeiten die Gesellschaft positiv zu gestalten, stießen auf meinen Ansatz, der weit darüber hinaus ging. Ich wollte etwas Neues gestalten, und das ging nicht ausschließlich im Rahmen der herkömmlichen Gemeinde.
Die ansässige Gemeinde und ihre hauptamtlichen Pfarrer in Halle-Neustadt betonten immer wieder ihre loyale Haltung zum Staat. Diese betont „positive Grundhaltung" zum sozialistischen Staat wurde auch bei den zahlreichen Zusammenkünften mit ausländischen Besuchern hervorgehoben. Namentlich die Pastorin Burckhardt und die Pfarrer Heyroth und Müller zeigten nicht ohne Stolz, zu welchen Ergebnissen eine „Kirche im Sozialismus" im Neubaugebiet kommen kann.

Der Preis allerdings war hoch: So wurde mit Unterstützung sogenannter „gesellschaftlicher Kräfte“ (sprich: der Stasi) und der Block-CDU nicht nur ein Keil zwischen mich, den Jugenddiakon, und die Leitung der Gemeinde geschlagen, sondern auch in den Kreis der anderen Haupt- und Ehrenamtlichen, sowie den Kreiskirchenrat Halle und darüber hinaus bis in die Kirchenleitung in Magdeburg.
Zum damaligen Zeitpunkt war mir diese perfide Strategie des Staates nicht in den Einzelheiten bekannt und so setzten wir in der Offenen Arbeit weiter auf Gespräche mit staatlichen Stellen und mischten uns immer wieder in relevante gesellschaftliche Fragen ein – die Verschärfung des Strafgesetzbuchs, der Wehrdienst für Frauen, die Jugendkriminalität, der soziale Friedensdienst, die Umweltfragen im Großraum von Buna und Leuna.
Dieses Engagement, getragen von mutigen jungen Menschen, führte zu einer zunehmenden staatlichen Nervosität. Die Kreisleitung der SED und der FDJ, der Stadtschulrat und andere „gesellschaftliche Kräfte“ wurden aufgefordert, dem Einfluss der Offenen Arbeit wirksamer zu begegnen. Der sozialistische Jugendverband sollte die Arbeit in den Jugendklubs und den Klubhäusern Buna und Leuna spürbar verbessern.
Wir hingegen haben der Kerngemeinde von Halle-Neustadt kritisch die Frage nach dem „fernen Nächsten“ und dem „nahen Nächsten“ gestellt: Trotz der fraglos interessanten Berichte der reisefreudigen Pfarrerschaft konnten wir nicht verstehen, warum das – selbstverständlich völlig berechtigte – Engagement für Afrika und Lateinamerika nicht auch eine größere Sensibilität für die Probleme im eigenen Land oder den anderen sozialistischen Ländern beinhalten sollte und konnte.

Zudem entstanden mit der tschechischen Menschenrechtsorganisation „Charta 77“ und der unabhängigen polnischen Gewerkschaft „Solidarność“ im nahen, befreundeten sozialistischen Ausland neue Hoffnungsträger. Und die klare Sprache der Menschen dort sowie ihre Forderungen – das Land gehört nicht einer Partei, sondern dem Volk – begeisterten ja auch nicht nur junge Menschen.

Die Offene Arbeit wollte ja selbst eine offene Gemeinde sein, die sich wiederum als Modell einer mündigen Gemeinschaft in einer offenen Gesellschaft versteht. Eine Begrenzung auf einseitig politische, religiöse oder sozialpädagogische Zielstellungen widersprach ganz einfach unserem Verständnis vom prophetischen Auftrag der Kirche. Somit forderten nicht nur die alltäglichen politischen Lügen der machtbesessenen SED-Ideologen unseren Widerspruch heraus. Wir widersprachen auch der Kirche, jedenfalls dort, wo sie nur als vereinnahmter Erfüllungsgehilfe eines vormundschaftlichen Unrechtsstaates funktionierte.

Argumente und einprägsame Sätze holten wir natürlich auch bei den Vordenkern des gewaltfreien Widerstands, von Martin Luther King bis zu den mutigen Befreiungstheologen Südamerikas. Wie hatte es Mahatma Gandhi ausgedrückt: „Wir müssen der Wandel sein, den wir in der Welt zu sehen wünschen.“

Für mich war die Suche nach Freiräumen und das Sprengen von eng gezogenen inneren und äußeren Gemeindegrenzen die Vorstufe auf dem langen Weg in die demokratische Gesellschaft. Meine Arbeit beanspruchte schon sehr früh eine sehr akzentuierte Position. Es war keine Jugendarbeit, Sozialarbeit oder Straßensozialarbeit nach heutigem Verständnis, sondern der alltägliche Ver-

such, gemeinschaftlich authentisches Leben zu praktizieren.
Die so verstandene Arbeit lebte immer von der Stärke der Gemeinschaft – und von der Einmaligkeit der Stärken eines jeden Einzelnen. Das machte uns selbstbewusst und verletzlich zugleich.
Beeindruckend war für mich in jener Zeit die nicht geringe Zahl von Freundinnen und Freunden aus der Offenen Arbeit, die bewusst auf eine berufliche Karriere in der DDR verzichteten, da sie die eigene Glaubwürdigkeit als höheres Gut ansahen. So war ja der Zugang zu höheren Bildungswegen als Thema ein Dauerbrenner; er wurde nicht nur bei Christen als Druckmittel und Disziplinierungsmaßnahme gegenüber jungen Menschen und ihren Familien eingesetzt.

GRENZEN DES WACHSTUMS

1972 veröffentlichte der „Club of Rome" seinen wegweisenden Bericht „Die Grenzen des Wachstums". Dessen zentrale Schlussfolgerung lautete: „Wenn die gegenwärtige Zunahme der Weltbevölkerung, der Industrialisierung, der Umweltverschmutzung, der Nahrungsmittelproduktion und der Ausbeutung von natürlichen Rohstoffen unverändert anhält, werden die absoluten Wachstumsgrenzen auf der Erde im Laufe der nächsten hundert Jahre erreicht." Wir in Halle-Neustadt konnten die Richtigkeit dieser Aussage jeden Tag erleben.
Wir erlebten die Umweltverschmutzung rund um Buna und Leuna in Form von nicht enden wollenden „Nebeltagen". Nur, dass dieser Nebel nicht aus fein verteilten

Wassertröpfchen bestand. Einige Freunde und Bekannte hatten bereits Kinder, die ständig mit Atemwegserkrankungen zu kämpfen hatten. Ich erinnere mich, dass einmal ein Wissenschaftler der Martin-Luther-Universität Halle-Wittenberg zu Gast bei einem unserer Themenabende der Offenen Arbeit war. Er berichtete über die Geheimniskrämerei mit den Umweltdaten in der Chemischen Industrie. Auf Rückfragen sagte er lapidar: „Der Bezirk Halle ist ungeeignet zur Aufzucht von Jungrindern." Auch die bestimmt gut gemeinte Empfehlung mancher Kinderärzte, in eine andere Gegend zu ziehen, war nicht unbedingt hilfreich.
Die SED gab derweil die Losung „Ich leiste was! Ich leiste mir was!" heraus. Sie bedeutete für uns das komplette Gegenteil einer solidarischen, sozialen und ökologischen Gesellschaft. Unsere Überzeugung war, dass eine unkontrollierte und auf ständiges Wachstum ausgerichtete „Dinosaurier-Industrie" nicht nur unsere Lebensgrundlagen zerstört, sondern auch soziale Beziehungen aushebelt.
Ich hegte – und hege – eine tiefe Abneigung gegen eine Welt, in der fast alles am politischen Wohlverhalten des Einzelnen, an Arbeitsergebnissen, an Leistung und Perfektion gemessen wurde. Diese technokratische und von Beschleunigungszwängen getragene „Steigerungslogik" widersprach zutiefst meinem Bild von einem Lebensentwurf, in dem das „Besitzenwollen" nicht der alleinige Maßstab eines gelungenen Lebens ist. Nebenbei bemerkt: Dass es diese Kritik auch in der DDR in den 1970er Jahren bereits gab, mag aus heutiger Sicht seltsam anmuten angesichts der damaligen Versorgungsengpässe und der Tatsache, dass man beispielsweise auf den Kauf eines Autos vom Typ „Trabant 601" rund 15 Jahre lang warten musste. (Heute dagegen erfindet man „Abwrack-

prämien", wenn die Menschen nicht genug Autos kaufen.)
Zu den Büchern, die mich geprägt haben, gehörte auch „Haben oder Sein". Der Psychoanalytiker, Philosoph und Sozialpsychologe Erich Fromm schrieb es 1976 und sezierte, wie es im Untertitel hieß, „die seelischen Grundlagen einer neuen Welt". Vieles von dem, was Fromm schrieb, scheint mir, ist bis zum heutigen Tag gültig. Schaue ich mich um, so sehe ich tatsächlich immer noch „eine Gesellschaft notorisch unglücklicher Menschen" – selbst in einem der reichsten Länder der Welt.
Wir lasen Fromms Buch damals sonntags gemeinsam in der Lesebühne und nickten zustimmend über Aussagen wie die, dass die Arbeit der Erfüllung der wahren Bedürfnisse des Menschen zu dienen habe und nicht den Erfordernissen der Wirtschaft. Oder jene, dass das oberste Ziel des gesellschaftlichen Arrangements das menschliche Wohlsein und die Verhinderung menschlichen Leids sein sollten.
Wir kritisierten in jenen Jahren Maßlosigkeit und Dekadenz. Doch wir hätten uns nie vorstellen können, welches Ausmaß Maßlosigkeit und Dekadenz in den folgenden Jahren und Jahrzehnten noch erreichen würde. In der Rückschau empfinde ich das als durchaus bittere Bilanz.

Übrigens ging unser Blick natürlich immer auch über die Mauer. Und so strahlte beispielsweise auch die Gründung der westdeutschen GRÜNEN im Jahr 1980 mit ihrer anfangs noch viel radikaleren Zivilisations- und Gesellschaftskritik in die DDR hinein. Die Partei trat damals als „grundlegende Alternative" an – und Teile des Parteiprogramms trugen durchaus marxistische Züge, was insofern nicht verwunderlich war, da nicht wenige Teile des

Personals aus den K-Gruppen stammten, den kommunistisch ausgerichteten Gruppen des zerfallenen Sozialistischen Deutschen Studentenbunds. Einer von ihnen wurde später Umweltminister, ein anderer Ministerpräsident – ich meine natürlich Jürgen Trittin und Winfried Kretschmann.

OFFENE ARBEIT

1978 trat eine weitere wichtige Person in mein Leben: Helmut Hartmann. Er wurde neuer Superintendent des Evangelischen Kirchenkreises Halle; außerdem war er Pfarrer in der halleschen Paulusgemeinde.
Helmut Hartmann wurde am 6. Februars 1932 in Burgörner bei Hettstedt im Mansfelder Land geboren. Bevor er nach Halle kam, war er unter anderem Pfarrer in Martin Luthers Geburtsstadt Eisleben. In einem Nachruf an den 2016 verstorbenen Helmut Hartmann schreibt der heutige Superintendent Hans-Jürgen Kant: „In seine (Hartmanns) Superintendentenzeit fielen die Ereignisse um die Offene Jugendarbeit in Halle-Neustadt. Helmut Hartmann hat unter den Entwicklungen, die bis zur Entscheidung des Kreiskirchenrates führten, sich von Jugenddiakon Lothar Rochau zu trennen, gelitten. Jemand hat einmal gesagt: ‚Helmut Hartmann war der größte Fan der Arbeit von Lothar Rochau.'"
Die Arbeit in den Neubaugebieten von Halle wurde für Helmut Hartmann schnell zu einem Schwerpunkt kirchlicher Arbeit. Besonders in der Anfangszeit von Hartmanns Berufung (in den Jahren 1978 bis 1981) haben sich der Superintendent und auch der ebenfalls neu ins Amt

des Stadtjugendpfarrers gekommene Siegfried Neher hinter unser Engagement in der Offenen Arbeit gestellt. Es gab zwar konzeptionelle Anfragen und Diskussionen zur Form der Arbeit – aber inhaltlich und vor allem kirchenpolitisch stand ich den Pfarrern aus Halles Altstadt näher als meinen Kollegen in der Neustadt.

Nach der Friedlichen Revolution von 1989 – den Begriff „Wende" mag ich nicht; er stammt von Egon Krenz und war wohl auch deshalb unter Bürgerrechtlern eher nicht gebräuchlich – erzählte mir Helmut Hartmann, er selbst sei schon lange vor seinem Dienstantritt in Halle in einem „Operativen Vorgang" vom Rat des Bezirkes als „Staatsfeind" eingestuft worden.

Ich war froh über Hartmanns Ankunft, zumal mich zunehmend eine gewisse Überheblichkeit „meiner Gemeinde" gegenüber den Gemeinden aus Halle störte: Leitende Mitglieder und einzelne Pfarrer waren der Meinung, nicht nur auf der „richtigen Seite der Geschichte" zu stehen, sondern auch in einer säkularisierten sozialistischen Gesellschaft über die überzeugenderen Konzepte im Umgang mit dem real-existierenden Sozialismus zu verfügen.

Und unsere Offene Arbeit wurde sogar von noch höherer Stelle ganz offenbar für gut, richtig und wichtig befunden: In einem sogenannten Visitationsbericht schrieb der damalige Bischof Dr. Werner Krusche am 12. September 1980 über seinen Besuch des III. Werkstatt-Treffens im Mai 1979:

„Lothar Rochau kümmert sich gerade um diese Gruppe von Jugendlichen, die nirgendwo richtig zu Hause sind, sich von niemanden wirklich angenommen erfahren, alleingelassen von den angepassten Erwachsenen ... Ich denke doch, dass Jesus sich über diese Arbeit freut, vielleicht besonders ... Wir wünschen uns, dass die staatlichen Stellen erkennen, dass hier eine gesellschaftlich notwendige Arbeit geleistet wird, die sonst keiner tut und die es nicht verdient, mit Misstrauen betrachtet zu werden ... Als bedrückende Frage bleibt: Wie soll ein einzelner hauptamtlicher Mitarbeiter diese Arbeit tun, wenn von ihm auch noch normale Jugendarbeit verlangt wird?"

Nur sechs Wochen später indes erklärten die Verantwortlichen der Gemeinde von Halle-Neustadt, die Werkstatttage – also die Höhepunkte in der Offenen Arbeit – auf dem Gelände der Kirchengemeinde Halle-Neustadt in Passendorf für abgesetzt!

Was ist das Wort eines Bischofs noch wert?, fragten sich damals nicht nur die engagierten jungen Leute aus dem Vorbereitungskreis unserer Arbeit.

Und es wurde nicht besser: In Vor- und Nachbereitung der IV. Werkstatttage gab es eine „enge und vertrauensvolle Zusammenarbeit von Staat und Kirche". Der Stellvertreter Inneres beim Rat der Stadt Halle-Neustadt, der Referent für Kirchenfragen beim Rat des Bezirkes Halle und die hauptamtlichen Pfarrer und Teile der Gemeindeleitung trafen sich regelmäßig zur Aussprache. Es war ein erster Teilsieg gegen die Offene Arbeit. Mehr noch: Die Vertreter beider Gremien forderten eine Absetzung unserer überörtlichen Werkstatttage. Dieser erfolgreiche Eingriff staatlicher Stellen in die Offene Arbeit der Evangelischen Kirche war in dieser Form bislang einmalig.

Ich fragte mich: Wie konnte eine Evangelische Kirchengemeinde – die sich immerhin auch auf die Tradition eines Dietrich Bonhoeffers berief – zulassen, dass Mitarbeiter eines diktatorischen Staatsapparates und eines

Geheimdienstes versuchen, die inhaltliche Ausrichtung eines Kirchentreffens zu bestimmen? Hatte die Gemeinde überhaupt noch die Definitionsmacht über ihre eigenen Angelegenheiten?
Immerhin: Der Kreiskirchenrat stellte sich deutlich erkennbar hinter unsere Arbeit und ermöglichte die nächsten Treffen in der Altstadt von Halle – namentlich in der Christusgemeinde und der Luthergemeinde. Doch trotz dieses Bekenntnisses des Kreiskirchenrates war der Staatssicherheit ein weiterer Schritt im Zersetzungsprozess gelungen. Später erzählte mir Helmut Hartmann oft, wie enttäuscht er damals vom Verhalten der Gemeinde Halle-Neustadt war.
So wanderte die Offene Arbeit schon knapp zwei Jahre nach ihren Anfängen immer mehr in Halles Altstadt-Gemeinden aus, um ihre wichtigen Großveranstaltungen und Feste weiterhin feiern zu können.
Für seine Unterstützung bin ich Helmut Hartmann noch heute dankbar.

Bekanntermaßen gab es in der DDR nur eine einzige staatlich anerkannte und geförderte Jugendorganisation: die Freie Deutsche Jugend, kurz FDJ. „Kampfreserve der Partei" – so nannte sich die Organisation selbst. Mitglied bei der FDJ konnte man ab einem Alter von 14 Jahren werden. Die Mitgliedschaft war offiziell freiwillig – wer indes nicht beitrat, musste mit erheblichen Nachteilen rechnen, etwa bei der Zulassung zu weiterführenden Schulen oder bei der Berufswahl. Kein Wunder also, dass 1985 rund 80 Prozent der DDR-Jugendlichen zwischen 14 und 25 Jahren Mitglied in der FDJ waren und das blaue Hemd oder die blaue Bluse mit dem FDJ-Emblem der aufgehenden Sonne überzogen.

Natürlich kam es im Laufe der Zeit immer wieder zu Begegnungen: Wir mischten uns aktiv in öffentliche Diskussionen ein, die oft unter Leitung der FDJ stattfanden, und vertraten unsere Positionen offensiv. Im halleschen Studentenklub im Turm der Moritzburg gab es öfter öffentliche Aussprachen mit Staatsvertretern.
Ich erinnere mich gut an eine Diskussion mit dem Bezirksstaatsanwalt Dr. Trautmann, in der es um die Verschärfungen im Strafgesetzbuch der DDR im Jahr 1979 ging. Ein brisantes Thema. Wir hatten uns gut vorbereitet und merkten sehr schnell, dass unsere couragierten und herausfordernden Fragen, Kritiken und Anregungen bei einigen Studenten wütende und unsachliche Reaktionen hervorriefen. Schließlich wurde in öffentlichen Veranstaltungen jede kritische Stimme sehr genau registriert, auch wenn das nicht immer gleich sichtbar wurde. Wie hieß damals ein geflügeltes Wort so treffend: Der sozialistische Staat vergisst nichts. Später konnten es viele in ihrer Stasiakte nachlesen.
Außerdem erarbeiteten wir Themenschwerpunkte zu versprochenen Dialogen mit dem FDJ-Kreisvorstand Halle-Neustadt. Kernpunkte waren: der Übergang von der Schule zum Beruf, Freizeitangebote, gesellschaftliche Tabus, Wohnraumpolitik, Strafrechtsverschärfungen, Jugendkriminalität, Suchtproblematik und Umweltfragen. Letztlich ging es in den Gesprächen auch immer darum, dass sich die jungen Menschen eingeengt, kontrolliert und bevormundet fühlten. Derartige „Dialoge" führten aber nie zu offenen Diskussionen.

„GRADE KLARE MENSCHEN" – DAS IV. WERKSTATT-TREFFEN

Eben war schon von den Werkstatt-Treffen die Rede. Am Beispiel des IV. Werkstatt-Treffens möchte ich veranschaulichen, wie ein solches Treffen vorbereitet wurde, wie es abgelaufen ist und welche Probleme es mit Kirchenleitung und staatlicher Führung gab.
Besagtes Treffen fand am 19. und 20. Oktober 1979 statt – und es war in mehrerlei Hinsicht ein Meilenstein der Offenen Arbeit. Gleichsam der Prototyp für unser Treffen war eine Jugendgroßveranstaltung, die ein knappes Jahr zuvor, im Juni 1978, unter dem Titel „JUNE 78" in Rudolstadt stattgefunden hatte. Mehr als 1.000 Teilnehmer waren bei diesem großartigen Treffen dabei – federführend organisiert wurde es von den Pfarrern Uwe Koch und Walter Schilling. Die Losung lautete: „Losgehen und Ankommen".
Dass dabei das Freizeitheim Braunsdorf mit seinem charismatischen Pfarrer Walter Schilling von einigen von uns als Synonym fürs Ankommen und sogar als vorweggenommenes Stückchen des „Reichs Gottes auf Erden" angesehen wurde, war nicht verwunderlich. Denn in dem Haus auf den Höhen des Thüringer Waldes wurde der Anspruch „Offene Arbeit" wirklich gelebt. Dort wurde nicht nur über den historischen Jesus – also den Mann, der das lebte, was er sagte – trefflich gestritten, sondern auch Basisdemokratie ausprobiert. Mit Walter Schilling – dem Vater der Offenen Arbeit – diskutierten wir in langen Nächten am Kamin und Lagerfeuer nicht selten darüber, dass das Reden über Jesus immer auch die politische Dimension des Glaubens mit einschloss.

Natürlich prallten dabei auch die unterschiedlichsten Typen und Anschauungen aufeinander – doch das empfanden wir als herausfordernd und bereichernd.
„Nachfolge Jesu“ – das war für mich fast gleichbedeutend mit „Einmischung in eigene Angelegenheiten“ wie der Titel eines Büchleins des leider viel zu früh verstorbenen Jürgen Fuchs von 1984 lautete. Auch wir wollten uns einmischen in unsere eigenen Angelegenheiten. Wir wollten es nicht der FDJ und anderen staatlichen Stellen überlassen, ob das Wort Sozialismus noch eine Chance für junge Menschen in der DDR hat.
Mit unseren Werkstatt-Treffen wollten wir nicht nur ein Ventil öffnen, sondern auch eine Bühne schaffen, auf der all die bedrückenden – und übrigens auch schönen – Erfahrungen beim Namen genannt werden durften. Wir suchten Alternativen, und wir hatten viel Spaß. Ich lernte in dieser Zeit unglaublich viele großartige Menschen kennen. Und auch so manches herrlich-verrückte Original.
Unsere Sprache war weder eine klerikale noch war es die der Funktionäre. Unsere Sprache sollte eine herrschaftsfreie Sprache sein, bunt, frech und frei, eine Sprache, die Lust macht auf unsere Form von Kirche.
Rund 20 junge Menschen waren an der Vorbereitung der IV. Werkstatt-Tage beteiligt. Mit dabei waren Katrin Eigenfeld, die vehement in der Gemeindeleitung für unser Anliegen kämpfte. Ebenso wie Volker Horn (genannt „Horni“), Matthias „Matjes“ Augustin, die schon erwähnten Dietmar Webel und Heike Sura, Holger „Scotti“ Gottwald und viele andere junge Leute zwischen 18 und 25 Jahren.

Die Werkstatt-Treffen gehörten zu den Höhepunkten der Offenen Arbeit. Hunderte, meist junge Menschen aus vielen Gegenden des Landes kamen da zusammen und diskutierten auch über die Möglichkeiten einer anderen, besseren DDR, ja, einer besseren Welt.

Wen wundert's, dass wir nicht lange unter uns blieben? Anfang 1979 war Lothar Niederehe als sogenannter „halb hauptamtlicher Mitarbeiter des MfS“ mit Legendenbildung in den Kreis eingeschleust worden. In einem auf den 20. Dezember 1978 datierten Operativplan zum Operativen Vorgang (OV) „Obstakel“ ist beschrieben, wie er auf die Kirchenproblematik „umprofiliert“ werden sollte, um mit mir Kontakt aufzunehmen. Niederehe sollte in meinen engeren Freundes- und Familienkreis integriert werden und verwertbare Beweise und Dokumente heranschaffen, um unter anderem auch den 1. Sekretär der SED-Kreisleitung Halle-Neustadt frühzeitig informieren zu können, damit gegebenenfalls der Bereich Inneres frühzeitig Maßnahmen einleiten konnte.

Niederehe wurde als IMB[5] unter dem Namen Frank Krüger geführt. Dieser besondere IM spielte – neben etlichen anderen Zuträgern – in der Offenen Arbeit für unseren Vorbereitungskreis damals eine besondere Rolle. Er verfügte über eine nicht unerhebliche Anzahl guter Kontakte zu Versorgungseinrichtungen. Außerdem war er einer der wenigen „Ehrenamtlichen", die ein Auto mit Anhänger besaßen. (Ich selbst konnte mir damals ein Auto von meinen monatlichen 452 DDR-Mark nicht leisten.)
Damit war Niederehe für uns äußerst wichtig, wenn es etwa um die Durchführung von Veranstaltungen ging – und das war sowohl ihm als auch seinen Auftraggebern von der „unsichtbaren Front" natürlich sehr bewusst.
Das III. Werkstatt-Treffen hatte am 25. und 26. Mai 1979 stattgefunden. Das Motto lautete: „Wer bin ich – Mensch – eigentlich?" Die Kreisdienststelle des MfS Halle-Neustadt hatte vermerkt „dass die III. Werkstatttage entsprechend der gegebenen Tagesordnung, jedoch ohne dem Auftritt der Bettina Wegner ablief ... Während der Veranstaltung traten keine Vorkommnisse, Provokationen und Angriffe gegen die Politik von Partei und Regierung auf. Erste Informationen besagen, dass die Jugendlichen (ca. 400) von der Gesamtheit der Werkstatttage begeistert sind ..."

---

5 IMB bedeutet „Inoffizieller Mitarbeiter der Abwehr mit Feindverbindung bzw. zur unmittelbaren Bearbeitung im Verdacht der Feindtätigkeit stehender Personen". Laut MfS-Lexikon galten die IMB „als hochkarätige IM, die direkten Kontakt mit Personen hatten, die vom MfS als ‚feindlich' eingestuft wurden und deren Vertrauen besaßen, etwa Zuträger mit kirchlichen Funktionen oder aus Oppositionsgruppen. Außerdem wurden IMB zur Bekämpfung als ‚feindlich' angesehener Organisationen und Individuen im sogenannten Operationsgebiet eingesetzt. Zuletzt gab es rund 3.900 IMB.

Am 5. Juni 1979 wurde SED-Generalsekretär Erich Honecker persönlich vom 1. Sekretär der SED-Bezirksleitung, Werner Felfe, über die Beteiligung kirchlicher Amtsträger an den Wahlen zu den örtlichen Volksvertretungen und den III. Werkstatt-Tagen der Jungen Gemeinde in Halle-Neustadt informiert.

Wir hingegen machten uns nach dem Treffen sofort daran, die Werkstatt für den Herbst 1979 zu organisieren: Unter dem Thema „Du, lass Dich nicht verbittern – Zeichen unserer Hoffnung" wollten wir die grassierende Lethargie und Abgestumpftheit um uns herum thematisieren.

Doch schon mit dem Motto begann das Problem: Es nahm nämlich Bezug auf ein Gedicht von Wolf Biermann aus dem Jahr 1968, das er seinem Freund Peter Huchel widmete: „Ermutigung – Du lass dich nicht verbittern". Das Gedicht trägt den Titel „Ermutigung" und es beginnt mit den Zeilen „Du, laß dich nicht verhärten / in dieser harten Zeit".

Sehr poetisch, keine Frage, aber natürlich zugleich auch eine Provokation. Aber wir wollten ja mit unserer Offenen Arbeit quer denken, Streitgespräche anregen und provokante Aktionen ins Rollen bringen. Es ging uns doch immer darum, uns einzusetzen für einen erkennbaren Lebenssinn, wir wollten eine Bühne für die individuellen Begabungen und Fähigkeiten junger Menschen schaffen und die aufkeimende Solidargemeinschaft für Frieden, Gerechtigkeit und Bewahrung der Schöpfung gestalten.

Die Werkstatt-Treffen waren dafür eine geeignete Bühne. Ziel war, eine Diskussion über die abstumpfenden Lebensformen um uns herum zu initiieren – und dazu brauchte man nicht erst im Frühzug nach Buna zu sitzen

oder die Bilder des halleschen Malers und Grafikers Uwe Pfeifer über Halle-Neustadt zu betrachten.
Wir fanden: Eine kluge Provokation wird, früher oder später, unweigerlich einen gesellschaftlichen Diskurs heraufbeschwören – und so war es auch, allerdings schneller als wir dachten: Aus heutiger Sicht mag es kaum noch zu verstehen sein, dass Biermanns kleiner Satz eine derart leidenschaftlich geführte Diskussion hervorgerufen hat. Im Kreis der Hauptamtlichen in der Gemeindeleitung, vor allem aber bei den staatlichen Stellen war eine große Nervosität spürbar. Es folgten, in enger Kooperation mit dem Ministerium für Staatssicherheit, massive Einschüchterungen und Drohungen, die darauf zielten, nicht nur das Motto, sondern gleich das gesamte IV. Werkstatt-Treffen zu untersagen.
Wir fragten uns: Wie krank muss ein System sein, um Angst vor einer solchen Botschaft zu haben?
Doch Staat und Kirchengemeinde in Halle-Neustadt waren sich wieder einmal einig: Hier wird mit dem „staatsfeindlichen" Liedermacher Wolf Biermann für eine kirchliche Großveranstaltung geworben. Die Gemeindeleitung und der Stellvertreter Inneres erklärten mir im Vorfeld, dieses Motto werde weder von der Neustädter Kirchengemeinde noch von den staatlichen Stellen toleriert, denn hier gehe es einzig und allein darum, junge Menschen gegen „unseren Staat" aufzuwiegeln.
Ich hielt dagegen: Es gehe nicht um Aufwiegelung, sondern darum, unsere Gesellschaft aus christlicher Sicht kreativ mitzugestalten.
Daraufhin versuchten die staatlichen Stellen eine neue Strategie und erklärten: Unser Kirchentreffen sei keine religiöse Veranstaltung und damit genehmigungspflichtig.

So kamen wenige Tage vor unserem Fest, am 12. Oktober 1979, der Genosse Voigt aus der Abteilung für Kirchenfragen beim Rat des Bezirkes Halle und der Leiter der Abteilung Innere Angelegenheiten beim Rat der Stadt Halle-Neustadt, der Genosse Simon, und forderten eine Anmeldung nach der Veranstaltungsverordnung der DDR bei der Volkspolizei.
Die Vertreter des Staatsapparates argumentierten nicht ungeschickt mit der Absicherung der Halle-Neustädter Gemeinde als juristisch Verantwortliche für diese Veranstaltung und irritierten damit die Kirchenleute. Dieser Argumentation folgte ich natürlich nicht und erklärte, bei dem Werkstatt-Treffen handele es sich um eine eindeutig innerkirchliche Veranstaltung, weshalb, analog zu den bisherigen Treffen, eine Anmeldung nicht erforderlich sei.
Die damals stark verunsicherte geschäftsführende Neustädter Pastorin Inge Burckhardt, die auch Mitglied der CDU-Blockpartei war, verwies in dem Gespräch auf das bisherige gute Arbeitsverhältnis zwischen Staat und Kirche und bat um Aufschub der Entscheidung, damit Rücksprache mit anderen kirchlichen Stellen genommen werden kann.
Der Nebenschauplatz „Veranstaltungsordnung" wurde also staatlicherseits geschickt und offensiv genutzt, um einzelne Personen und Programmteile in Misskredit zu bringen. Parallel dazu forderten mich die hauptamtlichen Mitarbeiter in einer Dienstberatung auf, das Programm darzustellen. Das wäre auch kein Problem gewesen – wenn nicht die Abteilung „Innere Angelegenheiten" mit am Tisch gesessen hätte.
Dankenswerterweise hat sich Helmut Hartmann, der

Vorsitzende des Evangelischen Kirchenkreises Halle, klar hinter meine Position gestellt. Auch ihm war klar: Eine Anmeldung nach der Veranstaltungsordnung wäre eine Zäsur für den gesamten Kirchenkreis gewesen.
Trotzdem wurde ich am 18. Oktober von den Pfarrern aus Halle-Neustadt ultimativ aufgefordert, den ersten Teil des Themas wegzulassen – also das „Du, lass dich nicht verbittern“. Dieser Forderung kamen wir schließlich unter Protest nach, um nicht ein komplettes Verbot zu riskieren.
Wir mussten auch Plakate entfernen – dennoch kamen fast 500 junge Menschen zu unserer Veranstaltung. Wir investierten aus privater Tasche rund 4.200 DDR-Mark in das Treffen; einen Zuschuss der Kirche gab es nicht.
Trotz der Querelen im Vorfeld war es gelungen, ein interessantes Gesamtprogramm für die zwei Tage auf die Beine zu stellen. Schon im Sommer 1979 hatte der Vorbereitungskreis Kontakt mit Stefan Heym aufgenommen. Heym gehörte zu den bedeutendsten Schriftstellern der DDR. Er wurde 1913 als Sohn einer jüdischen Kaufmannsfamilie geboren und floh bereits nach dem Reichstagsbrand 1933 zunächst in die Tschechoslowakei. Zwei Jahre später ging er in die USA, nahm die US-amerikanische Staatsbürgerschaft an und nahm ab 1943 am Zweiten Weltkrieg teil, und zwar als Mitglied einer Einheit für Psychologische Kriegsführung. Er verließ die USA 1952 während der MacCarthy-Ära und ging zunächst nach Prag und ein Jahr später in die DDR. Schnell eckte er bei der Staatsführung an, und 1976 unterzeichnete er die Petition gegen die Ausbürgerung Wolf Biermanns. Am 4. November 1989 sprach er bei der großen Demonstration auf dem Alexanderplatz die berühmten Worte: *Es ist, als habe*

einer die Fenster aufgestoßen! Nach all' den Jahren der Stagnation – der geistigen, wirtschaftlichen, politischen – den Jahren von Dumpfheit und Mief, von Phrasengewäsch und bürokratischer Willkür, von amtlicher Blindheit und Taubheit. [...] Einer schrieb mir – und der Mann hat recht: Wir haben in diesen letzten Wochen unsere Sprachlosigkeit überwunden und sind jetzt dabei, den aufrechten Gang zu erlernen!

Von diesem Stefan Heym also hatten wir in unserer Lesebühne seinen 1972 in der DDR erschienenen Roman „Der König David Bericht" gelesen. Heym verhandelt in dem Buch Themen, die für unsere damaligen Lebensverhältnisse äußerst relevant waren: Es geht um Macht und Machtmissbrauch, um den Kampf um die Veröffentlichung verbotener Bücher und damit um nichts Geringeres als um die Meinungs- und Pressefreiheit in einer Diktatur. Auch die kritische Auseinandersetzung mit dem Stalinismus war nicht zu übersehen.

Leider hatte Heym kurzfristig abgesagt, jedoch nicht ohne uns in Aussicht zu stellen, im folgenden Jahr nach Halle-Neustadt zu kommen. Mit den Liedermachern Bettina Wegner und Ekkehard Maaß aus Berlin hatten hingegen zwei der mutigsten Künstler ihr Kommen zugesagt. Seit dem 1976 erschienenen Lied „Kinder" – mit dem berühmten Anfangsvers „Sind so kleine Hände, winz'ge Finger dran. Darf man nie drauf schlagen, die zerbrechen dann", mit dem sie weit über die DDR hinaus bekannt geworden ist, auch dank der Interpretation von Joan Baez – hatte Bettina Wegner mit einem Auftrittsverbot zu kämpfen.

Und mit den Schlusszeilen ihres Liedes sprach sie natürlich vielen Werkstatt-Teilnehmern aus dem Herzen: „Grade klare Menschen wär'n ein schönes Ziel. Leute ohne Rückgrat hab'n wir schon zuviel." Bettina Wegners

poetische und zugleich sozialkritische Lieder über die Lebensumstände der damaligen Ära Honecker waren Höhepunkte der IV. Werkstatttage. Passenderweise hatte die UNO-Generalversammlung 1979 auch als das Internationale Jahr des Kindes ausgerufen, ein Umstand, der bei unseren Vorbereitungen ebenfalls eine besondere Rolle gespielt hatte.
Ein weiterer „Programm-Streit" entzündete sich an den Karikaturen des Erfurters Zeichners und Karikaturisten Alois „Ali" Kuhn. Seine kritische Auseinandersetzung mit der Nationalen Volksarmee oder den Wahlen in der DDR sowie dem Kleinbürgertum hatten ihn nach jahrelanger Observation im Juli 1979 in Haft gebracht. Der altbekannte Vorwurf lautete mal wieder: staatsfeindliche Hetze. (Kuhn wurde zu 18 Monaten Haft verurteilt und im März 1980 von der Bundesrepublik freigekauft.)
Parallel dazu drohte die Abteilung für Kirchenfragen gegenüber der Gemeindeleitung mit der Verschlechterung der Beziehungen. Nach leidenschaftlich geführten Auseinandersetzungen verständigten wir uns mit Kirchenvertretern dahingehend, die Karikaturen von Ali Kuhn in einem Nebenraum der Kirche auszustellen. Einer der Pfarrer kontrollierte penibel, ob der Nebenraum auch verschlossen war, nachdem klar wurde, was dort ausgestellt wird. Es folgte ein regelrechtes Katz-und-Maus-Spiel: Meine Freunde und ich öffneten den Raum immer wieder, um möglichst vielen Besuchern die gesellschaftskritischen Bilder zu zeigen; „offene Räume" – darum ging es uns doch, im wörtlichen und im übertragenen Sinn.
Die Erinnerung an die Vorgänge von damals bereitet mir noch heute Bauchschmerzen.

PUNK IN DER KIRCHE

Die V. Werkstatt-Tage fanden am 16. und 17. Mai 1980 statt. Es sollten die letzten in Halle-Neustadt sein.
Wir zählten rund 700 Teilnehmerinnen und Teilnehmer. Hauptthema war die immer deutlicher zutage tretende Umweltzerstörung, gerade im mitteldeutschen Chemiedreieck. Unser Leitgedanke sollte lauten: „Irgendetwas, wie wir heute auf der Erde leben, ist grundsätzlich falsch." Natürlich gab es erneut heftige Diskussionen, und schließlich wurde das Motto geändert in „... sondern verlasst eine gute Welt".
Oberst Wolf, Stellvertreter Operativ vom Ministerium für Staatssicherheit (MfS) beim Bezirk Halle, arbeitete persönlich den „Plan für die Durchführung politisch-operativer Maßnahmen zur vorbeugenden Verhinderung von Provokatorischen bzw. Vorkommnissen feindlich-negativen Charakters im Zusammenhang mit den 5. Werkstatttagen der evangelischen Jungen Gemeinde Halle-Neustadt" aus.
Eine sechsköpfige hauptamtliche Einsatzgruppe unter Leitung des Genossen Major Schmidt sollte dieses Ziel erreichen. Natürlich war auch eine ganze Kohorte von Inoffiziellen Mitarbeitern (IM) im Einsatz. Informationen gingen direkt an den Chef der Bezirksverwaltung und den 1. SED-Kreissekretär von Halle-Neustadt.
Trotz der enormen Drohkulisse, die der Staat aufgebaut hatte, war es wiederum vor allem Superintendent Helmut Hartmann, der gemeinsam mit uns für die Durchführung des Treffens kämpfte.
Ich kann Helmut Hartmann seinen Mut und seine Standfestigkeit nicht hoch genug anrechnen. Er musste sich ja selbst auf den verschiedensten Ebenen innerhalb des

Kirchenkreises und gegenüber dem Staatsapparat behaupten. Man darf nicht vergessen: Er operierte in einem Umfeld, das bis in die höchsten Kreise von Spitzeln durchsetzt war – auch wenn das damals noch nicht bekannt war. So gab es den Oberkonsistorialrat im Evangelischen Konsistorium Magdeburg, Dr. Detlef Hammer, der auch als hauptamtlicher Offizier im besonderen Einsatz (OibE) „Günther" im Einsatz war. Oder auch den frei praktizierenden „Kirchenanwalt" Wolfgang Schnur, der später als IM enttarnt werden sollte: Die Stasi führte ihn von 1965 bis 1989 als IM „Torsten" und „Dr. Ralf Schirmer".

Nach all dem hässlichen Hickhack untersagte die Gemeindeleitung das für Oktober 1980 geplante VI. Treffen gleich komplett. Damit traf die Kirche freilich nicht in erster Linie die Künstler, die auftreten sollten und wollten. Sie traf vor allem die vielen jungen Menschen, die mit enormem Engagement Verantwortung für die Veranstaltung und ihre Stadt wahrgenommen hatten.

Überhaupt merkte die Gemeindeleitung in meinen Augen nicht, dass es in diesem Hase-und-Igel-Spiel mit der Staatsmacht nichts zu gewinnen gab. Man wollte „Partner auf Augenhöhe" sein und merkte nicht (oder wollte nicht merken), dass der Zersetzungs- und Differenzierungsprozess des federführenden Ministeriums für Staatssicherheit und seiner Auftraggeber bereits in vollem Gange war. Was man auch nicht sah: Natürlich strebten wir keineswegs an, mit unseren Werkstatt-Tagen in Halle-Neustadt die Staatsmacht herauszufordern. Vielmehr wollten wir es uns einfach nicht nehmen lassen, unseren persönlichen Beitrag zur Vermenschlichung des real-existierenden Sozialismus zu leisten.

Lange nach der Friedlichen Revolution sagte Pfarrer Walter Schilling in einem Fernsehinterview einen Satz, den

ich nur dick unterstreichen kann: „Opposition – so habe ich mich eigentlich gefühlt. Ich habe immer das Beste für dieses Land gewollt. Die haben das bloß nicht mitgekriegt."
Jedenfalls: Die wiederholten Aussprachen mit den dabei geäußerten bekannten Propagandasprüchen der Staatsvertreter zum Thema „Machtfrage" waren nun auch in der „Vorzeigegemeinde" Halle-Neustadt angekommen. „Haupt und Glieder" der Gemeinde waren gleichermaßen verunsichert. Unmut machte sich breit über den doch letztendlich von diesem Jugenddiakon Rochau verursachten Ärger – und auch das wusste der Staat wiederum geschickt zu nutzen.
Die Entwicklung von vernetzten Strukturen kritischer junger Menschen war indes nicht mehr aufzuhalten. Innerhalb der eingezäunten Republik war der Austausch an der Tagesordnung und ging trotz Verbot unserer Werkstatt-Treffen weiter. Die Vernetzung kritischer Gruppen der Offenen Arbeit mit anderen Friedens-, Menschenrechts- und Umweltgruppen war nicht mehr aufzuhalten.

Die Werkstatt-Treffen in Neustadt waren also Geschichte. Allerdings war unser Gelände angesichts der vielen Hundert Teilnehmer ohnehin aus allen Nähten geplatzt. Da kam das Angebot von Gemeinden aus der Altstadt zur rechten Zeit. Schon die VI. Werkstatt hatte mit Unterstützung des Stadtjugendpfarrers Siegfried Neher in der Christusgemeinde stattgefunden.
Das VII. und damit endgültig letzte Fest der Offenen Arbeit Halle-Neustadt veranstalteten wir im Juni 1982 in der Luthergemeinde im Süden von Halle: Unter dem Leitsatz: „Leben zu welchem Preis? – Was heißt es, sich zu Jesus Christus in der atomaren Bedrohung der Welt zu

bekennen?" organisierten wir unter Beteiligung der Pfarrer Christoph Wonneberger aus Dresden und Friedrich Schorlemmer aus Wittenberg sowie des Rechtsanwalts (und Inoffiziellen Mitarbeiters) Wolfgang Schnur spannende Diskussionen und Aktionen. Die Friedensarbeit der Evangelischen Kirche spielte bei diesen Treffen eine zunehmend größere Rolle. Auch neue Gruppierungen drängten in die kirchliche Öffentlichkeit, beispielsweise die Punks, die seit Anfang der 1980er Jahre erst sehr vereinzelt, dann immer stärker auftraten. In der Christuskirchengemeinde im Osten von Halle zum Beispiel entwickelte sich zu jener Zeit ein lebendiger Brennpunkt der Punkbewegung. Dies geschah ebenfalls unter der Leitung von Pfarrer Siegfried Neher, der nach der Zerschlagung

Podiumsdiskussion mit Stasi-Spitzel: Beim VII. und letzten Werkstatt-Treffen im Juni 1982 debattierte in der Luthergemeinde auch Rechtsanwalt und Stasi-IM „Torsten" Wolfgang Schnur (3. von links) über die gute Zukunft der DDR. Außerdem auf dem Foto: Pfarrer Dietmar Scheller (als Moderator, rechts), ein Physiker namens Gelsen (2. von links, sein Vorname ist mir entfallen) sowie Pfarrer Christoph Wonneberger aus Dresden (links).

der Arbeit in Halle-Neustadt noch eine wichtige Rolle spielen sollte. Zwei Punk-Bands durften schon beim Werkstatt-Treffen 1982 in der Luthergemeinde die Bühne entern.
Am 30. April 1983 gab es in der Christus-Kirche sogar das erste Punkfestival der DDR, das im ganzen Land für Aufmerksamkeit sorgte: Ungefähr 3.000 Punks hatten es nach Halle geschafft – viele weitere wurden an den Bahnhöfen abgefangen. Übrigens: Unter den Bands, die dort auftraten, war auch eine Truppe namens „Größenwahn", und zu der gehörte ein gewisser Moritz Götze. Er war einer der Hauptorganisatoren des Festivals – heute ist er einer der bedeutendsten deutschen Maler, Grafiker und Emailkünstler.

Ich sprach bereits von den innerkirchlichen Konflikten und Diskussionen zum richtigen Umgang mit der Offenen Arbeit. Und damit hier kein falscher Eindruck entsteht, möchte ich klarstellen: Mir und vielen anderen war sehr bewusst, dass unsere Offene Arbeit einbrach in einen Raum mit Menschen, die in ihrer Gemeinde ein befriedetes Gemeindeleben nach ihrem Verständnis vom Christsein im Sozialismus leben wollten. Ihr Arbeitsalltag in Buna oder Leuna war ja schon stressig genug. Die treuen Gemeindemitglieder erwarteten – völlig zu Recht – von ihrer Kirchengemeinde Stärkung und Zuspruch im Glauben.

Und es gab ja auch schon genug Kampf um die Zukunft der Kinder und ihre weitere Bildung „zur allseitig entwickelten sozialistischen Persönlichkeit". Junge Menschen, die schon mit 20 Jahren erklärten, dieser Staat sei nicht ihr Staat, waren eine große Herausforderung für eine Ge-

meinde, die sich in den herrschenden Gegebenheiten, in der beispielsweise die Zuteilung einer 56 Quadratmeter großen Neubauwohnung wie ein Sechser im Lotto war, gut eingerichtet hatte.
Auch abseits des Auftretens der Punks prallten in Halle und in Halle-Neustadt Anfang der 1980er Jahre Welten aufeinander. Die Punks verstärkten diesen Eindruck weiter: Die Leitbilder des Staates wurden geradezu ins Lächerliche gezogen; mit ihrem Aussehen zeigten die Punks, was sie von einem „preußisch-spießigen Sozialismus" hielten. Hinzu kamen lustige Aktionen, mit denen die „sozialistischen Kleinbürger", die hingebungsvoll ihren Trabi putzten, wachgerüttelt, mindestens aber irritiert werden sollten. Mit ihren Provokationen machten sie deutlich, was sie von einem Staat hielten, der an Doppelzüngigkeit und Verlogenheit kaum noch zu überbieten war. So führte das anarchische Auftreten der Punks den provinziellen und miefigen Sozialismus vor.
Damit überforderten sie nicht nur den Staat, sondern auch so manchen Bürger. Verbale Attacken wie „Solche wie Euch hätte man früher vergast" zeigten einerseits die ganze Hilflosigkeit und andererseits, dass auch in der DDR entgegen ihres antifaschistischen Gründungsmythos' nationalsozialistisches Gedankengut nicht ausgerottet war.

SCHWERTER ZU PFLUGSCHAREN

Im Dezember 1959 wurde im Garten des UNO-Hauptgebäudes in New York City eine Skulptur aufgestellt. Gestaltet im kraftmeierischen Stil des Sozialistischen

Realismus zeigt sie einen muskelbepackten Kerl, der mit einem Hammer auf ein Schwert einschlägt, um es zu einem Pflug umzuschmieden. Geschaffen wurde die Bronzeplastik von Jewgeni Wiktorowitsch Wutschetitsch. Mit ihrem Geschenk bekräftigte die Partei- und Staatsführung der UdSSR ihre Bereitschaft zur „friedlichen Koexistenz“ zwischen Sozialismus und Kapitalismus. Es stellt in meinen Augen eine hübsche Ironie der Geschichte dar, dass dieses unzweifelhaft starke Motiv, das auf ein Bibelzitat des Propheten Micha zurückgeht, in der DDR zu einem Politikum sondergleichen führte.

Offiziell gab es in der DDR ja nur eine Friedensbewegung, nämlich die staatlich geförderte. Ihr Motto lautete: „Frieden schaffen gegen NATO-Waffen“. Schon dies zeigt, dass es sich hier um eine „Friedensbewegung“ handelte, die sich ausschließlich gegen die westliche Militärpolitik wendete. Die vormilitärische Erziehung und der Wehrdienst in der DDR waren hingegen selbstverständlich nicht kritikwürdig – im Gegenteil: Es ist nicht übertrieben, wenn ich sage, dass beides geradezu verherrlicht wurde. Keine Frage, dass wir diese Auslegung einer Friedensbewegung von Anfang an unglaubwürdig und verlogen fanden.

Am 1. September 1978 führte die DDR das obligatorische Unterrichtsfach „Sozialistische Wehrerziehung“ für die 9. und 10. Klassen ein. Dabei mussten die Schüler zunächst einen theoretischen Teil zu Fragen der sozialistischen Landesverteidigung absolvieren, bei dem sie von Armeeangehörigen unterrichtet wurden. Zum Ende der 9. Klasse fuhren die Jungen zur praktischen Ausbildung in ein Wehrlager, die Mädchen erhielten zur selben Zeit einen Lehrgang für Zivilverteidigung (ZV) in der Schule. Zur Ausbildung gehörten Dauerläufe in Schutzanzügen mit angelegter Gasmaske genauso wie Granaten-Wurftraining und Geländemärsche. Damit zeigte der DDR-Staat sein wahres Gesicht, nämlich das eines militaristischen Gemeinwesens.

Zwischen dem Militär und einzelnen Politikern in Ost (und auch in West) herrschte eine große „Seelenverwandtschaft", Feindbilder wurden aus- statt abgebaut – umso mehr sahen wir die Zeit gekommen, unseren eigenen, unverwechselbaren Beitrag für den Frieden zu leisten. Und mit der Friedensdekade 1981 bot sich eine Chance an. Die Friedensdekaden wurden vonseiten der evangelischen Kirche und vor allem ihrer Jugendarbeit seit dem Jahr 1978 ausgerufen. Zehn Tage lang, jeweils im November eines Jahres, gab es jeden Abend in einer anderen Kirche von Halle Meditationen, thematische Texte oder künstlerische Darbietungen zum Thema Frieden.

Am 8. November 1981 – also noch zu einer Zeit, in der der Protest auf der Straße strafrechtliche Konsequenzen nach sich zog und sogar lebensgefährlich werden konnte – veranstaltete die Jugendarbeit des Kirchenkreises Halle im Rahmen der Friedensdekade den besonderen Gottesdienst „Die Brücke". In drei halleschen Kirchen – Laurentius, Bartholomäus, Petrus – trugen die Pfarrer Schache, Neher und ich selbst Texte und Meditationen zum Frieden vor. Das Besondere daran war aber der Gang der Teilnehmer von Kirche zu Kirche. Er wurde zu einem „schweigenden Kreuzweg", begangen von rund 600 jungen Menschen! Selbstverständlich war die Veranstaltung nicht genehmigt worden, und so versuchten staatliche Stellen, allen voran Vertreter der „Firma Horch und Guck", unseren Friedensbeitrag offen zu torpedieren: Große Lastwagen unterbrachen den Zug zwischen den

Kirchen bewusst, indem sie in Seitenstraßen einbogen oder aus ihnen herausfuhren. Überquerten wir die Straßen, so fuhren Fahrzeuge direkt auf uns zu. Der Fahrer eines „Wolga" provozierte sogar ganz bewusst mehrere Unfälle, indem er in eine größere Gruppe friedensbewegter junger Menschen hineinfuhr. Dies waren gröbste Verstöße gegen den Paragrafen 1 der STVO, verübt von der Staatsmacht, geduldet unter den Augen der Volkspolizei. Auch in der DDR waren schließlich im Paragrafen 1 die „Grundregeln für das Verhalten im Straßenverkehr" festgezurrt. Im Absatz 1 hieß es: „Verantwortungsbewußtsein und Disziplin sowie Aufmerksamkeit, Vorsicht und gegenseitige Rücksichtnahme sind Grundforderungen für das Verhalten im Straßenverkehr. Jeder Teilnehmer am Straßenverkehr hat sich so zu verhalten, daß Personen oder Sachwerte nicht gefährdet oder geschädigt und Personen nicht mehr als unvermeidbar behindert oder belästigt werden." Hinzu kamen – natürlich – Ausweiskontrollen und andere Drohgebärden. Dennoch wurde der gemeinsame Weg von Kirche zu Kirche für die Teilnehmer zu einem unvergesslichen Erlebnis – vielleicht trotz, vielleicht auch gerade weil die Staatsmacht derartig unverhältnismäßig reagierte. Ich selbst erlebte einen enormen Widerstreit der Gefühle: Selten habe ich in meinem Leben gleichzeitig eine so große Angst und zugleich eine so große stille Freude gespürt.

Noch heute bin ich dankbar, dass es in jener Nacht nicht zu schweren Verkehrsunfällen gekommen ist. Dankbar bin ich aber auch den vielen jungen Menschen, die trotz der quälend feindseligen, ja offen aggressiven Haltung der Staatsorgane auf beeindruckende Weise Friedfertigkeit, Besonnenheit und große Verantwortung gelebt hatten. Es war ein unvergessliches Hoffnungszeichen, mehr

noch: Es wurde für uns zu einer Art „Urerlebnis“, das uns ermutigte, künftig noch konsequenter für Friedens-, Umwelt- und Menschenrechtsfragen einzustehen.
Die Aktion vom 8. November 1981 stieß freilich auch innerkirchlich auf Kritik. Namentlich der damalige Bischof Dr. Werner Krusche wurde nicht müde zu betonen, demonstrative Aktionen würden nicht weiterhelfen. Zuvor hatte ihm sein Oberkonsistorialrat, Dr. Hammer, berichtet, der Rochau trage die Verantwortung für diese nicht genehmigte Provokation. Der Oberhirte der Kirchenprovinz Sachsen jedenfalls war verärgert und entsetzt. Wie konnte dieser Rochau eine solche Veranstaltung durchführen und dann auch noch als Erster in der Kirche sprechen? Dr. Hammer indes arbeitete ebenfalls für die Stasi und zwar als OibE „Günther“.

Ein anderes Beispiel dafür, wie das „Durchgreifen“ der Staatsmacht letzten Endes zum kompletten Gegenteil des erwünschten Ziels führte, war der Umgang mit dem Aufnäher „Schwerter zu Pflugscharen“: Viele Friedens- und Umweltbewegte in der DDR hatten ihn an ihrem Jackenärmel angebracht. Der Aufnäher war ein Erkennungszeichen – leider auch für die Stasi. Regelmäßig wurden Bürgerinnen und Bürger von der Staatsmacht festgehalten und gezwungen, das Symbol zu entfernen. Oft genug war es ein Grund, die Menschen festzusetzen und erst nach Stunden wieder freizulassen. Dennoch ging der Schuss nach hinten los, denn wer seinen Aufnäher entfernen musste, der entfernte ihn oft so, dass noch reichlich Fransen übrig blieben. Und die wiederum stellten am Ende ein ebenso deutliches Zeichen für das dar, was einst an der Stelle prangte.

Das „Schwerter zu Pflugscharen"-Symbol beschäftigte die Machthaber eine ganze Weile. Dieser aus der Sicht des Staates „undifferenzierte Pazifismus" musste mit allen Mitteln unterbunden werden. Einen Tag nach Frühlingsanfang im Jahr 1982 ließ Klaus Gysi, Staatssekretär der DDR für Kirchenfragen (und Vater von Gregor Gysi), verkünden: Das Tragen des Aufnähers bekunde eine Missachtung der Gesetze der DDR. Mit einer Fülle von Androhungen untermauerte er die Ernsthaftigkeit des Verbotes der SED-Genossen: Entlassung aus der Hochschule oder der erweiterten Oberschule, Versetzung in eine andere POS (Polytechnische Oberschule), Nichtzulassung zum Abitur, Verweigerung der Lehrstelle ... „die Diktatur des Proletariats" machte ihrem Namen mal wieder alle Ehre. Selten in der jüngeren Kirchengeschichte hatte ein Bibelwort eine Diktatur derart massiv verunsichert, wie das Wort des Propheten Micha. Hintergrund der harten Linie war gewiss auch die Entwicklung im Nachbarland Polen. Dort war am 13. Dezember 1981 das Kriegsrecht ausgerufen worden. Polnische Verhältnisse aber sollte es in der DDR nicht geben.

Inoffizielle Schätzungen der damaligen Zeit gingen davon aus, dass allein im Bezirk Halle mindestens 150 überwiegend junge Menschen „zugeführt" (die DDR-Verniedlichung für „verhaftet") und gezwungen wurden, die Aufnäher zu entfernen. Die sogenannten Zuführungen konnten ohne Begründung oder Rechtsgrundlage erfolgen. Zum Teil gingen diese mit entwürdigenden Maßnahmen, wie komplettes Entkleiden und Leibesvisitationen einher.

Der „Friedensstaat" DDR rutschte in frostigste Zeiten ab.

Die Kirchenleitungen reagierten im April 1982 mit der Mitteilung, dass sie die Träger des Aufnähers an Jacken und Parkas nicht mehr schützen könnten. Das kam bei den Trägern freilich nicht gut an, schließlich waren es die Kirchenleitungen und ihre Landesjugendpfarrämter selbst, die das Friedenssymbol ursprünglich herausgegeben hatten. In den Zentren der Offenen Arbeit hielt sich die Enttäuschung indes in Grenzen – unsere Erwartungen an die Kirchenleitungen sanken ja in jener Zeit ohnehin ständig.

Für mich war es der Beginn eines schleichenden Abschieds aus dem „Schutzraum Kirche“. Und wie sehr sich dieser Schutzraum auflöste, spürten wir in den folgenden Monaten, als immer mehr Mitglieder der alternativen Friedensbewegung verhaftet oder abgeschoben wurden.

„WIR WOLLEN RAUS!“

Ein zweites großes Thema in jener Zeit war die ständig zunehmende Ausreisebewegung: Immer mehr Menschen stellten den Antrag, aus der Staatsbürgerschaft der DDR entlassen zu werden. Mal geschah dies aus einem Akt der Verzweiflung heraus, mal aber auch aus einem Akt der Erpressung. Die Zahl der Ausreisewilligen ging in die vielen Tausend.

Dabei gab es den Ruf „Wir wollen raus!“ bereits Ende der 1970er Jahre. Ein kleines Symbol wies auf die Ausreisewilligen hin: ein weißes Seidenband, das an den Antennen der Trabis angebracht war. Unter den Freundinnen und Freunden der Offenen Arbeit gab es indes bis Ende der 1970er Jahre relativ wenige, die wirklich ausreisen wollten. Was es immer wieder gab, waren leidenschaftlich geführte Diskussionen zur Frage: „Gehen oder bleiben?" Niemand von uns bestritt, dass es ein legitimes Recht sein sollte, das eigene Land zu verlassen. Umso mehr empfanden wir es als Verlust, wenn Einzelne diesen Schritt wagten oder sich dazu gezwungen sahen.

Der Gedanke an Ausreise wurde nach meinem Empfinden vor allem wegen der drängender werdenden Umwelt- und Friedensproblematik zu einem größeren Thema in unserer Arbeit, kamen nun auch in die Offene Arbeit Halle-Neustadt immer öfter Menschen mit dem Gedanken der Ausreise. Hinzu kam: Es sprach sich in Halle herum, dass unser oppositionelles Milieu ein guter Nährboden war, um die eigene Ausreise zu beschleunigen. Das war übrigens keine spezifische Thematik nur bei uns, sondern im ganzen Land eine Erscheinung in den verschiedensten oppositionellen Gruppen unter dem Dach der Kirche.

So gründete sich im März 1983 die „Jenaer Friedensgemeinschaft", die schnell bekannt wurde. Ihre Mitglieder schlossen sich auch deshalb zusammen, weil sie den Eindruck hatten, die Kirche wende sich nicht konsequent genug gegen die Repressalien des Staates. Zu den Mutigen, die sich zusammentaten, gehörten neben anderen Dorothea Rost, Andreas Friedrich und Roland Jahn, heute der Leiter der Stasiunterlagenbehörde. (Letzterer hatte schon am 1. Mai 1982 mit einer mutigen Aktion auf sich aufmerksam gemacht: Ausgerechnet an diesem für die DDR so wichtigen „Kampf- und Feiertag der Arbeiterklasse" war er stundenlang durch Jena spaziert – das Besondere: Die eine Hälfte seines Gesichts hatte er als Stalin geschminkt, die andere als Hitler.)

Die Reaktion des Staates ließ nicht lange auf sich warten: Schon im Mai 1983 zerschlug die Stasi die „Jenaer Friedensgemeinschaft" mit einer konzertierten Aktion. Innerhalb von nur drei Tagen wurden mehr als 40 Friedens-

aktivisten zur Ausreise gezwungen, darunter auch Roland Jahn. Er wurde am 8. Juni 1983 gegen seinen Willen in ein verschlossenes Zugabteil gesetzt und in den Westen abgeschoben.
Doch die erhoffte Beruhigung trat nicht ein.

Staat und Kirche reagierten immer nervöser. Indem sie ihren couragierten Protest auf die Straße verlagerte, ermutigte die „Jenaer Friedensgemeinschaft" andere Gruppen aus der Friedens-, Umwelt- und Menschenrechtsarbeit, ihre Forderungen ebenfalls sichtbarer in die Öffentlichkeit zu tragen. Die originellen Methoden des öffentlichen Protestes wurden DDR-weit zum Vorbild für Gleichgesinnte. Und die ließen sich auch nicht mehr von den Repressalien und Machtdemonstrationen der Mächtigen abschrecken. Schließlich spielte auch die „Westpresse" eine zunehmend größere Rolle und wurde zum Katalysator.
Kurzum: Das Grundkonzept von Partei und Staat – nämlich, die Bevölkerung politisch zu entmündigen – ging mit Beginn der 1980er Jahre immer weniger auf. Ein Motto hieß: „Mischt Euch ein!" – und damit ging es uns längst nicht mehr nur um die innerkirchlichen Belange.

„… WÄHREND ES SIE NICHTS GEKOSTET HAT"

Im Oktober 1980 gründeten Freunde und ich in Halle-Neustadt einen Oppositionskreis. Ich tat dies gemeinsam mit dem Marxisten Friedemann Rösel, dem überzeugten Anarchisten Gunter Preine, mit Volker Hesse, einem sehr aktiven Mitglied der Offenen Arbeit, und mit Lothar Niederehe, dem bereits erwähnten halb-hauptamtlichen IMB alias „Frank Krüger". Ich staune bis heute, wie es gelingen konnte, Spitzel in solche privat-freundschaftlichen Kreise einzuschleusen. Ich staune auch über die Fähigkeit von Leuten wie Lothar Niederehe, uns gegenüber als jemand aufzutreten, der mit den Zuständen in seinem Land unzufrieden war und seine „Erkenntnisse" brühwarm dem Gegner mitteilte. Niederehe war seit 1979 Stasi-IM. Die Stasi platzierte ihn ganz bewusst im Gemeinde-Umfeld. Und sie machte das durchaus geschickt. Niederehe bekam eine Legende, die einerseits glaubhaft war, ja sogar Mitgefühl erzeugte. Andererseits ergänzte sie genau das vortrefflich, was wir im Alltag gut gebrauchen konnten: Als er sich bei uns in der Gemeinde zum ersten Mal meldete, erzählte er, dass er unter schwierigen Bedingungen im Kinderheim groß geworden sei, dass er es aber trotzdem geschafft hatte, seinen Platz im Leben zu finden. Er warb damit, dass er sich aufgrund seiner schwierigen Sozialisation mit schwierigen Jugendlichen auskenne, dass er helfen könne. Und, was nicht minder wichtig war: dass er einen Pkw mit Anhänger besaß. – Zu DDR-Zeiten ein wahrer Schatz.

Zudem war mein Leben zu dieser Zeit total „verdichtet". Es passierten unheimlich viele Dinge gleichzeitig. Ich wurde von vielen Seiten angefochten, zugleich war ich umgeben von vielen jungen Menschen mit ebenso vielen Ideen. Es war wie im Rausch.

Ich empfand den ständig steigenden politischen Druck als immer unerträglicher. Die ständigen Erfolgsmeldungen der Hegemoniepartei SED, des sogenannten demokratischen Blocks (CDU, LDPD u. a.) sowie der gleichgeschalteten Massenorganisationen waren mit unserer erlebten

Wirklichkeit nicht einmal mehr annähernd in Einklang zu bringen. Das echte Leben hatte so gut wie gar nichts mehr mit den Verlautbarungen der Regierenden zu tun: Überall herrschte Flickschusterei. Städte, Straßen und Fabriken waren desolat. Die massive Zerstörung der Umwelt wirkte sich direkt auf den Zustand der Luft und der Flüsse aus. Das wiederum konnte jeder sehen und auch riechen, der am Ufer der damals mit Schaum bedeckten Saale entlanglief. Außerdem wurde die Versorgungslage mit dem was in der DDR als „Konsumgüter" bezeichnet wurde, zunehmend schlechter. Das beförderte die seit Langem vorhandene diffuse Unzufriedenheit in der Bevölkerung. Es war eine bleierne Zeit.

So konnte es nicht weitergehen, und da wir uns ungeachtet unserer unterschiedlichen politischen Einstellungen wertschätzten, kamen wir zu einer Übereinkunft: Schnell einigten wir uns darauf, unseren Kreis als „religionsphilosophische Diskussionsrunde" zu bezeichnen, um möglichst „unter dem Radar" zu bleiben. Unser Ziel: Wir wollten konzeptionelle Grundlagen für unseren zivilen Widerstand entwickeln.

Schon bei unserem zweiten Treffen wurde uns klar, dass wir nicht nur konkrete Aktionen planen wollten, sondern auch eine Vernetzung mit anderen politischen Widerstandsgruppen in der DDR voranbringen müssen. Dass dies mit hoher Wahrscheinlichkeit strafrechtliche Konsequenzen haben würde, war selbstverständlich jedem einzelnen Mitglied von Anfang an klar. Wir sprachen beispielsweise über Flugblatt-Aktionen gegen einen drohenden Einmarsch der Armeen des Warschauer Pakts in Polen oder die bevorstehende Wahl, besser: Scheinwahl zur 8. Volkskammer am 14. Juni 1981.

Wir einigten uns auf eine Art Grundsatzschrift, in der

wir zunächst die herrschenden Zustände klar benannten und als Folge davon zum zivilen Widerstand aufriefen und eine sozial-gerechte und die Bürger- und Menschenrechte achtende Gesellschaft forderten. Obwohl wir teils politisch sehr unterschiedliche Auffassungen vertraten, konnten wir uns schnell auf verschiedenste Vorschläge zur Weiterarbeit einigen. Gunter Preine hatte eine programmatische Schrift erstellt – Titel: „Entmachtung der Macht“ –, über die wir leidenschaftlich diskutierten. Der Spitzel Lothar Niederehe hatte hingegen auftragsgemäß Sicherheitsmaßnahmen vorgeschlagen. Er brachte – vermeintlich zu unser aller Schutz – die Idee ins Spiel, dass wir alle Decknamen benutzen sollten. Auch das Tragen von Handschuhen zur Vermeidung von Fingerabdrücken oder der Vorschlag für eine Tarn-Wohnung für geheime Treffen ging auf sein Konto. Was Niederehe vermutlich selbst nicht wusste: Es ist davon auszugehen, dass dieser Ort, bei dem es sich um Niederehes eigene Datsche in der Nähe von Vatterode im Südharz handelte, von der Stasi bereits verwanzt worden war. Wohl auch, um den Mann aus den eigenen Reihen zu kontrollieren. Ich selbst kontaktierte Gleichgesinnte in anderen Orten der DDR.

Nach einem unserer Treffen in der Neustädter Wohnung des eingeschleusten „Inoffiziellen Mitarbeiters“ des MfS wurden Friedemann Rösel und Gunter Preine in der Nacht zum 20. März 1981 als Einzige aus unserer Fünfer-Gruppe verhaftet und in den „Roten Ochsen“ gebracht, wo sich auch die Untersuchungsanstalt des MfS befand.

Auf eine Anklage wegen staatsfeindlicher Gruppenbildung gemäß §107 StGB wurde seltsamerweise verzichtet – erst nach der Friedlichen Revolution wurde uns klar, dass dies aus Gründen des sogenannten „Quellenschut-

zes“ für den Stasispitzel Lothar Niederehe geschehen war. So wurden die beiden Mitglieder unserer Gruppe als Einzeltäter gemäß § 106 StGB zu einer Freiheitsstrafe von zwei Jahren und sechs Monaten verurteilt. Gegen Gunter Preine wurde zusätzlich der § 48 Abs. 1, Ziff. 2 ausgesprochen: „staatliche Kontrollmaßnahmen durch die Deutsche Volkspolizei“.
Viel später sagten beide, Rösel und Preine, sie legten Wert darauf, Täter zu sein. Sie fühlten sich nicht als Opfer.
So sperrte die zweite Diktatur auf deutschem Boden ihre politischen Gegner zwar massenhaft ein – doch konnte sie nicht allen ihren Stolz und ihre freiheitliche Gesinnung nehmen.

Ich selbst wurde zwar nicht verhaftet – gesprochen wurde in der Folge aber sehr wohl über mich: Am 31. März 1981 – elf Tage nach der Verhaftung von Friedemann Rösel und Gunter Preine – hatte Bezirksstaatsanwalt Dr. Trautmann im Beisein des Stellvertreters für Inneres, Herrn Pöhner (der Stellvertreter Inneres war in aller Regel für Kirchenangelegenheiten zuständig und hielt den Kontakt zur Stasi), Bischof Dr. Werner Krusche und Propst Karl Abel einbestellt. Er informierte über die Einleitung eines Ermittlungsverfahrens wegen des Verdachts des Begehens eines Staatsverbrechens gegen zwei Bürger. Gleichzeitig berichtete der Bezirksstaatsanwalt, dass ich als Zeuge vom MfS vernommen werde, weil ich fünfmal an einem Treffen dieser Gruppe teilgenommen und dass diese Gruppe staatsfeindliche Aktivitäten gegen die DDR geplant habe.
Trautmann forderte eine entschiedene Verurteilung meines Verhaltens durch die Kirche und eine strikte Respektierung der Gesetze durch den Jugenddiakon.

Wie ich später aus meinen Stasiakten erfuhr, erwiderte Bischof Krusche sinngemäß: Die Kirche verlange keineswegs eine Sonderbehandlung für Christen oder Menschen, die im kirchlichen Dienst stehen. Der Staat habe seine Gesetze, und wie sie handzuhaben sind, sei allein Angelegenheit des Staates. Krusche verwies aber auch auf seinen Visitationsbericht zu meiner Arbeit und bemerkte, die Gesellschaft müsse fragen, wo die eigentlichen Ursachen für solche Vorgänge lägen. Was die geforderte Versetzung von Halle-Neustadt angeht, verwies Bischof Krusche auf mein Anstellungsverhältnis mit dem Evangelischen Kirchenkreis in Halle. Er versprach, dass die Vorgänge durch die kirchlichen Stellen zügig und gründlich geprüft würden.

Bezirksstaatsanwalt Trautmann erwiderte, der sozialistische Staat unterscheide sehr genau zwischen berechtigter Kritik und Hetze. Meine Mitarbeit in der Gruppe hätte eine beratende und eine überörtliche Funktion gehabt. Damit sei der Tatbestand des §106,1(2) des StGB erfüllt: „staatsfeindliche Hetze".

Natürlich fehlte auch bei diesem Gespräch der kritische Hinweis auf die Werkstatt-Wochenenden nicht.

Trautmann forderte unmissverständlich, Bischof Krusche müsse seinen Einfluss geltend machen, damit der Diakon Rochau versetzt werde und aus Halle-Neustadt verschwinde.

Kein Zweifel, meine Versetzung wurde zur entscheidenden „Nagelprobe" für das „vertrauensvolle Verhältnis" von Kirche und Staat in Halle-Neustadt. Im Operativvorgang Konventikel konnte ich später nachlesen, wie meine Person im Zuge der „Enthüllung des Skandals der Fünfer-Gruppe" weiter diskreditiert wurde – eine strategische Meisterleistung des Staatssicherheitsdienstes der DDR.

Die Drecksarbeit – meine Entlassung – wurde der Kirche selbst überlassen.
Dafür brauchte man freilich nur noch die Sprachregelung der Staatssicherheit übernehmen: Lothar Rochau habe seine Dienststellung für illegale politische Ambitionen missbraucht und damit Schutzbefohlene gefährdet. Eine weitere Zusammenarbeit sei daher ausgeschlossen. Wenn die zwei politischen Freunde von Rochau verurteilt würden, sei der Diakon nicht mehr zu halten.

Anfang April 1981 trat dann der Rechtsanwalt – und Stasi-IM – Wolfgang Schnur auf den Plan. Als „Anwalt der Kirchen" im Bund der Evangelischen Kirchen (BEK) vertrat er im Auftrag der Berliner Hauptabteilung XX/4 des MfS dienstbeflissen Dissidenten, Wehrdienstverweigerer, Friedens- und Umweltaktivisten sowie Ausreiseantragsteller. Zu seinen Mandanten gehörten unter anderem der Liedermacher Stephan Krawczyk und die Autorin Freya Klier – und auch Alexander Kobylinski (1963–2017). Der in Erfurt geborene Sohn eines Pfarrers hielt im Jahr 1983 eine systemkritische Abiturrede (wobei Systemkritik in diesem Fall schon vorlag, weil er Kurt Tucholsky zitierte). Dieses „Vergehen" führte dazu, dass er keinen Studienplatz erhielt. 1984 wurde er dann nach einer Flugblattaktion zu zwei Jahren Haft verurteilt und ein Jahr später von der Bundesregierung freigekauft. Im Westen konnte Kobylinski nun studieren, er wurde Journalist und veröffentlichte unter anderem das Buch „Der verratene Verräter: Wolfgang Schnur: Bürgerrechtsanwalt und Spitzenspitzel". In einem Artikel für die „Zeit" beschrieb Kobylinski im Jahr 2015, wie er nach der Friedlichen Revolution auf seinen Anwalt traf. Unumwunden sagte Wolfgang Schnur: „Ja, ich bin ein Verräter", um am

Ende auf die altbekannte Rechtfertigungslinie zurückzugreifen: Der Verrat musste sein, „um etwas für Menschen zu erreichen".

Eine Aussage, die mich maßlos ärgert. Natürlich ist die Beantwortung dieser Frage nichts, das sich in Schwarz-Weiß-Tönen abbilden lässt. Aber ich sage es mal so: Wenn du zum Teufel hinabsteigst, brauchst du dich nicht wundern, wenn du nach Schwefel riechst.

Das Vertrauen der Kirchenleitung und ihres Bischofs in Magdeburg hatte Wolfgang Schnur bereits Ende 1979 gewonnen – nach und nach sorgte er dafür, als unentbehrlich zu gelten. So wurde er auch nach der Verhaftung von Rösel und Preine herangezogen und konnte die Kriminalisierung des Geschehens und die Entsolidarisierung von Gemeinde, Kirchenkreis und Kirchenleitung mit der Offenen Arbeit und meiner Person vorantreiben. Dies geschah zugleich unabhängig von und doch an einem Strang ziehend mit Oberkonsistorialrat (und OiBE) Dr. Detlef Hammer.

Ausgestattet mit einer aalglatten Kaltschnäuzigkeit scheute Schnur sich nicht, in intime Bereiche von bedrängten Freunden und Familien vorzudringen und Biografien zu zerstören. Als „Wandler zwischen den Welten" verstand er es meisterhaft, das kranke System DDR für die eigenen Interessen zu nutzen und nebenbei immer das Beste für sich selbst herauszuholen. Er hat für seine Dienste erhebliche Summen kassiert, und nicht selten auch die Grundstücke und Häuser der von ihm vertretenen Ausreisewilligen in seine Tasche gewirtschaftet.

Sein eigentliches Meisterstück in Halle hatte er noch vor sich. Zunächst galt es, die „Legendenbildung" von den vielen Verfehlungen des Jugenddiakons Rochau und dessen uneinsichtiger Haltung gegenüber Staat und Kirche

weiter voranzutreiben. Zu den Vorgaben der „Auftraggeber“ gehörte freilich auch, dass jedwede „Öffentlichkeitswirksamkeit“ zu unterbleiben hatte und auch eine Konfrontation mit der Kirche vermieden werden sollte.
Am 27. Juli 1981 wurden Friedemann Rösel und Gunter Preine durch den 1. Strafsenat des Bezirksgerichtes Halle verurteilt. Unmittelbar danach begann ein Sitzungsmarathon, in dem die untergeordneten kirchlichen Stellen letztlich der „Empfehlung“ der Kirchenleitung in Magdeburg folgten. Neben dem Anwalt der Verurteilten, Wolfgang Schnur, spielte Oberkonsistorialrat Hammer (OibE „Günter“) eine entscheidende Rolle. Seine Stellung und sein Vertrauensvorschuss, den er beim Bischof genoss, waren ebenfalls Gold wert für die Staatssicherheit. Zudem fiel die Führung meiner Personalakte in Hammers Verantwortungsbereich; so war es nicht verwunderlich, dass wichtige entlastende Schreiben unter den Tisch fielen, um den Zersetzungsprozess zu beschleunigen.
Im Bericht des Leiters der (Kirchen-)Abteilung XX der Staatssicherheit Halle, Oberstleutnant Gröger, vom 8. November 1981 wird vermerkt: „Inoffiziell konnte erarbeitet werden, daß Bischof Krusche die vordergründige Beteiligung des Rochau an dieser Aktion als einen persönlichen Angriff gegen seine Person als auch gegen die Kirchenleitung empfindet. Krusche bezeichnet das Handeln von Rochau als verantwortungslos und beabsichtigt, ihm deshalb den Schutz der Kirchenleitung zu entziehen.“ Zehn Monate später hatte die Stasi mit ihrem Kirchenspitzel ihr Ziel erreicht.
Ich erklärte mich bereit, aus Halle-Neustadt wegzugehen, wenn beide Inhaftierte sofort freikämen. Doch auch das hatte für die Stasi bestenfalls strategische Bedeutung – man war sich sicher: Mit „vereinten Kräften“ würde das

Personalproblem Rochau bald gelöst sein. Später erfuhr ich, dass die Inhaftierten selbst einen solchen Deal ablehnten; selbst der Gefängnispfarrer von Gunter Preine gab diese wichtige Information nicht an die Kirchenoberen weiter.

Knapp drei Monate nach der Verurteilung, am 23. Oktober 1981, schrieb mir Bischof Krusche einen langen Brief. Darin warf er mir unter anderem vor, dass unsere „Unklugheit immerhin zwei Menschen eine empfindsame Freiheitsstrafe eingebracht hat, während es Sie nichts gekostet hat".
Nichts gekostet? Für mich war das ein Schlag ins Gesicht. Tatsächlich lebte ich (und meine Familie) fortan in ständiger Unsicherheit. Meine Frau Karin war damals psychisch am Ende. Die ständigen Drangsalierungen setzten ihr enorm zu. Und nun warf die Kirche ihrem Ehemann auch noch vor, für die Verhaftung seiner Mitstreiter mitverantwortlich zu sein. Noch heute bekomme ich Gänsehaut, wenn ich ihren bewegenden Brief vom 12. April 1983 an Bischof Krusche lese. Sie schrieb unter anderem: „Vielleicht wäre eine Freiheitsstrafe [für Lothar] doch das Vernünftigere gewesen, als die scheinbare Freiheit, wo man bis jetzt nicht weiß, wie es weitergehen soll."

Kirchenpolitisch beging man damals mehrere entscheidende strategische Fehler gegenüber dem Repressionsapparats des Staates. Der Kardinalfehler war, die Entscheidung zu meiner Entlassung aus dem Kirchendienst zu delegieren: Superintendent Helmut Hartmann und die Verantwortlichen des Evangelischen Kirchenkreises Halle, bei dem ich ja angestellt war, waren mit der im

November 1982 ausgesprochenen Kündigung meines Dienstverhältnisses völlig überfordert. Hier hätte die Kirchenleitung Flagge zeigen müssen und nicht den Fehler begehen dürfen, dem schwächsten Glied in der Kette bereits im Februar 1982 die Entscheidung überzuhelfen.

Zumal die Kirche auch nach den in der DDR gesetzlich gültigen Regelungen in Bezug auf mich als ihren Angestellten eine Fürsorgepflicht hatte, der sie nicht nachgekommen ist. – Ein Kapitel, das mich bis heute schmerzt und das nicht aufgearbeitet ist.
Nach der Friedlichen Revolution 1989 sagte der damalige Superintendent Helmut Hartmann einmal sehr nachdenklich: „Die Verhaftung von Lothar Rochau war eine Niederlage für alle."
Außer für die Stasi, könnte man lakonisch einwenden – aber auch das greift in der Rückschau gesehen zu kurz.

DIE SCHLINGE ZIEHT SICH ZU

Nach meinem Rauswurf durch den Kreiskirchenrat Halle zum 1. März 1983 sah ich mich im ganzen Land nach einer neuen Stelle um – vergeblich. Monatelang kämpfte ich verzweifelt um einen neuen Job in der Kirche: egal ob als Diakon, Hilfspfleger oder Heizer. Obwohl die Kirchenoberen ganz genau wussten, was geschehen würde, wenn ich nicht möglichst schnell wieder eine Anstellung unter ihrem Dach finde, ließen sie mich sprichwörtlich im Regen stehen. Geld zu verdienen war für mich existenziell, nicht nur, weil ich eine Familie zu versorgen hatte, auch die vielen Geldstrafen, die ich als Buße für vermeintlich staatsfeindliche Aktionen immer wieder bezahlen musste, taten empfindlich weh und forderten meine Liquidität heraus. Aufrechterhalten konnte ich sie nur, weil innerhalb der Offenen Arbeit der DDR, allen voran von den Freunden aus Jena um Peter Rösch und Roland Jahn, eine große Spendenaktion für mich initiiert wurde.

Es war mehr als offensichtlich, dass der staatliche Repressionsapparat als eindeutiger Gewinner vom Platz gehen würde. Ich stellte mir viele Fragen – Antworten habe ich bis heute nicht. Ich gebe zu, einige Fragen sind von rhetorischer Natur:

- Warum erkannte niemand aus der Leitungsebene die offensichtliche Gefahr der Isolation und Verhaftung?
- Weshalb war der zuständige Propst für Halle so untätig?
- Welche Rolle spielte der „Regionalbischof" Apel tatsächlich in diesem Drama?
- Welches Verständnis von Fürsorgepflicht hatte mein kirchlicher Arbeitgeber gegenüber mir als Diakon?
- Wäre die Kirche so auch mit einem Pfarrer umgegangen?
- Was verstand meine Kirche in dieser dramatischen Situation eigentlich unter Seelsorge?

Verlassen konnte ich mich nur noch auf meine Neinstedter Bruderschaft mit ihrem Anstaltsvorsteher Pfarrer Löffler und dem unermüdlichen Brüderältesten Gerhard Schorch. Sie hatten klar und eindeutig Partei ergriffen. Doch ihre deutlichen Worte von der „uneingeschränkten Schutzpflicht der Kirche" hat niemand hören wollen. Auch mein väterlicher Freund und Seelsorger Walter Schilling hatte in einem langen Brief an Bischof Krusche vor „einem Kesseltreiben“ gewarnt und von meiner „Berufung Halle“ gesprochen – und zwar bereits am 6. Juli 1982!

Es besteht also kein Zweifel: Alle wussten, wie bedrohlich die Situation war.

Erst dreizehn Jahre später, also lange nach der Friedlichen Revolution, wird die Kirchenleitung erklären: „Diese Kündigung – so muss man heute rückblickend sagen – war ein Malheur. Sie schoss über das Ziel hinaus, Lothar Rochau zum Stellenwechsel zu bewegen. Sie hätte wohl als Drohmittel getaugt.“

Da ich nach meiner Entlassung also unfreiwillig mehr Zeit hatte, engagierte ich mich weiter in der Offenen Arbeit. Einige Mitglieder aus der Offenen Arbeit gründeten fünf selbst organisierte Hauskreise, vorrangig in der Altstadt von Halle. Dort spielte sich ab sofort ein großer Teil der thematischen Arbeit ab. Parallel dazu reiften

„Vertrauen wagen“: Unter diesem Motto beteiligten wir uns 1983 mit einem eigenständigen – und natürlich nicht mit der Obrigkeit abgesprochenen – Beitrag am Pfingsttreffen der FDJ.

mehrere neue Aktionen und Projekte heran. Nicht zuletzt wurde die Vernetzungsarbeit mit anderen Friedens-, Umwelt- und Menschenrechtsgruppen in und außerhalb der Kirche vorangetrieben.
Schritt für Schritt verließen wir das „schützende Dach der Kirche", um eine unabhängige Menschen- und Bürgerrechtsbewegung mit aufzubauen. Damit war das Tuch zur verfassten Kirche fast zerschnitten.
Trotz dieser enormen Drucksituation durch meinen nunmehr ehemaligen Arbeitgeber und den immer perfideren Zersetzungsmethoden der Haupt- und nebenamtlichen Mitarbeiter des Unterdrückungsapparates des Staates war es vor allem dem Mut von aktiven Mitgliedern der Offenen Arbeit zu verdanken, dass zwei wichtige Ereignisse bis heute im Gedächtnis vieler Menschen ihren Platz haben.
Das war zum einen ein eigenständiger Friedensbeitrag zum Pfingsttreffen der Freien Deutschen Jugend (FDJ) im Schicksalsjahr 1983 mit dem Leitsatz „Vertrauen wagen" – er endete mit brutalen Übergriffen von MfS-Leuten. Und da war zum anderen unsere Fahrraddemonstration in Richtung der großen „Dreckschleuder" des Chemiekombinats Buna, die am 5. Juni desselben Jahres für Aufsehen sorgte.

Das Datum war mit Bedacht gewählt. Der 5. Juni wurde seit 1972 als Weltumwelttag begangen. In der DDR freilich hatte man das Datum bewusst vergessen – aus naheliegenden Gründen. Zwar stand der Tag in den Kalendern, doch öffentlichkeitswirksam sollte er nicht begangen werden. Auch im Vorfeld des Weltumwelttags 1983 hatten staatliche Stellen groß angelegte Verhinderungsaktionen gestartet, garniert mit Verboten, Einschüchterungen, Dro-

Unsere Fahrraddemonstration, die zur riesigen Dreckschleuder namens Buna-Werke führen sollte, endete mit brutalen Übergriffen von Stasi-Leuten. 34 Teilnehmerinnen und Teilnehmer, darunter auch ich, wurden verhaftet und für die gesetzlich vorgesehene Maximaldauer von 24 Stunden festgehalten.

hungen und Irreführungen. Doch es nützte nichts: Am 5. Juni 1983 versammelten sich gegen 14.30 Uhr vor der Lutherkirche im Süden von Halle 126 Freundinnen und Freunde – darunter auch 25 Kinder – mit Fahrrädern und Transparenten.
Entgegen dem festgelegten Programm machten wir uns auf den Weg in Richtung Wohnstadt Süd, um über das Neubaugebiet Silberhöhe das Chemiekombinat Buna zu erreichen. Natürlich fiel der schillernde Konvoi junger Menschen auf, und nicht wenige Hallenserinnen und Hallenser grüßten unsere bunte Truppe freundlich.

Wir kamen rund vier Kilometer weiter: Bei Beesen, ganz im Süden von Halle, stoppte die Deutsche Volkspolizei unsere Fahrrad-Eskorte gewaltsam, unsere Plakate wurden heruntergerissen und beschlagnahmt und unsere Personalien aufgenommen. 34 Teilnehmer der Tour wurden brutal auf Mannschaftswagen der Polizei verladen,

„Viele Grüße aus dem Chemiebezirk": Aus heutiger Sicht mag die Postkarte der Ökologischen Arbeitsgruppe Halle regelrecht harmlos erscheinen. Für die DDR-Oberen war es freilich ein subversiver Angriff. Dabei war die Umweltverschmutzung für jeden zu sehen – und zu riechen.

Fotomaterial wurde entzogen. Schließlich wurden Ordnungsstrafverfahren eingeleitet, und es hagelte empfindliche Geldstrafen zwischen 300 und 500 DDR-Mark. Zur Einordnung dieser Summe und noch mal zur Erinnerung: Mein Monatsgehalt als Diakon lag damals bei 452 Mark. Auch ich wurde festgenommen und von Mitarbeitern der Abteilung IX der Stasi und der Volkspolizei verhört. Die gesetzlich festgelegte Maximaldauer von 24 Stunden für eine Vernehmung wurde voll ausgeschöpft. Unvergesslich ist dieser Tag für mich aber aus einem gänzlich anderen Grund: Weil bis in die Nacht Freunde aus der Offenen Arbeit vor dem Polizeirevier standen und neben anderen Liedern auch ein schönes altes Studentenlied sangen: „Die Gedanken sind frei, wer kann sie erraten ..." Drin-

nen konnte ich diesen Gesang leise und bruchstückhaft hören.
Eine derart starke Solidaritätsbekundung habe ich so nie wieder in meinem Leben erlebt. Und ich wundere mich bis heute, warum die Stasi das geduldet hat.
Nach einem vielstündigen Verhör wurde ich schließlich aus dem Polizeirevier in der Ludwig-Stur-Straße in der nördlichen Innenstadt entlassen. Ich schrieb sofort ein Gedächtnisprotokoll – und außerdem eine Eingabe an den Minister des Innern zu den Ereignissen. Derartige Eingaben waren eine der wenigen offiziellen Möglichkeiten zur Beschwerde. Das Besondere daran: Die staatlichen Stellen, an die man Eingaben richten konnte, waren gehalten, sie auch zu beantworten. Weil sie gern mal auf mysteriöse Weise verschwanden, haben wir sie natürlich stets per Einschreiben mit Rückschein verschickt.
Fortan machte die Stasi keinerlei Anstalten mehr, verdeckt zu operieren. Tag und Nacht postierten sich die Damen und Herren von der „unsichtbaren Front" nun ganz offen vor unserem kleinen Haus in der Semmelweisstraße 6 in Halle-Dölau und machten deutlich, wohin die Reise gehen sollte. In meinen Stasiakten lassen sich die Wochen, Tage und Stunden vor meiner Verhaftung minutiös nachverfolgen.
1983 gab es einen Jahrhundertsommer. Und so fuhr ich mit meinem damals sechsjährigen Sohn Tobias mit dem Fahrrad gerne zum Heidesee. Ich hatte mir angewöhnt, die Schmiere stehenden Stasi-Leute zu grüßen: „Auf ein Neues meine Damen und Herren!", rief ich und radelte los. Kurz bevor ich mit meinem Sohn in die Heide (ein großes Waldgebiet am Stadtrand von Halle) einbog, hielt ein Lada an, zwei Männer stiegen aus, packten zwei Klappfahrräder aus und strampelten uns hinterher, um

uns quer durch den Wald bis zum Heidesee zu verfolgen. Es war an alles gedacht, nichts sollte jetzt mehr schiefgehen.
Es sollte dennoch weitere drei Wochen dauern, bis die Staatsmacht endgültig zuschlug. Das ganze Ausmaß der Überwachung erkannte ich freilich erst nach der Friedlichen Revolution. Jede Äußerung, jede Begegnung war akribisch aufgezeichnet worden; die Stasi scheute weder Mühe noch Technik, um mich, den „Staatsfeind und Konterrevolutionär", selbst in der intimsten Privatsphäre nicht aus dem Auge zu verlieren.
Es fehlte nur noch das grüne Licht aus Berlin.

DER TAG DER VERHAFTUNG

Am 23. Juni 1983 war es dann soweit.
An jenem Donnerstag schrillte um kurz vor 6 Uhr morgens unsere Klingel, es folgte ein heftiges Pochen gegen die Tür. Ich öffnete. Ein Mann stellte sich als Mitarbeiter des MfS vor und forderte mich im Befehlston auf, mit zu seiner Dienststelle zu kommen – zwecks Klärung eines Sachverhaltes. Der Mann war nicht allein, neben ihm standen einige Frauen und Männer in Zivil. Man befahl mir, die nötigsten Sachen einzupacken. Ich fragte nach einem Hausdurchsuchungsbefehl, doch der mutmaßliche Leiter der Aktion, ein gewisser Hauptmann Feustel, antwortete, es handele sich ausdrücklich NICHT um eine Hausdurchsuchung.
Dass dies eine glatte Lüge war, sollte sich noch am selben Tag bestätigen. Nur einen Tag nach meiner Verhaftung schrieb ein Oberstleutnant Manfred Eschberger einen

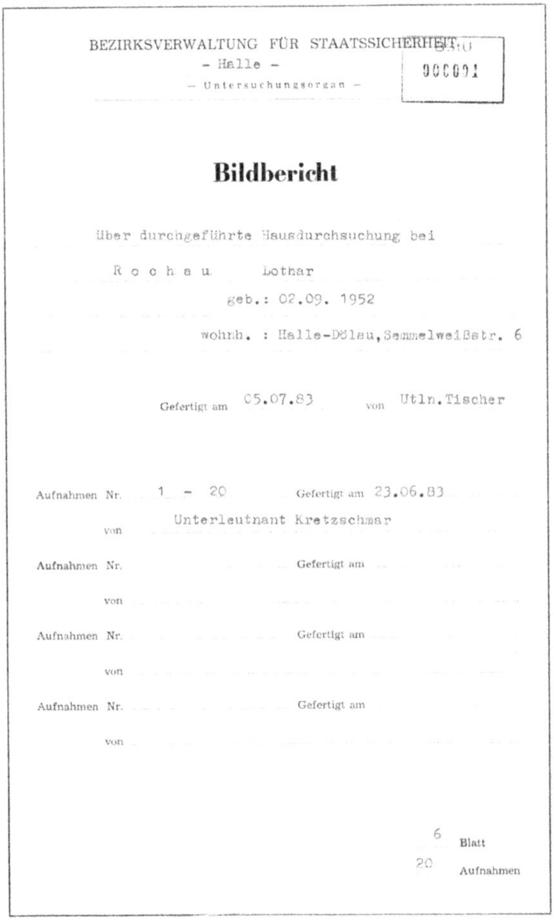

BEZIRKSVERWALTUNG FÜR STAATSSICHERHEIT
- Halle -
– Untersuchungsorgan –

000001

Bildbericht

über durchgeführte Hausdurchsuchung bei

R o c h a u Lothar
geb.: 02.09. 1952
wohnh. : Halle-Dölau, Semmelweißstr. 6

Gefertigt am 05.07.83 von Utln. Tischer

Aufnahmen Nr. 1 - 20 Gefertigt am 23.06.83
von Unterleutnant Kretzschmar

Aufnahmen Nr. Gefertigt am
von

Aufnahmen Nr. Gefertigt am
von

Aufnahmen Nr. Gefertigt am
von

6 Blatt
20 Aufnahmen

302 072 10.0 Form 550

BStU-Kopie

Bei meiner Verhaftung wurde ausdrücklich erklärt, es gebe keine Hausdurchsuchung. Eine glatte Lüge. In einem umfangreichen „Bildbericht" dokumentierte die Stasi unsere komplette Wohnung, inklusive Kinderzimmer und Keller.

Bild 1 Übersichtsaufnahme des Arbeitszimmers, Tür in Bildmitte führt zum Durchgangszimmer.

Bild 2 Übersichtsaufnahme des Arbeitszimmers

BStU-Kopie

Bericht, der unter anderem an den Minister für Staatssicherheit, Erich Mielke, und seine Stellvertreter, Generalleutnant Rudi Mittig und Generalleutnant Gerhard Neiber, ging. Darin bestätigt er, das mein Haus durchsucht und diverse Schriften, Materialien und persönliche Gegenstände sichergestellt worden seien. Außerdem wird in dem Bericht erwähnt, dass es noch am gleichen Tag ein Gespräch mit Bischof Krusche in dessen Amtsräumen in Magdeburg gegeben habe, auch Oberkirchenrat Dr. Schultze habe daran teilgenommen. Wörtlich heißt es da: „Im Verlauf des Gespräches brachte Bischof KRUSCHE zum Ausdruck, daß die Angelegenheit ROCHAU für das Verhältnis zwischen Staat und Kirche keine Bedeutung habe und er auch in dieser nicht beabsichtige, Aktivitäten zu entwickeln. Zwischenzeitlich vorliegende inoffizielle Erkenntnisse bestätigen ebenfalls diese Ansicht."

Hier zeigt sich übrigens auch: Die fleißige und ertragreiche Zuarbeit von drei hochkarätigen Stasi-Spionen in der obersten Verwaltungsbehörde (Konsistorium) der damaligen Kirchenprovinz Sachsen mündete in einen vollen Erfolg für die SED.

Die in meinem Haus beschlagnahmten Texte und Materialien sowie umfangreiche Spitzelberichte bildeten später die Grundlage der monatelangen Verhöre in der Stasi-U-Haft. Natürlich war mir an diesem frühen Morgen des 23. Juni 1983 sofort klar, dass es jetzt in die Untersuchungshaftanstalt des Ministeriums für Staatssicherheit, ging – und das hieß: in den „Roten Ochsen", das alte Gefängnis von Halle. Dort wurde ich der Abteilung IX der Bezirksverwaltung der Staatssicherheit „zugeführt".

Ich packte also die notwendigsten Sachen ein, verabschiedete mich von meinem geliebten kleinen Sohn Tobias,

der übrigens auch mit ansehen musste, wie die Stasileute sein Zimmer durchwühlten, und von meiner mutigen Frau Karin. Ihr sagte ich: „Benachrichtige bitte Pfarrer Walter Schilling und Rechtsanwalt Wolfgang Schnur."
Hatte ich mit meiner Verhaftung gerechnet? Immerhin war ich ja schon eine Weile ganz offen observiert worden. Ich weiß es nicht – vermutlich kann man sich auf eine derart existenzielle Ausnahmesituation nicht vorbereiten. Eines war mir freilich bewusst: In dieser „Arbeiter-und-Bauern-Diktatur" durfte ich keine Rechtsstaatlichkeit erwarten. Dennoch hoffte ich wohl auf einen letzten Funken an Gerechtigkeit und Menschlichkeit. Auch unter Gefängnisbedingungen stirbt die Hoffnung zuletzt.
So mag ich die Situation in Gedanken immer wieder durchgespielt haben. Und doch kam es anders. Das machte ja gerade die Unberechenbarkeit meines Gegners aus.
Wenn ich heute mit jungen Menschen über die DDR spreche, stoße ich immer wieder auf Unverständnis. Unverständnis darüber, dass die DDR einen Geheimdienst besaß, der seine eigene Untersuchungseinheit und auch eigene Gefängnisse betrieben hatte. Ich war ja damals nicht in Polizeigewahrsam – ich war überstellt worden in die Macht der Staatssicherheit. Das heutige Unverständnis ist letztlich freilich eine gute Sache, zeigt es mir doch vor allem, wie sehr die Nachgeborenen die demokratischen Strukturen bereits verinnerlicht haben.
Die Stasi indes war als eigenständiges polizeiliches und geheimdienstliches Ermittlungs- und Untersuchungsorgan letztlich nur ihrer Auftraggeberin, der SED, gegenüber verantwortlich. Im Dienste der SED, als Teil der politischen Strafjustiz, konnte sie problemlos ihre eigenen Gesetze brechen. In einem Operativbericht der Stasi aus

dem Jahr 1981 las ich folgende „Aufgabenstellung“: „Prüfung der Möglichkeiten, den ROCHAU zu kriminellen Handlungen zu bewegen.“
Äußerlich mag man noch den Anschein geweckt haben, alles gehe seinen „sozialistischen Gang“ – doch mit der Einlieferung in die Untersuchungshaftanstalt war ich ein „Staatsfeind“, und als solcher musste ich mit einer wohldurchdachten Mixtur aus Isolation, Zermürbung und Verunsicherung so schnell wie möglich gebrochen und als Persönlichkeit zerstört werden. Ich wurde zu einer Nummer, zu einem verbrecherischen Subjekt. Formal gab es zwar den Status des Beschuldigten, aber praktisch war ich längst ein Angeklagter, mehr noch: ein Verurteilter.
Alles – die Verhörmethoden, die Haftbedingungen – alles zielte darauf ab, ein möglichst umfassendes und vor allem ein schnelles Geständnis zu bekommen. Ziel war ja stets die Verhängung einer mehrjährigen Haftstrafe und der anschließende Verkauf der politischen Häftlinge an den Klassenfeind im Westen – gegen dringend benötigte Devisen, die den ab den 1970er Jahren finanziell stets klammen Staat stabilisierten. Heute kann man bei Wikipedia nachlesen: Zwischen 1964 und 1989 wurden insgesamt 33.755 politische Häftlinge für mehr als 3,4 Milliarden D-Mark freigekauft. Außerdem musste die Bundesregierung „Gebühren“ für die Ausreise von etwa 250.000 Ausreisewilligen entrichten. Ja, so zynisch, wie es hier klingt, war das System in der Tat.

Doch zurück zum Tag meiner Verhaftung. Ich hatte also ein paar Sachen zusammengerafft und mich von Frau und Sohn verabschiedet. Wenig später saß ich, rechts und links flankiert von MfS-Mitarbeitern, auf dem Rück-

sitz eines „Lada“. Natürlich stellte ich Fragen: Wo fahren wir hin? Warum bin ich verhaftet worden? Natürlich erhielt ich keine Antworten.
Gegen 7 Uhr kamen wir im „Roten Ochsen“ an, wo ich auf direktem Weg in ein Vernehmerzimmer geführt wurde. Dort erwarteten mich bereits zwei Vernehmer, später kam noch ein dritter hinzu. Diese drei Herren wechselten sich ab, wobei ein Hauptmann namens Mark der ranghöchste Untersuchungsführer war.
Man eröffnete mir, gegen meine Person liege ein Haftbe-

Zugriff am frühen Morgen: Natürlich dokumentierte die Stasi meine Verhaftung genau. Man hatte mir gesagt, man bringe mich zur Dienststelle „zwecks Aufklärung eines Sachverhaltes".

fehl gemäß der Paragrafen 214, Absatz 1 und 3 und 219, Absatz 2 Ziffer 1 des Strafgesetzbuchs der DDR vor. Ich wurde beschuldigt, im Mai und Juni 1983 im Zusammenwirken mit anderen Personen die staatliche Tätigkeit durch Aufforderung zur Missachtung der Gesetze der DDR beeinträchtigt und als Bürger der DDR Aufzeichnungen mit Nachrichten, die geeignet sind, den Interessen der DDR zu schaden, in die Ständige Vertretung der BRD verbreitet zu haben.

Wie haltlos diese Beschuldigungen waren, zeigte sich bereits keine fünf Wochen später, als mir ein strafrechtlich um den berühmt-berüchtigten „Gummiparagrafen" 106 erweiterter Beschluss mitgeteilt wurde: Nun war ich also dringend der „Staatsfeindlichen Hetze" verdächtig, weil ich die gesellschaftlichen Verhältnisse der DDR, insbesondere die Sicherheits- und Verteidigungspolitik, die sozialistische Rechtsordnung, die marxistisch-leninistische Ideologie und den demokratischen Zentralismus diskriminiert haben soll.

An jenem heißen, schicksalshaften Donnerstag wurde ich von kurz nach 7 Uhr bis 23.30 Uhr fast ohne Unterbrechung vernommen. Gegen 14 Uhr stellte mir ein niederer Stasi-Bediensteter, ein sogenannter „Läufer“ einen Teller mit Blut- und Leberwurstschnitten hin, aber obwohl ich bis dahin nichts gegessen hatte, bekam ich nichts runter. Mein Magen war wie zugeschnürt, ich trank nur Tee aus dem bekannten bunten DDR-Plastikgeschirr.

Mit dem Moment meiner Festnahme und auch in den ersten Tagen danach befand ich mich in einem körperlichen und emotionalen Ausnahmezustand. Ich hockte in einem Treibhaus aus diffusen Ängsten und Hoffnungen. Die Vernehmer bombardierten mich sofort mit schwersten Anschuldigungen und Vorwürfen sowie Suggestivfragen:

„Sie wissen doch, warum Sie hier sind?“

„Leugnen ist zwecklos, Ihre großartigen Freunde haben bereits alles zugegeben.“

„Wir wissen ganz genau, dass Sie der Rädelsführer der Unterschriftenliste an den Bundeskanzler und der Fahrraddemo sind.“

Da waren Profis am Werk. Ihr Können hatten die Genossen an der Stasihochschule in Potsdam im Fach „operative Psychologie“ gelernt.

Ich merkte schnell, dass sich die Vernehmer ausgiebig mit meiner Biografie und Persönlichkeitsstruktur beschäftigt hatten. In den angelegten Operativvorgängen (OV) der vergangenen Jahre fanden sie genügend Material, um meine Stärken und Schwächen gut zu kennen und gezielt auszunutzen.

Meine Vernehmer setzten aber auch darauf, dass meine Konzentration, mein Durchhaltevermögen und meine Aufnahmefähigkeit allmählich nachlassen würden. Zwar

hatte ich mich vor meiner Inhaftierung über die Verhörmethoden informiert und versuchte folglich, möglichst hellwach zu bleiben. Das gelang mir allerdings nur am Anfang der monatelangen, zermürbenden Verhöre.
Wie sollte es auch anders sein? Mit zunehmender Dauer kreisten die immer gleichen Gedanken und Fragen durch meinen Kopf:
Wie geht die Stasi mit meiner Familie und den Freunden um? Sind auch sie in Gefahr? Ist noch jemand verhaftet worden?
Mit welcher Aussage belaste ich meine Freunde?
Mit welcher Aussage könnte ich mich selbst belasten?
Woher hat die Stasi all ihre Informationen? Wer hat mich und meine Freunde verraten?
Was macht mein Anwalt? Was macht die Kirche?
Über all das wurde ich vollkommen im Unklaren gelassen. Was man mir in den verschiedensten Varianten sagte, war zusammengefasst dies: *Rochau, geben Sie auf! Schweigen und Leugnen ist zwecklos. Unsere Organe haben bereits alle Informationen. Wir können auch anders. Bedenken Sie vor allem eins: Wir haben die Macht. Und ziehen Sie immer in Betracht: Wir wissen mehr als Sie denken. Sie sind nicht ohne Grund hier. Sie sind ein Feind unserer sozialistischen Gesellschaftsordnung, der gegen ihre Grundlagen verstoßen hat. Vergessen Sie nicht: Selbst Ihre Kirche hat Sie nicht geschützt. Arbeiten Sie mit uns zusammen, dann können wir einiges für Sie und Ihre Familie tun.*

Einen Anwalt konnte ich zu diesem Zeitpunkt nicht konsultieren. Natürlich nicht. „Recht ist, was dem Sozialismus dient“ – das hat einer der Vernehmer einmal in einem besonders hart geführten Verhör zu mir gesagt. Und so hatte es die Untersuchungsabteilung IX des MfS

nicht eilig, mir, dem Beschuldigten, einen Anwalt zur Verfügung zu stellen. Tatsächlich kursierte in der Untersuchungshaftanstalt eine Liste mit den Namen mehrerer Anwälte. Mir fiel auf, dass immer wieder nachgefragt wurde, ob Rechtsanwalt Vogel oder sein Vertreter für den Bezirk Halle, Rechtsanwalt Günter Albrecht, zur Verteidigung bereitstehen würden. Der Grund war klar: Der Unterhändler Wolfgang Vogel und seine Vertreter in den Bezirken der DDR garantierten für eine möglichst zeitnahe Ausreise.
Ich hatte vor meiner Verhaftung Vorkehrungen getroffen und Rechtsanwalt Wolfgang Schnur, den sogenannten „Bürgerrechtsanwalt" und „Kirchenanwalt", gebeten, die Verteidigung zu übernehmen. Freilich wusste ich zu diesem Zeitpunkt nicht, dass dieser Mann die völlig falsche Wahl war. Denn Schnur war mindestens seit 1971 Stasi-IM. Und er vertrat vorwiegend Bürgerrechtler, die zunächst natürlich froh waren, in ihm vermeintlich jemanden gefunden zu haben, der ihre Motive verstand und auch Zugang zu den Stasi-Anklägern fand. Dass er alle Inhalte aus den vertraulichen Gesprächen mit seinen Mandanten weitergab, erfuhren sie freilich erst später.

Genau wie die Bürgerrechtler Bärbel Bohley, Stephan Krawczyk, Freya Klier und viele andere hatte ich damals noch die Hoffnung, Schnur könne ein halbwegs faires Urteil erstreiten und mir ermöglichen, in der DDR bleiben zu dürfen.
Tatsächlich forcierte Schnur alias IMB „Torsten" das genaue Gegenteil: Wie ich auch 1990 aus den umfangreichen Akten erfuhr, hatte er schon rund anderthalb Jahre *vor* meiner Verhaftung seinem Führungsoffizier großspurig versprochen, den Diakon in den Westen zu lotsen!

Dazu bearbeitete er unermüdlich mein kirchliches und privates Umfeld – schließlich wartete nach Auftragserfüllung ein nicht unerheblicher „Judaslohn“ auf ihn. Die Stasi wusste: Auf die Gier des Wolfgang Schnur war Verlass. Der vermeintliche Kirchenanwalt bekam von der Stasi Geld und Immobilien als Lohn. Die „Mitteldeutsche Zeitung“ berichtete am 24. Januar 1996 unter der Überschrift „Der Anwalt als Verräter“, Schnur habe unter anderem eine an der Müggelspree gelegene Villa im Berliner Stadtteil Köpenick erhalten. Der damalige Konsistorialpräsident Manfred Stolpe hatte sie vermittelt und auch dafür gesorgt, dass Schnur ein zinsloses Darlehen von 240.000 Mark erhielt. Hinzu kamen 250.000 Westmark, die das Bonner Bundesministerium für innerdeutsche Beziehungen überwies.
Mit meiner Verhaftung war Schnur fast am Ziel. Es galt nur noch, den Fall Rochau formaljuristisch und möglichst lautlos zu erledigen.
Es dauerte acht Wochen, bis ich zum ersten Mal mit „meinem“ Anwalt sprechen durfte! Acht Wochen kein Anwalt, das war selbst für Stasiverhältnisse eine sehr lange Zeit. Auch sonst hatte ich in den ersten Wochen keinerlei Kontakt nach draußen. Dabei standen Anschuldigungen im Raum, die ein Strafmaß von zwei bis zwölf Jahren Freiheitsentzug nach DDR-Strafrecht erlaubten. „Ohne meinen Anwalt sage ich nichts!“ – diese selbstsicher vorgetragene Aussage gab es für politische Gefangene nur in Filmen.
Erst am 25. August 1983 – zehn Tage vor Beginn der Hauptverhandlung! – besuchte mich mein Anwalt endlich und teilte mir die Terminsetzung in der Strafsache nach § 106 StGB vor dem 1. Strafsenat des Bezirksgerichts Halle mit.

Außerdem bearbeitete er mich subtil mit dem Ziel, dass ich einen Antrag auf Entlassung aus der DDR-Staatsbürgerschaft stelle. In dieser Frage hatte er schon bei Gesprächen vor meiner Verhaftung enorm Druck aufgebaut.

Eine Ausreise hatte ich jedoch stets entschieden abgelehnt. Vielmehr beabsichtigte ich, alle Rechtswege in der DDR auszuschöpfen. Schnur erwiderte immer wieder, ich solle doch bedenken, dass kirchliche Stellen bisher so gut wie nichts für mich unternommen hätten.

Ich wiederum entgegnete, nach meiner Entlassung aus dem Kirchendienst hätte ich auch nichts anderes von „meiner" Kirchenleitung in Magdeburg, geschweige denn vom Bund der Evangelischen Kirchen in der DDR erwartet.

Und was die immer massiveren Vorwürfe der „Staatsfeindlichen Hetze" anging, so legte ich mantrahaft dar, dass ich nur mein verfassungsmäßiges Recht auf Meinungsfreiheit nach Artikel 27 der Verfassung der DDR wahrgenommen habe. In diesem Zusammenhang erklärte ich gegenüber Schnur auch einmal, ich sei bereit, für meine Überzeugung bis zu drei Jahre Knast auf mich zu nehmen. Aus den Akten erfuhr ich später: „Mein Anwalt" hat daraus gegenüber seinem Führungsoffizier den Vorschlag „vier bis fünf Jahre" gemacht. Wer solch einen Anwalt hat, braucht wirklich keine Feinde mehr!

Unmittelbar nach seinem Besuch bei mir in der U-Haftanstalt erstattete Wolfgang Schnur seinem Führungsoffizier, Major Krull von der Abteilung XX, Bericht. Dabei äußerte er auch Bedenken bezüglich einer möglichen Verurteilung, und zwar wegen der „Denkschrift zum Frieden", die ich mit anderen verfasst habe. Schnur befürchtete kirchliche und außenpolitische Konsequenzen.

Sinngemäß sagte er, man könne doch nicht mit zweierlei Maß messen und einerseits den Rochau einsperren und andererseits Personen aus der Kirchenleitung für ähnliche Aussagen zu Krieg und Frieden nicht belangen.
Vor allem versuchte Schnur, seine Genossen davon zu überzeugen, dass strategisch noch konsequenter jegliche Öffentlichkeitsarbeit unterbunden werden muss – mit dieser Forderung hatte er auch in der Kirche schon länger punkten können. Das Friedensthema war innen-, vor allem aber außenpolitisch zu heiß. Zahlreiche West-Politiker gaben sich in jenen Jahren quasi die Klinke in die Hand, um mit den Mächtigen in der DDR zu reden. 1983 war auch das Jahr, in dem der bayerische Ministerpräsident Franz-Josef Strauß den berühmt-berüchtigten Milliardenkredit mit der DDR aushandelte. Gerade in der DDR machte er sich damit keine Freunde, denn der Kredit hielt das marode Land über Wasser. Die These, die DDR habe als Gegenleistung für den Kredit unter anderem an der innerdeutschen Grenze 60.000 Selbstschussanlagen vom Typ SM-70 abgebaut, hat „Der Spiegel" 2017 entkräftet.
Wie auch immer. Meine Erwartungen an meinen Anwalt waren jedenfalls von Anfang an gedämpft. Hinzu kam: In den vielen Vernehmungen habe ich mich immer wieder zu einem undogmatischen und reformbedürftigen Sozialismus in der DDR bekannt. Dafür war ich gewillt, die Konsequenzen zu übernehmen. Das war bekannt, und darüber gab es auch nichts zu verhandeln. Weder mit meinem Anwalt noch mit der Stasi.

IN DER ZELLE

Nach mehr als 16 Stunden erniedrigendem und zermürbendem Verhör brachte man mich gegen 23.30 Uhr in die Effektenkammer.[6] Dort musste ich meine Kleidung und sämtliche persönlichen Gegenstände abgeben. Im Austausch erhielt ich Anstaltskleidung, von der Unterwäsche bis zum Nachthemd, sowie blau-weiße Bettwäsche für die Pritsche. Eine Art Trainingsanzug war die Hauptkleidung in der U-Haft.

Der Umgangston war denkbar rau. Kurze Kommandosätze wechselten sich mit unpersönlichen Halbsätzen ab, die vorzugsweise gebrüllt wurden: „Kommen Se!“ – „Geh’n Se!“ – „Stehenbleiben!“

Die Botschaft war eindeutig: *Wer nicht für uns ist, ist gegen uns.*

Eine eingehende „Körper- und Sachdurchsuchung“, bei der ich mich völlig entkleiden musste und alle Körperöffnungen untersucht wurden, leitete die weiteren entwürdigenden Untersuchungen ein. Am Ende unterschrieb ich ein Protokoll über meine persönlichen Gegenstände und bekam die typische Anstaltskleidung und blauweiße Armeebettwäsche.

Fortan war ich die 56/2. Die Zahlen standen für Zelle Nr. 56 und Pritsche Nr. 2.

Gegen 1 Uhr nachts wurde ich endlich in die Zelle geführt. Überraschenderweise fand ich mich in einem „Verwahrraum“ mit drei Pritschen wieder. Ich war fest davon aus-

---

6 Als Effekten werden die persönlichen Kleidungsstücke und Gegenstände von Häftlingen (aber auch von Soldaten) bezeichnet. In der Effektenkammer werden diese Gegenstände abgegeben und gegen die Anstaltskleidung (oder, bei Soldaten, die Uniform) getauscht.

Eine Zelle im „Roten Ochsen": Privatsphäre gab es nicht. Im Gegenteil: Nach 1989 erfuhr ich, dass die Zellengenossen politischer Häftlinge nicht selten als Informanten für die Stasi arbeiteten.

gegangen, in eine Einzelzelle zu kommen. Nun aber sah ich mich einem weiteren Mithäftling gegenüber. Der Unbekannte wirkte noch recht munter und offenbarte mir, er sei Bundesbürger. Er sitze bereits seit einigen Monaten im „Roten Ochsen" – wegen eines Transitvergehens: Er habe versucht, seine Freundin aus der DDR zu schmuggeln. Er wirkte resigniert und sagte, er wohne in Essen im Ruhrgebiet. Doch seine Heimatstadt werde er wohl so bald nicht wiedersehen. Er rechnete mit einer langjährigen Haftstrafe.

So kamen wir schnell ins Gespräch und unterhielten uns den Rest der Nacht. An Schlaf war für mich ohnehin nicht zu denken, im Gegenteil: Ich war sehr aufgekratzt, und außerdem wurde ständig die schmale Essensluke an der Eisentür geöffnet, zudem brannte in der Zelle sporadisch ein grelles Licht.

Dass ständig jemand in unsere Zelle schaute, könnte man

mit einem Mindestmaß an Fürsorge gleichsetzen, dass die Stasi für ihre Häftlinge an den Tag legte. Dies geschah freilich aus reinem Eigennutz: Selbstmordversuche in MfS-Haft sollten unter allen Umständen vermieden werden – dies hatte Stasi-Chef Erich Mielke höchstselbst verfügt. Ich sagte es ja bereits: Staatsfeinde sollten nicht nur ihrer „gerechten Strafe" zugeführt werden, sondern anschließend auch in den Westen verkauft werden. Ein Milliardengeschäft.

Folglich sollte auch das Problem mit dem „staatsfeindlichen Diakon" unter keinen Umständen durch Selbstmord gelöst werden.

Indes war die Selbsttötung für mich ohnehin und trotz der belastenden Umstände gerade der ersten Tage zu keiner Sekunde eine Option.

Ich hatte zwar meine Kirche verloren, nicht aber meinen Glauben.

Über meinen Mitgefangenen machte ich mir erst später Gedanken. Heute muss ich davon ausgehen, dass er keineswegs ein Leidensgenosse war, sondern ein „Zelleninformant". Regulär in Haft saß er möglicherweise schon – doch gegen geringfügige Vergünstigungen gab er sich als Spitzel her. Ein Vertrauensverrat in dieser besonderen Ausnahmesituation: Das war in jenen Tagen jenseits meiner Vorstellungskraft. Bis heute erinnere ich mich an sein ständiges Zucken im Gesicht und daran, dass er mit einem Halswirbel permanent knackte. Das hat mich fast wahnsinnig gemacht in diesen ersten Tagen. Bis heute glaube ich nicht, dass der Mithäftling diese Ticks simuliert hat. Ich kann mir einfach nicht vorstellen, dass man so etwas über einen so langen Zeitraum vortäuschen kann. Der Zelleninformant wirkte wirklich physisch und

psychisch angeschlagen. Aber wen wundert's, die Bedingungen in dem stickigen „Verwahrraum" am Beginn des heißen Sommers des Jahres 1983 waren unerträglich. Und weil Untersuchungshäftlinge der Stasi generell nicht arbeiten durften, waren wir rund um die Uhr in dieser Enge zusammengepfercht.
Unsere Drei-Personen-Zelle war 3,20 Meter breit, 2,80 Meter lang und 2,40 Meter hoch. Neben einem kleinen Holzesstisch befand sich die Toilette, und es kam vor, dass mein Zellennachbar sich dort erleichterte, während ich mein Abendbrot einnahm. Intimsphäre war ein Fremdwort, und einmal empfand ich diese Situation als derart unerträglich, dass ich komplett ausgerastet bin und mein Essen vor Wut an die Wand geworfen habe. Zum Glück hat es der Schließer nicht mitbekommen.
Vor dem vergitterten Fenster waren Milchglasbausteine, sodass man nie die Sonne sehen konnte. Frische Luft war Luxus. Eine kleine Erleichterung bot allein der tägliche halbstündige Hofgang, der freilich schon bei den kleinsten Vergehen gestrichen wurde.
Fast zum Hohn sprach einer meiner Vernehmer immer wieder mit Häme über seinen bevorstehenden Urlaub am Goldstrand in Bulgarien.

Durch pausenlose Beobachtung und Überwachung sollten die Beschuldigten gebrochen werden. Schrittweise wurde ihnen die Achtung vor sich selbst genommen. Ziel war die systematische und dauerhafte Zerstörung der Persönlichkeit. Nicht wenige ehemalige politische Häftlinge in den Strafanstalten der DDR leiden bis heute an den Spätfolgen dieser Torturen.
Hinter den Gefängnismauern zeigte sich die „Banalität des Bösen" in ihrer gemeinsten Form.

Gab es in dieser komplett feindlichen Welt auch Momente der Solidarität und der Menschlichkeit? In der Tat, es gab sie, unter den Häftlingen. Man erzählte sich seine Lebens- und Leidensgeschichte und versuchte, die kleinen und großen Netzwerke im Knast zu nutzen. Wichtig war es, sich mit anderen zu verständigen. Und da musste man erfinderisch sein. Über den „Bello" habe ich zum Beispiel versucht, mit Katrin Eigenfeld, die ich aus der Passendorfer Gemeinde kannte, und die nun eine Etage über mir einsaß, in Kontakt zu treten. Das ging so: Wenn man es schaffte, aus der Toilette das Wasser komplett zu entfernen, konnte man in die Schüssel reinsprechen und hatte einen guten Resonanzboden, um „Nachrichten" in eine andere Zelle zu sprechen.
Auch das „Knast-Alphabet" war schnell zu lernen und brachte wenigstens ein wenig Abwechslung in den eintönigen Alltag. Für ein „A" wurde einmal geklopft, für ein „B" zwei Mal und so weiter. „Schätze", die bei einem 30-minütigen „Sprecher" pro Monat – natürlich nur bei Wohlverhalten – übergeben werden durften, wurden brüderlich geteilt. Der sogenannte Sprecher war die Möglichkeit eines halbstündigen Besuchs pro Monat von einem Verwandten ersten Grades. Die Entscheidung, welcher Häftling in seinen Genuss kam, fällte nicht etwa ein Staatsanwalt, sondern einzig der Untersuchungsführer von der Stasi, dem auch die Verhöre oblagen. Er war der Herr des Verfahrens. Anlässlich eines solchen „Sprechers" durfte man von den Besuchern kleine Geschenke entgegennehmen, die – wie oben bereits erwähnt – mit anderen geteilt wurden. Ich freute mich am meisten über drei Dinge: Karo-Zigaretten, Knoblauch, den ich zum Würzen des faden Gefängnisessens nutzte und Broiler. Bevor man den zum Essen bekam, wurde er vom Wach-

personal freilich erst zerpflückt, wohl, weil man vermutete, darin könnten Nachrichten oder gar Werkzeuge versteckt worden sein. Übrigens: Ich bin froh, dass es die Stasi nicht geschafft hat, mir den Appetit darauf nachhaltig zu vergällen. Sowohl Broiler, oder Brathähnchen, wie man gesamtdeutsch sagt, als auch Knoblauch stehen auch heute noch auf meinem Speiseplan.

Was die meisten Häftlinge am Leben hielt, war die Hoffnung auf eine möglichst baldige Ausreise. Umso weniger verstanden meine Mithäftlinge, warum ich selbst keinen Ausreiseantrag stellte. Bei Kirchenleuten gehe es doch immer enorm schnell, so die gängige Meinung damals.
Tatsächlich hatte man mir bei Verhören dieses konkrete Angebot auch gemacht. Der „beschäftigungslose Diakon" sollte so schnell wie möglich in die Bundesrepublik Deutschland abgeschoben werden. Warum so schnell? Weil die Zeit drängte: Anlässlich des 500. Geburtstags von Martin Luther standen regionale Kirchentage in Wittenberg und anderswo vor der Tür; erwartet wurden Lutheraner aus der ganzen Welt. Da sollte das oft und gern beschworene gute Verhältnis von Kirche und Staat verständlicherweise nicht beschädigt werden. Vor diesem Hintergrund sollte die Angelegenheit Rochau schön still über die Bühne gehen. Am liebsten wäre es den Unterhändlern der Stasi gewesen, wenn sie mich nach drei Wochen Knast einfach aus dem „Arbeiter- und Bauernparadies" geworfen hätten.
Ein Restrisiko blieb freilich. Ich verstand mich ja nicht nur als Opfer, sondern vor allem als „Täter des Wortes". Und die Westmedien waren für solche Einzelschicksale durchaus sensibilisiert.

HAFTALLTAG

In den ersten Tagen meiner Haft bestimmten stundenlange Verhöre die Tagesordnung. Nach zwei, drei Wochen – und nachdem ich mich mehrfach beschwert hatte – bekam ich eine Bibel, außerdem ausgeschnittene Teile des „Neuen Deutschlands“, dem Sprachorgan der SED. Später erhielt ich einmal pro Woche sorgfältig ausgewählte Bücher. Darunter waren natürlich die Werke vieler „Staatsschriftsteller“ aus der Sowjetunion und anderen sozialistischen Ländern. Damit hatte ich kein Problem, im Gegenteil: Ich freute mich, dass auch die russischen Klassiker Tolstoi, Dostojewski oder Turgenjew auf der Liste standen. Sie waren allesamt große Kenner der menschlichen Seele. Die starken Gefühle, die ich beim Lesen dieser Texte in der Gefangenschaft entwickelte, halfen mir nicht nur bei der überlebensnotwendigen Tagesstrukturierung im Knast, sondern zeigten auch fabelhafte innere Ausbruchsmöglichkeiten. Im Prinzip erreichte die Stasi also das genaue Gegenteil – und dass sie uns diese Bücher zur Verfügung stellten, kann ich mir nur so erklären, dass sie niemals auch nur eine einzige Zeile dieser Schriftsteller-Genies gelesen hatten.

Nie wieder habe ich derart so intensiv die ganze Bandbreite der russischen und sowjetischen Literatur verschlungen, darunter auch viele Werke des Sozialistischen Realismus. Von Nikolai Alexejewitsch Ostrowskis „Wie der Stahl gehärtet wurde“ über Maxim Gorkis „Die Mutter“ bis zu „Der stille Don“, das Werk, für das Michail Scholochow 1965 den Nobelpreis für Literatur erhalten hatte – meine dürstende Seele saugte alles gierig auf. Mithilfe dieser Bücher versetzte ich mich fast rauschartig in eine Welt außerhalb des Knastes.

Was mich sehr berührte, waren die Zeichen und Symbole eines stummen Widerstands, die ich in jedem Buch fand. Immer wieder stieß ich auf Wörter, die von meinen Vorlesern hervorgehoben worden waren – mit Bleistift unterstrichen, mit den Fingernägeln „unterkratzt", manchmal sogar mit Blut markiert. Es waren stets Wörter wie „Gerechtigkeit", „Freiheit" oder „Liebe". Ein sichtbarer, aber stiller Protest, der deutlich machte, was den Urheber umtrieb.
Diese Botschaften wanderten durch die Zellen, und ich wundere mich noch heute, dass man das nicht unterbunden hat. Erklären kann ich es mir nur so, dass die Stasi wusste, diese Bücher würden das Gefängnis nie verlassen – die Leser jedoch würden das Land verlassen, früher oder später. Ich blickte jedenfalls immer sehnsuchtsvoll auf den Freitag, den Tag, an dem neue Bücher kamen. Und eines Tages erhielt ich einen meiner Lieblingsromane: „Die Brüder Karamasow" von Fjodor Dostojewski. Ich kannte das Buch bereits. Nun las ich immer wieder das fünfte Kapitel des fünften Buchs mit dem Titel „Der Großinquisitor". Iwan Karamasow – der intellektuelle Atheist – erzählt darin seinem Bruder Aljoscha – dem gläubigen Mönch – eine Geschichte, in der Jesus Christus im Sevilla des 16. Jahrhunderts auftaucht, also zur Zeit der Inquisition. Jesus wird schnell erkannt – vom Volk, aber auch vom greisen Kardinal-Großinquisitor, der ihn prompt im Kerker festsetzen lässt. In einem langen Monolog versucht er darzulegen, warum Jesus kein Recht mehr habe, erneut auf die Welt zu kommen und die Ordnung zu stören, die die römisch-katholische Kirche über viele Jahrhunderte errichtet hat.
Die Geschichte packte mich. Der Großinquisitor sprach Jesus Christus – dem schlimmsten aller Ketzer – jegliche

Legitimation ab, den Menschen die Freiheit zu bringen. Durch seine Rückkehr brach er die heilige Ruhe, Ordnung und Sicherheit der Mächtigen. Mit der Freiheit – davon war die Inquisition überzeugt – kann der Mensch nicht umgehen.
Der Großinquisitor beendet seinen Monolog. Jesus schweigt. Dann küsst er die blutlosen Lippen des greisen Inquisitors. Die Parallelen lagen für mich klar auf der Hand: War nicht auch der real-existierende Sozialismus – mit der auf ihr Wahrheitsmonopol pochenden SED – solch eine Religionsform, die immer genau wusste, was für jeden Einzelnen gut ist? Und war nicht gleichzeitig ihre Geheimpolizei eine moderne Inquisition, die die Menschen so sehr einschüchterte? Ich las den Monolog und wunderte mich insgeheim immer mehr darüber, warum sich nur so wenige gegen den „vormundschaftlichen Staat" wehrten und sich stattdessen immer stärker in ihre Nischen zurückzogen.

Matthias Holst, der sich selbst Matthias BAADER Holst nannte, arbeitete zu DDR-Zeiten als Bibliothekar. Bekannt wurde er als Lyriker. Am 24. Juni 1990 wurde er in Berlin von einer Straßenbahn angefahren; am 30. Juni erlag er seinen schweren Kopfverletzungen. Dass er mir fast täglich Postkarten ins Gefängnis geschrieben hatte, erfuhr ich erst lange nach der Friedlichen Revolution.

Erneut musste ich mehrfach Beschwerde einlegen, bis ich endlich, in der zweiten oder dritten Haftwoche, meinen ersten Brief schreiben durfte. Ich ging auch tatsächlich davon aus, dass meine Schreiben die Empfänger erreichen würden. Aber natürlich waren auch in diesem Bereich der Willkür Tür und Tor geöffnet. Nachdem ich nach 1989 meine umfangreichen Stasiakten zu lesen bekam, fand ich Briefe, Karten, Telegramme und Zeichnungen, die ich während meiner Haftzeit nie erhalten hatte. Erst kürzlich habe ich von der Stasiunterlagenbehörde einen Stapel Postkarten bekommen. Ihr Absender: Der 1990 verstorbene regimekritische Schriftsteller Matthias Baader-Holst, der Mitglied unserer Offenen Arbeit war und der mir jede Woche ein Gedicht schickte. Zugleich fand ich Briefe von mir, die die Haftanstalt nie verlassen hatten.

Durch den Entzug quasi sämtlicher emotionaler Grundbedürfnisse sollten die Häftlinge innerlich abstumpfen.

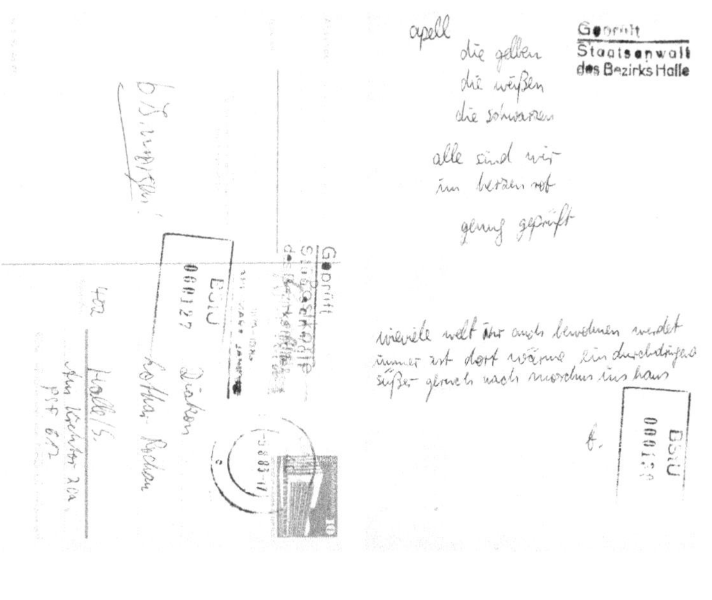

Es ist schwer, stark zu bleiben, wenn man permanent isoliert lebt, wenn einem dauernd eingeredet wird, einen sinnlosen und einsamen Kampf zu führen.
Natürlich gab es eine Hausordnung, in der die Rechte und Pflichten der Inhaftierten festgeschrieben waren. Diese Ordnung basierte auf der Strafprozessordnung der DDR. Letztlich jedoch war im Stasiknast alles dem Machtmissbrauch, der Rechtswidrigkeit und einer fast grenzenlosen Eigenmächtigkeit der Stasi untergeordnet. Ihre Erfüllungsgehilfen, die Schließer, waren ebenfalls Bedienstete der Stasi. Sie durften per Dienstanweisung nicht mit uns sprechen. Ihre Kommunikation bestand aus dem Brüllen von Kommandos: „Licht aus!" – „Raustreten!" – „Gesicht zur Wand!" – so etwa. Wir kannten ihre Namen nicht, und sie nannten uns nur bei unserer Nummer. Ich fand es schrecklich, statt einer Person mit Namen nur noch die 56/2 zu sein. Hinzu kamen die kleineren und größeren Schikanen, die sie parat hatten. Oft genug kam es vor, dass das Essen kalt oder gleich gar nicht gebracht wurde. Oder, dass der sehnlichst erwartete dreißigminütige Hofgang in den sogenannten „Freistundenzellen", jenen mit Drahtgeflecht nach oben abgedichteten winzigen Innenhöfen, die wir übrigens „Tigerzellen" nannten, einfach mal „vergessen" wurde.
All das diente letztlich dazu, uns Häftlinge psychisch zu brechen. Die innere Rechtfertigung lieferte den Wärtern übrigens Erich Mielke persönlich. Der hatte auf einer zentralen Dienstkonferenz im Jahr 1979 deutlich gemacht, wie mit Untersuchungshäftlingen umzugehen sei: Es müsse endgültig Schluss sein, mit ihnen immer nur „behutsam, behutsam und noch mal behutsam" umzugehen, „aus Angst und Furcht die Betreffenden könn-

ten sich etwas antun". Und weiter: „Die sozialistische Gesetzlichkeit strikt durchzusetzen, alle Möglichkeiten voll auszuschöpfen, das gilt erst recht in Bezug auf Feinde, die auch weiterhin wie Feinde behandelt werden."

Noch größere Macht als die Schließer, die ja lediglich untere Dienstgrade bei der Stasi bekleideten, hatten die Untersuchungsführer. Es lag einzig und allein in ihrem Ermessen, ob ich zum Beispiel einmal monatlich für eine halbe Stunde Besuch empfangen durfte, ob ich ein Buch bekomme, eine Zeitung oder auch nur ein Blatt Papier mit einem Bleistift.
Da die Häftlinge während der Stasi-U-Haft nicht arbeiten durften, verfielen nicht wenige in Lethargie oder sogar Apathie. Auch ich verbrachte inzwischen fast 24 Stunden täglich allein in einer Zwei- oder Drei-Mann-Zelle – nur manchmal wurde ein Mithäftling in meinen Raum gesteckt. Kein Wunder also, dass sich bei mir ein chronisches Gefühl der Anspannung breitmachte. Ich empfand ein ständiges Gefühl der Bedrohung.
Mit Meditation und körperlichen Übungen versuchte ich, meine innere Ruhe beizubehalten oder wiederzufinden und auch die ständig latente Angst zu vertreiben. Das gelang mal mehr und mal weniger gut. Irgendwann begriff ich, dass ich meine Angst nicht verdrängen kann, dass ich sie vielmehr annehmen muss.
Meine Verhöre fanden oft am späten Abend oder sogar in der Nacht statt. Kam ich dann erschöpft in die Zelle zurück, blieb das Licht an, sodass an Schlaf nicht zu denken war.
Tagsüber durfte ich den fehlenden Schlaf nicht nachholen – das war strengstens verboten. Regelmäßig öff-

nete sich die Essensluke in meiner Tür und ein „Läufer“ brüllte: „56/2! Schlafen Sie? Sonst können wir auch anders!“

Wenn sich die Stahltür öffnete, musste man sofort aufstehen. Die „Läufer“ waren es auch, die mich zu den Verhören abholten. Meist waren es Unteroffiziere oder Offiziere mit niedrigem Dienstgrad.

Brüllen war der normale Umgangston: „56/2, fertig machen zum Verhör! Heraustreten mit dem Gesicht zur Wand! Hände auf den Rücken!“

Dann setzten wir uns in Bewegung, der Läufer folgte mir mit einem Meter Abstand. Mehrmals rief er „Gang frei!“, um sicherzustellen, dass es keinen „Gegenverkehr“ gab. An Kreuzungen oder wichtigen Türen ordneten Rotlichtanlagen oder weiße Markierungen auf dem Boden den „Verkehr“.

Der Gang zum Verhörraum sollte schon etwas Labyrinthisches haben. Alles oblag der Geheimhaltung. Man durfte nie wissen, wer noch im „Verwahrhaus“, wie der Knast im offiziellen Jargon hieß, ist. Jeglicher Kontakt zu anderen Häftlingen wurde rigoros unterbunden.

Man hätte ja einem Bekannten begegnen können!

Bewusst wählten die Wärter immer andere Wege zum Verhörraum. Schon auf dem Weg zum Verhör fragte ich mich, welche Niederträchtigkeit sich der Vernehmer diesmal wieder ausgedacht hatte. Es konnte sein, dass er den Anruf des Staatsanwaltes oder sogar meines Rechtsanwalts fingierte. Und die Geheimpolizei scheute auch nicht davor zurück, traurige Ereignisse in der Familie oder dem Freundeskreis vorzutäuschen und zu thematisieren. Die Perfidie kannte keine Grenzen.

Schon die immer gleiche Eingangsfrage sprühte vor Zynismus: „Na, wie geht’s uns denn?“

„ROCHAU, HÖREN SIE AUF ZU MISSIONIEREN!“

Zu meinen Hauptvernehmern gehörte Joachim Groth. Er war eine große Nummer – wie groß, das erfuhr ich freilich erst nach der „Wende“. Groth war – wie alle seine Kollegen auch – hauptamtlicher Mitarbeiter des Ministeriums für Staatssicherheit und als Untersuchungsführer im berüchtigten Stasi-Untersuchungsgefängnis Berlin-Hohenschönhausen tätig. Er hatte neben vielen anderen Dissidenten auch Jürgen Fuchs, Bärbel Bohley und Rudolf Bahro verhört. Mit eitlem Stolz erzählte er mir später einmal von seiner Doktorarbeit an der Hochschule der Staatssicherheit in Potsdam. Darin habe er auch den Einsatz von Zelleninformanten beschrieben.
Mein Verhältnis zu Groth war, gelinde gesagt, eigenartig. Nach den sehr intensiven Verhören der ersten Wochen, bei denen mir verschiedene Personen gegenübersaßen, wurde er quasi mein Hauptvernehmer. Das grausame Spiel „Zuckerbrot und Peitsche“ beherrschte er perfekt. Mir war klar, dass es ihm darum ging, bei mir eine ständige innere Unruhe und Verunsicherung zu erzeugen. Er scheute auch nicht davor zurück, mit der 30-minütigen Sprech-Erlaubnis, also dem monatlichen Verwandtenbesuch, zu spielen. Das führte bei mir zu einer völlig paradoxen Reaktion, die freilich viele meiner Leidensgenossen kannten: Wenn ich nach den unendlich langen Wochenenden montags wieder zum Verhör musste, freute ich mich fast, endlich wieder mit jemandem „von draußen“ reden zu können.
Man könnte sagen, dass sich bei mir eine Variante des bekannten Stockholm-Syndroms einstellte. Darunter versteht man das Phänomen, dass Opfer von Geiselnahmen

ein positives Verhältnis zu ihrem Entführer aufbauen. Im Extremfall kann das sogar so weit führen, dass das Opfer mit dem Täter kooperiert. Erstmals beschrieben wurde es nach einem Banküberfall in Stockholm, der im August 1973 mit einer Geiselnahme einherging.
Wie gesagt, Groth war ein echter Experte auf seinem Gebiet. Das Duo „Guter Bulle, böser Bulle" stellte er in Personalunion dar. Hinzu kommt aber: Für lange Zeit war er für mich die einzige – und damit irgendwann auch die wichtigste – Verbindung nach draußen. Er hatte meinen Schlüssel für die Zukunft in der Hand.
Dabei war eines der Einfallstore, die Groth nutzte, ein denkbar banales: Ich war damals leidenschaftlicher Raucher. Also bot Groth mir während der Verhöre immer wieder Zigaretten an. Ich habe sie auf dem Boden zertreten. Das war besonders in den ersten Wochen sehr hart für mich. Denn natürlich hätte ich sie gern genommen. Die Ablehnung war ein kleiner Protest. Und sie glich einem kalten Entzug. – Mit allen körperlichen Reaktionen. Ich bekam Schweißausbrüche und war unkonzentriert und fahrig. Aber ich wollte unbedingt clean werden. Diese harte Tour war die einzige Möglichkeit, nicht von Groths Gunst abhängig zu sein. Dass ich das geschafft habe, darauf bin ich heute noch stolz. Man muss sich das vorstellen: Vor meiner Verhaftung quarzte ich bis zu 40 Karo-Zigaretten am Tag. Das war natürlich auch der Stasi bekannt, sie hatte mich ja über Jahre bespitzelt, und natürlich ein umfangreiches Psychogramm angelegt: Die Stasi kannte meine Stärken und meine Schwächen. Sie kannte meine charakterlichen Eigenschaften und wusste, welche besonders ausgeprägt ist. Sie wusste, ob ich Familienmensch bin oder Einzelgänger.
Auch, wenn ich die Zigaretten ausschlug, so nahm ich

doch den Kaffee an, den mir Groth ebenfalls anbot. Das hielt mich aber nicht davon ab, meine politischen und religiösen Gewissheiten weiter mit Vehemenz zu vertreten. Oft genug riss bei den Vernehmern der Geduldsfaden, und sie brüllten mich an: „Rochau! Hören Sie auf zu missionieren! Hier haben wir das Sagen!"

Ich will mich im Nachhinein nicht mutiger darstellen als ich war. Natürlich hatte ich Angst. Aber gleichzeitig wollte ich unter keinen Umständen klein und verzagt erscheinen. Natürlich war ich verzweifelt und hatte große Furcht vor körperlicher Folter, vor jahrelanger Haft und vor dem Vergessenwerden. Aber gleichzeitig besaß ich die unerschütterliche Gewissheit, dass meine Ansichten richtig waren.

So teilte ich meinem Vernehmer mit, die Staatsmacht könne zwar einen Einzelnen brechen – jedoch könnten die grundlegenden Erkenntnisse und Gedanken, die im Übrigen schon ganze Generationen vor mir hatten, nicht dauerhaft unterdrückt werden. Seien es die selbstzerstörerische atomare Kriegsvorbereitung, die großflächige Zerstörung der Umwelt oder die systembedingten permanenten Verletzungen der Menschenrechte: Die Verantwortlichen würden eines Tages zur Rechenschaft gezogen.

Freilich war ich auch davon überzeugt, dass meine Vernehmer die Kardinalfehler des real existierenden Sozialismus zwar kannten, aber letztlich unfähig waren, sie zu korrigieren. Eine solche Korrektur sah ihr Auftrag als „Schwert und Schild der Partei" schlicht nicht vor. (Und so bestimmten ihre menschenverachtenden Strukturen, Anordnungen und Vorschriften das Geschehen ja auch bis zum Moment des eigenen Untergangs.) Ich fand, dass die „Unterstützer" dieses Systems, ihre Bestimmung als

Menschen verfehlten und obendrein das eigene Leben entwerteten. Tatsächlich half mir diese Sichtweise dabei, meinen Hass und meine Wut etwas zu bändigen.

Oberleutnant Joachim Groth kam aus der berüchtigten Ermittlungsabteilung IX/2 in Ost-Berlin; er war gerade mal 31 Jahre alt, hatte sich aber bereits einen Namen gemacht auf dem Gebiet der „Bekämpfung der feindlich-politischen Untergrundtätigkeit". Nach Halle wurde er bestellt, weil die Stasi-Ermittler im „Roten Ochsen" mit mir offenbar nicht weiterkamen. Wie gesagt, er beherrschte die raffiniertesten Methoden zur Herbeiführung von Geständnissen und war ein eitler Schöngeist: Mal gerierte er sich als Kenner von Kunst und Literatur, mal gab er sich als Freund der progressiven Kräfte der Religionen aus. Und es machte ihm keinerlei Probleme, sich mit mir über seine „Kampfgenossen" bei der Rote Armee Fraktion (RAF) zu unterhalten, die terroristische Vereinigung, die in den 1970er Jahren zahlreiche Attentate in der Bundesrepublik verübte. „Rochau", sagte Groth zum Beispiel, „denken Sie, wir würden diese Leute fallen lassen? Wir kümmern uns um unsere Genossen. Immerhin sind die RAF-Aktivisten revolutionäres Potenzial für unsere Ziele."

Groths Ziel war, möglichst noch in der gesetzlich-formal vorgeschriebenen Zeit von drei Monaten ein einigermaßen brauchbares und also verwertbares Ermittlungsergebnis zu präsentieren. So versuchte er ständig, mich in eine „Konversationsfalle" zu locken, am Ende eines jeden Verhörtags rangen wir um jedes Wort im Vernehmungsprotokoll.

Groth hatte es eilig, denn die regionalen Evangelischen Kirchentage warfen ihre Schatten voraus. Und weil meine ausgereisten Freunde nicht untätig gewesen waren, interessierte sich inzwischen die Westpresse für die Ereignisse in Halle: Bereits schon am 23. Juni 1983 hatte die ARD-Tagesschau über meine Verhaftung berichtet. Ich bekam davon freilich nichts mit. Ich registrierte indes bei Joachim Groth im Laufe der vielständigen Vernehmungen dessen oft unruhige Hände und ein wechselhaftes Mienenspiel. Erst Jahre später erfuhr ich, dass Groth ein entfernter Neffe des Kanzleramts-Spions Günter Guillaume war.

Er war fraglos intelligent und hatte schnell Karriere gemacht. Eine gescheiterte Ehe, übermäßiger Alkoholkonsum, aber auch seine Selbstüberschätzung und Arroganz führten dann jedoch ebenso zügig zu seinem Abstieg. Im März 1985 wurde er wegen „Nichteignung für den Dienst im MfS" entlassen und musste eine von der Stasi vermittelte Tätigkeit als Mitarbeiter in der Rechtsabteilung einer Möbelfabrik annehmen. Später leitete die Stasi sogar eine Operative Personenkontrolle gegen ihn ein; 1989 wurde er überdies kurzzeitig verhaftet. Nach meiner Einschätzung blieb er zeit seines Lebens ein getriebener Mensch. Anfang der 1990er Jahre wurde ich gemeinsam mit Frank Eigenfeld in die Berliner Umweltbibliothek eingeladen. Dorthin hatte sich Groth zuvor mit der Bitte gewandt, mit mir, seinem früheren Opfer, in Kontakt zu treten. Hatte er noch 1983 mit allen Mitteln versucht, bei mir eine Persönlichkeitsänderung zu erreichen, so gab er sich nun mir gegenüber keineswegs zweifelnd oder nachdenklich, sondern agierte überheblich und stellte sich als geradezu mysteriöse Figur dar. Es war das letzte Mal, dass ich Joachim Groth gesehen habe. Schade nur, dass die Tonbandaufzeichnungen von diesem Tag spurlos verschwunden sind.

Aus einem Artikel in der „Frankfurter Allgemeinen Zeitung" vom 9. Mai 2009 erfuhr ich, dass Joachim Groth bereits im Jahr 2007 im Alter von 55 Jahren an einer Leberzirrhose gestorben war. Ich hätte gern noch mal mit ihm über die Zeit meiner Haft gesprochen. Letztlich muss ich sagen: Er war zwar mein Peiniger, aber er machte keinen Hehl aus den Dingen, die er erreichen wollte. Im Nachgang betrachtet, konnte ich damit besser umgehen, als mit dem hohen Maß an Unaufrichtigkeit, das mir später von etlichen enttarnten Stasi-Mitarbeitern entgegenschlug und die ihren eigenen Anteil am Unrechtssystem kleinzureden versuchten.

DER PROZESS

Am 5. September 1983 begann der Prozess gegen mich vor dem 1. Strafsenat des Bezirksgerichts. Zusammen mit mir saß auch Dietmar Funke auf der Anklagebank, ein ehemaliger Richter am Bezirksvertragsgericht.[7]

Auch wenn die Formalien der Strafprozessordnung in der Verhandlung peinlich genau eingehalten wurden: Natürlich war der ganze Prozess eine einzige Farce. Das Strafmaß stand bereits vor der Eröffnung fest.

Der Prozess dauerte fünf Tage – für einen politischen Pro-

7 Das Staatliche Vertragsgericht war ein staatliches Organ des Ministerrats der DDR, das über Konflikte zwischen sozialistischen Wirtschaftseinheiten entschied. Es gliederte sich in das Zentrale Vertragsgericht und die 14 Bezirksvertragsgerichte bzw. das Vertragsgericht der Hauptstadt Berlin. Formell war es kein Teil der Justiz, sondern der Wirtschaftsverwaltung, hatte aber sowohl justizielle als auch wirtschaftslenkende Funktion, https://de.wikipedia.org/wiki/Staatliches_Vertragsgericht(Stand: 18.12.2020).

zess war das außergewöhnlich lange. Eine umfangreiche Beweisaufnahme war schließlich nicht mehr nötig – es gab ja bereits die „Geständnisse“ samt Zeugenaussagen der Abteilung IX.

Die wichtigste Aufgabe der Stasi bestand jetzt darin, jedwede „Störung“ im und außerhalb des Gerichtsgebäudes am Hansering zu verhindern. Der Verhandlungssaal war zwar voll mit „Beobachtern“ – aber eine echte Öffentlichkeit war natürlich ausgeschlossen. Eine Störung wäre auch gewesen, wenn wir Angeklagte uns offensiv und aktiv in die Verhandlung eingebracht hätten, auch dies galt es, im Keim zu ersticken. Wir sollten einfach als Feinde des Sozialismus verunglimpft und vorgeführt werden.

Mir selbst ging der Prozess an die körperliche Substanz – im wahrsten Wortsinn: Ich verlor in jenen Septembertagen sage und schreibe zehn Kilogramm an Körpergewicht.

Die federführende Oberrichterin Skorubski und ihre beiden Laienrichter Katzer und Eilfeld waren nur Statisten in diesem Trauerspiel, für das die Stasi bereits das komplette Drehbuch geschrieben hatte. Ein echtes Interesse am Fall konnte ich jedenfalls nicht erkennen, dabei stand ja auch ein Berufskollege vor Gericht. So war denn auch keine Beeinflussung oder Steuerung des Gerichts durch das Ministerium für Staatssicherheit nötig. Die Organe der Justiz funktionierten im vorauseilenden Gehorsam.

Unser beider Rechtsanwalt Wolfgang Schnur trat immerhin etwas couragierter auf. Nach außen hin. Tatsächlich trieb er sein widerlichstes Spiel, hatte er doch dafür Sorge zu tragen, dass alles schön hinter den Kulissen der Öffentlichkeit blieb.

Seine ganze Heuchelei zeigte sich gleich am ersten Prozesstag. Ich wurde als Erster gegen 7.30 Uhr einem

Schwerverbrecher gleich mit Handschellen in den noch leeren Gerichtssaal geführt. Einer der zwei Bewacher nahm mir die Handschellen ab. Wenige Minuten später kam Wolfgang Schnur mit gequälter Mine in den Raum und begrüßte mich leise. Doch anstatt auch nur im Geringsten auf meine drängenden Fragen zum kurz bevorstehenden Prozess zu reagieren, sagte er: „Bruder Rochau, lass uns beten."

Es war eine völlig surreale Situation! In der Tristheit meiner Zelle hatte ich ein ums andere Mal mit meinem Gott gesprochen. Ein öffentliches Gebet vor den Wächtern war mir zuwider. Ich wollte jetzt mit meinem Anwalt die Taktik besprechen, denn dazu war es bisher noch nicht gekommen. Ich sagte das Schnur auch, dennoch sprachen wir auf sein Drängen hin ein kurzes Gebet.

Nach der Friedlichen Revolution – im März 1990 – erfuhr ich von Schnurs Doppelrolle. Im Jahr 1992 kam es zu einem persönlichen Treffen. Doch die geplante Aussprache zwischen uns scheiterte gründlich: Das Leben mit „Feindberührung" hatte bei ihm offenbar eine tiefgreifende Persönlichkeitszerstörung bewirkt. Immer noch verteidigte er den Verrat als legitimes Mittel, um etwas für Mandanten zu erreichen.

Bezeichnenderweise hatte die Stasi bereits 1980 einen Operativvorgang auch gegen ihren Meisterspion" selbst angelegt – mit dem Namen „Heuchler".

Die Hauptrolle im Prozess spielte Staatsanwalt Helmut Klotz. Mal brüllte er meinen Mitangeklagten Dietmar Funke an, mal drohte er mir mit der „vollen Härte der sozialistischen Gesetzlichkeit". Immer wieder machte er deutlich, die Schwere unserer „Straftaten" müsse im Zusammenhang mit der „Einordnung in die gesellschaftli-

chen Zusammenhänge und der daraus folgenden Klassenkampfsituation" gesehen werden.
Legitimiert wurde Klotz durch den sogenannten „demokratischen Zentralismus". Eine Gewaltenteilung war in seinem Denken nicht vorgesehen. Er propagierte das Bild des aufrechten Kommunisten, der durch seine Erziehung, Ausbildung und Berufsausübung weiß, dass die Politik stets das Primat gegenüber dem Recht besitzt. Hätte er daran gezweifelt, hätte er auch gleich den Dienst quittieren können.
Ich traf Helmut Klotz übrigens im Juli 1990 wieder. Ich hatte ihn kontaktiert und er hatte sich zu einem Doppel-Interview bereit erklärt. Ein mit mir befreundeter Journalist wollte mich und den Staatsanwalt befragen. Klotz sagte nach längerem Zögern zu, nachdem ich ihm mein Versprechen gegeben hatte, dass das auf Tonband aufgezeichnete Gespräch 20 Jahre nicht veröffentlicht würde. Ich hielt mich daran. Heute ist das 35 Minuten lange Dokument Teil der Dauerausstellung in der Gedenkstätte „Roter Ochse", jenem Teil des Gefängnisses, in dem über dessen Nutzung während der Nazi- und der DDR-Zeit informiert wird. Erst durch das Gespräch mit Klotz erfuhr ich nachträglich manche interessante Details. Fast wie Hohn klingt indes, was er über mein politisches Engagement im Jahr 1983 in Halle-Neustadt sagte, nämlich dies: „Lothar Rochau war der damaligen Zeit um sechs Jahre voraus."
Noch eine weitere Ergänzung zur Personalie Klotz: Viele Jahre nach der Friedlichen Revolution wurde mein Name anlässlich der Siegerehrung eines Lauf-Events in Dresden öffentlich genannt. Danach sprach mich ein junger Mann an. Er hieß Michael und war der Sohn von Helmut Klotz. Erst in dem Gespräch, das wir beide im Anschluss

führten, erfuhr ich, dass meine Person damals in der Familie Klotz offenbar auch privat ein Thema war. Der Sohn berichtete mir davon, dass er seinen Vater immer als sehr autoritär wahrgenommen hatte. Er hatte sich zu jener Zeit offenbar intensiv mit der Frage befasst, wie Diktaturen entstehen, oder anders formuliert: Welche Menschen anfällig dafür sind. Für ihn war die Sache klar: „Das entscheidende ist immer die Familie“, sagte er zu mir. Ich konnte ihm nur beipflichten.

Zur Eröffnung des Prozesses durften die Ehefrauen der beiden Angeklagten sowie handverlesene Kirchenvertreter kurz anwesend sein. Dann wurde die „Öffentlichkeit“ aus dem Gerichtssaal verbannt. Erst zur knappen Urteilsverkündung waren ausgewählte Personen wieder zugelassen – zur Urteilsbegründung wurden sie hingegen erneut vor die Tür geschickt. Der Paragraf 211 der Strafprozessordnung der DDR machte es jederzeit möglich, das Volk auszusperren.
Zuschauer des Prozesses waren handverlesene Vertreter der Geheimpolizei und anderer Staatsorgane. Die angehenden Vernehmungsführer erhielten auf diesem Weg kostenlose Lehrvorführungen.
In den Jahren 1977 und 1979 hatten in der DDR durch verschärfende Strafrechtsänderungsgesetze die politischen Paragrafen im 2. Kapitel des Strafgesetzbuches erheblich an Bedeutung gewonnen. Zu entscheidenden „Werkzeugen“ wurden die Paragrafen 106 „Staatsfeindliche Hetze“ und 107 „Verfassungsfeindlicher Zusammenschluss“. Es gab zwar vielerlei Proteste, doch die Nomenklatura sprach ebenso unbeirrt wie verlogen nicht mehr vom „politischen Strafrecht“, sondern vom „neuen sozialistischen Strafrecht“. Das war eine widerliche Heuchelei an-

gesichts von Tausenden von Menschen, die einzig wegen ihrer konträren politischen Meinung in den Haftanstalten der Stasi einsaßen. Mit den enormen Verschärfungen wollten Honecker und Co. ja nicht nur ihre Macht für alle Ewigkeit sichern, sondern auch noch den „Geist der Normalität" versprühen.
Das Verfahren gegen die abtrünnigen Rochau und Funke bot die Chance, zwei „Staatsfeinde" in einem „sozialistischen Prozess" vorzuführen. Das Anklagematerial umfasste mehrere Hundert Seiten – dies täuschte freilich nicht darüber hinweg, dass die gesamte Untersuchungs- und Ermittlungsarbeit des DDR-Geheimdienstes allein den Grundsätzen einer politischen Strafjustiz gefolgt war.
Vor diesem Hintergrund ist es mir ein Bedürfnis, noch einmal meine Motivation zu verdeutlichen: Mit all meinen Aktivitäten in der Offenen Arbeit hatte ich nie beansprucht, das sozialistische Gesellschaftsideal abzulehnen. Ich forderte nur eine für die gesamte Gesellschaft nutzbringende Mitgestaltung der Volksherrschaft. Eigentlich hatte ich nur einen der marxistisch-leninistischen Leitsätze erfüllt: „Arbeite mit, plane mit, regiere mit!" Meine Freunde und ich nahmen das sehr ernst.
Unsere feste Überzeugung war: Demokratie und Menschenrechte können erst dann ihre gesellschaftlichen Kräfte voll entfalten, wenn sie auch aktiv gelebt werden. Eine Gewährung von Freiheitsrechten je nach politischer Großwetterlage lehnten wir ab; dies galt gleichermaßen mit Blick auf das „Wächteramt" der Staatssicherheit – als kontrollierender Instanz für (Gesetzes-)Konformität in der DDR – wie auch für eine „Kirche im Sozialismus".
Was mich also letztlich vor Gericht gebracht hatte, war meine Geisteshaltung nach einer „Reform von innen

heraus". Die Staatsanwaltschaft musste indes beweisen, dass ich von westdeutschen und/oder ausländischen Institutionen, besser noch von Geheimdiensten gesteuert worden war. Da passte es natürlich wunderbar ins Bild, dass der ehemalige Richter am Bezirksvertragsgericht, Dietmar Funke, „wegen landesverräterischer Agententätigkeit in Verbindung mit mehrfacher landesverräterischer Nachrichtenübermittlung" und „staatsfeindlicher Hetze" gemeinsam mit mir auf der Anklagebank saß.
Ich hatte Dietmar Funke 1981 kennengelernt. Damals war er schon kurz davor, seinen Job als Richter zu verlieren. Funke war ein langjähriger Freund von Gunter Preine, der am 27. Juli 1981 wegen „staatsfeindlicher Hetze" zu zwei Jahren und sechs Monaten Haft verurteilt worden war, und er hatte, als unmittelbare Konsequenz aus dem Verfahren, nicht nur den real-existierenden Sozialismus als dogmatisch und undemokratisch abgelehnt, sondern auch für sich und seine Familie einen Antrag auf Entlassung aus der Staatsbürgerschaft der DDR gestellt. Im Mai 1983 informierte er mich über einen entsprechenden Briefentwurf an Bundeskanzler Kohl und den Staatsratsvorsitzenden Erich Honecker. Sinngemäß hatte er formuliert, die DDR beachte nicht hinreichend das durch sie in internationalen Vereinbarungen ratifizierte Recht, jedes Land, auch das eigene, zu verlassen. Um die Ernsthaftigkeit des Schreibens zu untermauern und den Druck seines Bestrebens zu erhöhen, sammelten er und andere Antragsteller 31 Unterschriften von erwachsenen Personen, sowie die Angaben von 15 minderjährigen Kindern und Jugendlichen. Damit wurden die aufgeführten Namen in der Bundesrepublik bekannt, wodurch man dort mehr Druck machen konnte. Die

Reinschriften wurden am 13. Juni 1983 in die Ständige Vertretung der Bundesrepublik nach Berlin gebracht.
Auch wenn die Ausreise für mich selbst nie eine Option gewesen war, so hatte ich seit meinem Dienstantritt im Jahr 1977 als Seelsorger immer wieder mit Antragstellern zu tun. Ein bedingungsloses Bleiben in der DDR war nicht mit meinem Verständnis vom universellen Charakter der Menschenrechte und der Einhaltung von völkerrechtlichen Verpflichtungen vereinbar.
Im Verlauf des Prozesses misslang eine Kriminalisierung und Beweiskette in Bezug auf „landesverräterische Agententätigkeit" – also konzentrierte sich das Gericht nun vorrangig auf unsere „Denkschrift zum Frieden". Dieser gemeinsam mit Dr. Frank Eigenfeld, dem mitangeklagten Dietmar Funke und dem IMB „Frank Krüger" alias Lothar Niederehe diskutierte und von mir als Teil I verfasste Entwurf wurde zum Hauptgegenstand der Anklage.
Worum ging es in dem Papier? Mit einem überschaubaren, offenen und dialogfähigen Eröffnungspapier vom September 1982 bekundeten wir unseren festen Willen, nach „Wegen und Möglichkeiten zu suchen, ein Leben ohne ständige Kriegsgefahr zu erreichen". Die Schrift sollte jeglichen Anschein einer „Konspirativität" vermeiden und als Teil der großen christlichen Friedensbewegung wirken.
Der stellvertretende Leiter der Abteilung IX, Major Stenker, hatte in einem Schreiben vom 25. April 1983 den aufwiegelnden und diskriminierenden Charakter des zehnseitigen Textes kurzerhand so beschrieben: „Mit dem Herstellen einer solchen Schrift ist objektiv der Tatbestand des §106 Abs. 1, Ziff. 2 StGB erfüllt. Auch ihre Verbreitung durch Verlesen, Übergeben, usw. ist objektiv gemäß dieser Rechtsgrundlage strafbar."

Dies war schon zu DDR-Zeiten eine unzulässige Bewertung. Nach der Friedlichen Revolution stellte der Senat für Rehabilitierungsfragen am Bezirksgericht Halle am 12. März 1991 fest: „Die strafrechtliche Ahndung dieser Handlungen dürfte bereits zum Zeitpunkt der Verurteilung (1983) mit dem Grundrecht der freien Meinungsäußerung gemäß Artikel 27 der Verfassung der DDR nicht im Einklang gestanden haben. Es besteht kein Zweifel, dass es sich im Sinne des Rehabilitationsgesetzes um die Wahrnehmung verfassungsgemäßer politischer Grundrechte handelt."

Nun hatte ich es schriftlich: Meine Verurteilung wegen „mehrfach begangener staatsfeindlicher Hetze" im September 1983 war ein rechtspolitischer Willkürakt.

Bei den Schlussplädoyers am letzten Verhandlungstag beantragte Wolfgang Schnur für Dietmar Funke maximal zwei Jahre Haft. Besonders kurios: Sein rund zweieinhalbstündiges Plädoyer nutzte er auch zu einem Dank in Richtung Gericht! Während des Prozesses, so sagte er, sei zu jeder Zeit eine vollständige Wahrnehmung seiner Rechte als Anwalt gegeben gewesen. Das habe er so noch nicht bei Gericht erlebt.

Schließlich plädierte er für mich auf Freispruch: Meine Schriften seien in keiner Weise strafrechtlich zu werten.

Zur Erinnerung: Der Mandantenverräter Schnur hatte seine Auftraggeber schon frühzeitig über die Drei-Jahres-Haftgrenze, die ich mir einmal selbst gesetzt hatte, informiert. Der von ihm beantragte Freispruch zeigte indes vor allem die enorme Bedeutung, die der Kirchenanwalt für die Stasi hatte. Die Freiheiten, die ihm die Geheimpolizei zugestand, waren auffallend groß. Zum Verständnis: Dass Schnur angesichts der Schwere der gegen mich er-

hobenen Vorwürfe überhaupt einen Freispruch fordern konnte, war ungeheuerlich und offenbarte das ganze Ausmaß seiner Möglichkeiten. Unter diesen Bedingungen einen Freispruch zu fordern, hätte für jeden normalen Anwalt ein hohes Risiko für seine Zulassung, aber auch für sein weiteres Wohlleben bedeutet.
Die Urteile gegen Dietmar Funke und mich wurden am 16. September 1983 gesprochen. Dietmar Funke wurde zu viereinhalb Jahren Freiheitsentzug verurteilt, ich selbst sollte für drei Jahre ins Gefängnis.
Wie es mit Dietmar Funke weiterging, erfuhr ich erst, als wir beide uns ein Dreivierteljahr später, Mitte 1984, in der Bundesrepublik trafen. Mit einem Urteil von viereinhalb Jahren gehörte er zu den sogenannten „Langstrafern". Als solcher wiederum wurde er sehr schnell im sogenannten Gefangenensammeltransportwagen der Deutschen Reichsbahn – dem berüchtigten „Grotewohl-Express", benannt nach dem ersten Ministerpräsidenten der DDR – ins Zuchthaus Brandenburg verlegt. Brandenburg war neben Bautzen II und Cottbus eine der gefürchteten Haftanstalten, in denen viele politische Häftlinge einsaßen. Nach rund acht Monaten wurde er nach Karl-Marx-Stadt ins sogenannte „Vogelhaus" transportiert: Es war benannt nach dem Unterhändler der DDR-Regierung für den Häftlingsfreikauf, Wolfgang Vogel. Am 18. Mai 1984 wurde Dietmar Funke freigekauft und in die Bundesrepublik Deutschland abgeschoben. Wir trafen uns noch einige Male, doch dann trennten sich unsere Wege.

Mit meiner Verurteilung hatte der Staat eine Personifizierung des Konflikts erreicht. Das Problem bestand einzig und allein aus meiner Person, ich war der Abtrünnige, der Staatsfeind. Schluss, aus, Ende.

Ich selbst erklärte noch im Gerichtssaal, mein friedlicher Protest habe rein gar nichts mit „Staatsfeindlicher Hetze" zu tun. Im Gegenteil: Letztlich diene er sogar der Glaubwürdigkeit des real-existierenden Sozialismus.

Ermutigt durch den Antrag auf Freispruch erklärte ich, dieses „rechtspolitische Urteil" durch das Oberste Gericht der DDR überprüfen lassen zu wollen. Ich wehrte mich entschieden dagegen, als „Konterrevolutionär" und „Staatsfeind" bezeichnet zu werden, und ich wehrte mich gegen die Behauptung, ich unterstütze „die subversiven Machenschaften der Feinde des Sozialismus" und protestierte in meinem Schlusswort dagegen.

So hatte ich einen letzten Funken Hoffnung und wartete auf die Entscheidung des höchsten Gerichts der DDR. Sechs weitere quälende Wochen verbrachte ich in meiner Zelle – dann kam die endgültige Entscheidung aus Berlin. Sie kam, passenderweise, am 31. Oktober 1983, dem Reformationstag.

Meine hässliche Stahltür mit der Nummer 56 ging auf und der „Läufer" kommandierte: „56/2! Fertigmachen!"

Herausgerissen aus meinem Kreislauf ständig wiederkehrender Gedanken, nahm ich die Jacke und stellte mich auf Befehl mit dem Gesicht zur Wand. Dieses „Ritual" kannte ich ja nun aus meinen vielen Vernehmungen zur Genüge.

Der „Läufer" brachte mich durch ein Labyrinth von Gängen ins Vernehmerzimmer 33. Dort erwartete mich bereits ein Offizier der Staatssicherheit. Er saß rauchend hinter einem Schreibtisch und tat so, als nehme er mich nicht wahr. Nach einigen Augenblicken schaute er nach oben und bot mir einen Stuhl an. Erneutes Schweigen. Dann holte er unter einem Stapel von Papieren und Gesetzbüchern ein Schreiben hervor.

„Lesen Sie“, sagte er in gelangweiltem Ton und schob das Papier zu mir herüber. Mit gemischten Gefühlen nahm ich das Schreiben entgegen und begann zu lesen. Viel stand da nicht:
Betr.: Berufung gemäß 291 der StPO der DDR
Nach einstimmiger Auffassung des Obersten Gerichts der DDR teile ich Ihnen mit, dass Ihre Berufung als offensichtlich unbegründet verworfen worden ist.
„Das ist die Entscheidung“, sagte der Vernehmer, und ich glaube bis heute, in seinem Ton etwas Entschuldigendes gehört zu haben.
Ich spürte, wie mir nach all den Wochen des Hoffens und Bangens die Knie weich wurden. Gleichzeitig stieg eine ohnmächtige Wut in mir auf: „Volk“, „Staat“, „Recht“ – die Machthaber benutzten diese Worte mit der größten Selbstverständlichkeit, doch sie benutzten sie, um Unrecht zu sprechen. Nicht die Wahrheit, nicht die Vernunft, sondern allein das selbst verliehene „Wahrheits- und Machtmonopol“ einer stalinistischen Staatspartei hatte sich durchgesetzt, wieder mal.

Wenige Stunden später, am frühen Nachmittag, erhielt ich Besuch von meinem IMB-Anwalt Wolfgang Schnur. Damals hatte ich mich noch darüber gewundert, dass er es zuvor offenbar nicht für nötig erachtet hatte, mit mir über die weiteren Schritte zu sprechen.
Fast wütend warf er mir die am 26. September 1983 erschienene Ausgabe Nr. 39/1983 des Magazins „Der Spiegel“ auf den Tisch. Auf den Seiten 44 und 45 fand ich einen Bericht – über mich! Die Überschrift lautete „Nackt durchs Dorf“, die Unterzeile: „Mit der Verurteilung eines bei der Friedensarbeit engagierten Jugenddiakons in Halle wollten die DDR-Behörden ein Exempel statuieren.“

Im Text findet sich dann zwar gleich im ersten Satz ein Fehler, weil „Der Spiegel“ vom sächsischen Halle spricht (Halle lag nie in Sachsen), es folgt dann aber ein recht detaillierter Bericht darüber, warum ich der Obrigkeit ein Dorn im Auge war. Der Text erzählt von unserer Fahrradtour nach Buna und anderen Aktivitäten. Über den Prozess gegen mich hieß es im „Spiegel“:

Schließlich wurde Rochau auch die Freundschaft mit dem 32 Jahre alten Hallenser Juristen Dietmar Funke zum Verhängnis, der sich an einer Unterschriftensammlung für einen Bittbrief an SED-Chef Erich Honecker und Bundeskanzler Helmut Kohl beteiligt hatte: 33 Ausreisewillige forderten darin, unter Berufung auf die KSZE-Schlußakte von Helsinki und die Menschenrechte, ihre Anträge müßten beschleunigt behandelt werden – Funke sitzt seit Mitte Juni ebenfalls im Gefängnis.

Aus alldem konstruierte die Justiz eine Anklage wegen staatsfeindlicher Hetze und ungesetzlicher Verbindungsaufnahme in den Westen. Der Diakon, so die dünne Beweisführung, habe die Adresse einer westlichen Zeitung weitergegeben und zwei kritische Schriften über Staat und Militär verbreitet – an insgesamt vier DDR-Bürger.

Die Behörden hatten sich den Protestanten zu einem günstigen Zeitpunkt geschnappt. Er stand nicht mehr unter dem Schutz der Kirche – die hatte Rochau gefeuert.

Natürlich erkannte „Der Spiegel“ das eigentliche Zeichen, das mit meiner Verurteilung gesetzt werden sollte: Mit derart harten Urteilen sollte deutlich gemacht werden, dass die staatliche Milde anlässlich des Lutherjahres nicht ewig währt.

Der „Spiegel“-Artikel endet wie folgt:

Die Kirche hielt sich bisher mit Kritik an dem harten Vorgehen zurück, Rochau hat Berufung eingelegt. Synodale des ,Bundes der Evangelischen Kirchen in der DDR' argumentierten vorige Woche in Potsdam, man greife nicht in ein schwebendes Verfahren ein.

Sie haben Grund zur Vorsicht. Zwar hat der Staat den Protestanten dieses Jahr Leine gelassen. Nun aber, so fürchten sie, soll mit dem Rochau-Urteil ein Zeichen gesetzt werden: daß es mit dem Ende des Luther-Jahres auch aus ist mit der Nachsicht der SED.

Der Verdacht scheint begründet. Vor drei Wochen forderte Ex-Kanzler Helmut Schmidt bei seiner DDR-Visite von Erich Honecker mehr Toleranz gegenüber der Friedensbewegung und sprach den Fall Rochau an. Doch der SED-Chef beschied den Besucher kühl: Da sei nichts zu machen, der Diakon habe schließlich gegen Gesetze verstoßen.

Ich staunte – sogar der ehemalige Bundeskanzler Helmut Schmidt kannte meinen Fall?

Wolfgang Schnur machte mir indes erzürnt und gereizt Vorwürfe, meine Freunde in Westberlin – allen voran die dorthin emigrierten Jenaer Bürgerrechtler Peter Rösch, genannt „Blase", und Roland Jahn – hätten mir mit dieser Veröffentlichung einen schlechten Dienst erwiesen. Selbst nach der Verbüßung der dreijährigen Haftstrafe gebe es nun auch nicht mehr die geringste Chance, in der DDR zu bleiben. In dieser Einschätzung stimme er im Übrigen mit der Kirchenleitung überein. Dann fügte er scheinheilig hinzu, er selbst würde lieber heute als morgen die DDR verlassen – doch er werde noch unabdingbar gebraucht.

Doch ich wollte bleiben. Dafür gab es im Wesentlichen zwei Gründe: Zum einen hatten mich der liebe Gott und meine Mutter mit einem robusten Naturell ausgestattet. Ich empfand das immer als Gabe und als Verpflichtung zugleich. Ich musste diese innere Ausstattung einfach nutzen, um in der DDR für Änderungen zu kämpfen, denn mir war auch klar, dass nicht jeder Mensch über ein solch widerständiges Potenzial verfügte. Der zweite Grund: Ich war extrem gut vernetzt und sah – vermutlich im Gegensatz zu vielen anderen DDR-Bürgern – bereits zu Beginn der 1980er Jahre, in wie vielen Orten es Gleichgesinnte gab. Menschen, die aus den unterschiedlichsten Motiven heraus eine andere DDR gestalten wollten. Vor diesem Hintergrund witterte ich die Gestaltungsmöglichkeiten. Eine Ausreise wäre deshalb der Weg des geringsten Widerstandes gewesen. Ich hätte es (und habe es dann auch) wie eine Niederlage empfunden.

„GEH ENDLICH IN DEN WESTEN"

Wie ich später erfuhr, wurden auch beim Wittenberger Kirchentag Unterschriften für meine Freilassung gesammelt. In der Bundesrepublik waren es hingegen vor allem Mitglieder der GRÜNEN, die sich stark für mich eingesetzt haben. Das kam nicht von ungefähr in einer Phase der atomaren Hochrüstung, in der sich zwei politische Systeme unversöhnlich gegenüberstanden. Tatsächlich unterstützten die GRÜNEN die unabhängige Friedensbewegung im Osten Deutschlands immer wieder mit fantasievollen Aktionen, allen voran die mutige Petra Kelly und ihr Lebenspartner, der Ex-Bundeswehrgeneralmajor Gert Bastian. Auch in Lukas Beckmann, Otto Schily und andere Gründungsmitglieder der jungen Umweltpartei im Deutschen Bundestag setzten wir große Hoffnungen. Überhaupt, die GRÜNEN: Aus heutiger Sicht ist es ja kaum noch vorstellbar, wie sehr diese Partei einst die westdeutsche Parteienlandschaft aufmischte

und was für eine Sensation es war, als sie bei der Bundestagswahl 1983 mit 5,6 Prozent der Stimmen erstmals in den Bundestag einzogen. Gerade die erste Generation der GRÜNEN stellte gegenüber dem DDR-Regime (und auch anderen Diktaturen) nicht die Diplomatie in den Vordergrund ihres Handelns, sondern öffentlichkeitswirksame Aktionen. So hatten sie schon am 12. Mai 1983 auf dem Alexanderplatz in Berlin ein Transparent mit dem Schriftzug „Die GRÜNEN – Schwerter zu Pflugscharen" entrollt.
Nun zeigten sie vor der Weltöffentlichkeit ihre Solidarität mit unserer unabhängigen Friedensbewegung. Am 31. Oktober 1983 war eine Abordnung zu Gast bei Erich Honecker: Petra Kelly trug – für alle anderen und damit auch für die Kameras der Medienvertreter sichtbar – einen Pullover mit der Aufschrift „Schwerter zu Pflugscharen" und fragte Honecker mutig, warum er in der DDR Aktionen verbiete, die er im Westen unterstützt. Sodann forderten sie den mächtigsten Mann der DDR auf, die sofortige Freilassung aller inhaftierten Friedensbewegten in der DDR zu veranlassen und schenkte ihm vor laufenden Kameras ein T-Shirt mit der Losung der unabhängigen Friedensbewegung. Die Folge war ein monatelanges Einreiseverbot für Petra Kelly – aber auch die Freilassung von Katrin Eigenfeld.

Katrin Eigenfeld war am 31. August 1983 verhaftet worden. Für unsere Offene Arbeit in Halle war sie unentbehrlich, und so riss ihre Verhaftung auch eine riesige Lücke in die Gruppe „Frauen für den Frieden" des Kirchenkreises Halle. Nun saßen wir im selben Knast – getrennt nur durch ein Stockwerk.
Katrin Eigenfeld wurde schon einen Tag nach dem Zu-

sammentreffen von Petra Kelly und Erich Honecker entlassen. Zuvor hatten sich schon viele andere solidarisch mit ihr erklärt: der Berliner Altbischof Kurt Scharf beispielsweise und der Kirchenpräsident Martin Niemöller (der mit ihrem Großvater Pfarrer Gabriel bei den Nazis im KZ saß). Aber ich glaube schon, dass es vor allem die GRÜNEN waren, die einen entscheidenden Anteil an der Freilassung hatten. Beim Treffen mit Petra Kelly hatte Erich Honecker gönnerhaft davon gesprochen, Katrin Eigenfeld werde so bald wie möglich freikommen. Katrin Eigenfeld erzählte später einmal, Honecker soll nach einer Schilderung von Petra Kelly auf die Bitte der Freilassung mit einer gnädigen Handbewegung reagiert und gesagt haben: „Die können Sie haben." Tatsächlich wurde sie am nächsten Tag entlassen.

Ich fragte mich derweil, wie es weitergehen sollte. Drei Jahre Knast? Und dann? Am 10. November 1983 wurde meine Frau 30 Jahre alt. Natürlich konnte ich nicht mit ihr feiern, ihr nicht einmal gratulieren, und so saß ich in meiner Zelle und fühlte mich noch elender als sonst. Immerhin durfte ich einen Brief an sie schreiben, der allerdings – wie ich später erfuhr – nie bei ihr angekommen ist. Jedoch: Allein die Möglichkeit des Schreibens war für mich damals eine Art Seelenhygiene, eine innere Form der Reinigung und auch der Verarbeitung.

Mein „Anwalt" Wolfgang Schnur agitierte mich unterdessen weiter und erhöhte den Druck: „Denk bei deinen Entscheidungen immer daran, dass deine Kirche bisher nichts für dich getan hat und auch in Zukunft nichts tun wird", sagte Wolfgang Schnur. Und er machte mir zu allem Überfluss auch noch ein schlechtes Gewissen: „Geh

endlich in den Westen, damit nicht noch mehr inhaftiert werden."
Ich fühlte mich erbärmlich und fragte mich auch, ob ich überhaupt drei Jahre Knast in der DDR durchstehen kann, ohne dauerhaft physische und psychische Schäden zu erleiden?
Das war alles andere als eine übertriebene Sorge. In vielen persönlichen Begegnungen mit einstigen Leidensgenossen habe ich erfahren, wie der DDR-Knast vom ersten Tag an tiefgreifend einschneidet in das Leben des politischen Häftlings – aber auch in das Leben seiner Familienmitglieder. Viele von ihnen leiden immer noch unter dieser bleiernen Zeit und werden es wohl ihr Leben lang tun. Besonders bitter: Viele Opfer müssen nicht nur die körperlichen und seelischen Traumata ertragen, sondern sind parallel dazu in vielen Fällen auch noch dazu verdammt, in einer desolaten wirtschaftlichen Situation leben zu müssen – oft im Gegensatz zu ihren Peinigern.
Am 10. November gestand ich meine „Niederlage" ein – auch aus Verantwortung gegenüber meiner Familie und meinen Freunden. Eingedenk der Tatsache, dass es hinter Gefängnismauern keine freien Entscheidungen gibt, stellte ich im „Vogelhaus" in Karl-Marx-Stadt einen Antrag auf Entlassung aus der Staatsbürgerschaft der DDR.
War ich danach erleichtert? Keineswegs! Vielmehr war ich von mir selbst enttäuscht – tiefe Traurigkeit machte sich in mir breit. Verdammt noch mal, die DDR war doch trotz alledem mein Land und meine Heimat!

„Der verratene Verräter", so hat der bereits erwähnte Alexander Kobylinski seine 2015 erschienene Biografie über Wolfgang Schnur genannt. Darin erwähnt er auch Schnurs Verhalten in meinem Fall. Von Manfred Stolpe, dem damaligen Konsistorialpräsidenten, hat Schnur 20.000 Mark erhalten: für Reisekosten und die Zusage einer Prüfung zur Einfuhr eines Mercedes für seine Verdienste. Noch wichtiger war aber für mich die Erkenntnis, dass Kirche und Staat froh waren, dass der Fall Rochau so „besonnen“ gelöst werden konnte. Wolfgang Schnur hatte sein Meisterstück geliefert.

IM GROTEWOHL-EXPRESS

Alles Weitere ging sehr schnell. Ich wurde zunächst von Halle nach Cottbus verlegt. Denn nun war ich kein Untersuchungshäftling mehr, sondern ein verurteilter Straftäter. Und obwohl es in der DDR nach offizieller Lesart keine politischen Straftaten gab, wurden die politisch Abgeurteilten vorrangig auf die drei in der DDR damals bestehenden Zuchthäuser in Bautzen, Brandenburg und Cottbus verteilt. Soweit ich mich erinnern kann, wurden wir Verurteilten in Handschellen auf einen abgeriegelten Bahnsteig auf dem Hauptbahnhof in Halle gebracht. Dort wurden wir recht unsanft in den sogenannten „Grotewohl-Express“ verladen, den speziellen Zug für Gefangenentransporte.

Dieser Zug, gebaut im Volkseigenen Betrieb Waggonbau Görlitz, war nach dem früheren DDR-Ministerpräsidenten Otto Grotewohl, in dessen Zuständigkeit unter anderem der Umgang mit Häftlingen fiel, benannt. Es ist für mich unvorstellbar, dass offenbar Ingenieure über die baulichen und technischen Details getüftelt hatten, wie man Menschen in einem solchen Zug am effektivsten zusammenpferchen kann. In den engen Kabinen saßen auf einer Fläche von einem mal anderthalb Meter Länge immer fünf Häftlinge zusammen. Zwei links, sie aneinander gefesselt, ihnen gegenüber noch mal zwei, und einer quer in der Mitte auf einem Klappsitz. Es war zwar ein kleines Milchglasfenster vorhanden, das jedoch nicht geöffnet werden durfte, sodass die Luft innerhalb kürzester Zeit stickig und knapp wurde. Schrecklich! Das Schlimmste war der Toilettengang, um den der Häftling immer wieder betteln musste und bei dem er natürlich vom Wachpersonal begleitet wurde. Besonders perfide war die Tatsache, dass man nicht wusste, wie lange die Fahrt im Grotewohl-Express dauern würde und wo sie hingeht. Denn es handelte sich um einen Sammeltransport. Der Zug fuhr also kreuz und quer durch die DDR, um überall Gefangene aufzunehmen und an andere Gefängnisstandorte zu bringen. Das Prozedere diente auch der Destabilisierung und Desorientierung der Häftlinge. Auch kurze Strecken, die normalerweise eine Stunde dauerten, konnten mit diesem Zug auf zwei Wochen ausgedehnt werden. Deshalb stand er oft einfach für lange Zeit auf Abstellgleisen herum, und wir wussten nicht, wann es weitergeht. Zudem: Die Häftlinge mussten in einem rotierenden System ständig die Kabine wechseln, sodass man es ständig mit anderen Leidensgenossen zu tun bekam. – Man sollte sich einfach nicht so gut kennenlernen. Meine „Reise“ in diesem menschenverachtenden Gefährt dauerte etwa zwei bis drei Tage, in denen wir Häftlinge Tag und Nacht gefesselt auf diesen Klappsitzen transportiert wurden.

Unser Ziel war das Zuchthaus Cottbus. Endlich angekommen, ging es zunächst zur Aufnahmestation. Dort befand sich das Revier eines berühmt-berüchtigten Wärters. Sein Name war Hubert Schulze. Intern (und natürlich nur,

wenn er es nicht mitbekam) wurde er RT genannt: Diese beiden Buchstaben standen für „Roter Terror". Der Name war Programm, RT war berüchtigt für seine Brutalität.
Das Urteil erging 1997. Das Landgericht Cottbus verurteilte ihn wegen vorsätzlicher Körperverletzung in 26 Fällen zu einer Haftstrafe von zwei Jahren und acht Monaten. Er bestritt die Vorwürfe bis zuletzt. 88 Zeugen wurden in dem Prozess gehört, bereits zu DDR-Zeiten wurde Schulze von vielen ehemaligen Häftlingen nach ihrer Ausreise in die Bundesrepublik schwer belastet, sodass ein Teil seiner Taten auch in der Zentralen Erfassungsstelle in Salzgitter bereits aktenkundig waren. Schulze machte seinem Spitznamen jedenfalls alle „Ehre". Er war bekannt dafür, dass er nach Situationen, in denen er Häftlinge quälen konnte, regelrecht suchte. Er schlug Gesichter blutig, stieß Gefangene die Treppe hinunter, ließ sie stundenlang in eiskalten Wasserbecken sitzen, trat ihnen mit Militärstiefeln in den Unterleib – um nur einige Grausamkeiten aus seinem Repertoire zu nennen.
RT sollte den neu angekommenen „Frischlingen" von der ersten Minute an klarmachen, wie die sozialistische Staatsmacht hier tickt und wie sie mit ihren Feinden umgeht.
Hubert Schulze war ein großer kräftiger Mann, vor dem mich mehrere politische Häftlinge frühzeitig gewarnt hatten: „Lass dich nie auf eine Situation ein, in der du länger mit ihm allein bist."
Doch schon bereits am zweiten Tag im Zuchthaus Cottbus kam ich in solch eine prekäre Situation.
Es geschah vor der ersten ärztlichen Routineuntersuchung: Nachdem ich auf eine Frage seinerseits, nicht mit „Jawohl, Herr ..." geantwortet, sondern einfach nur „okay" gesagt hatte, bekam er einen regelrechten Tob-

suchtsanfall. Er brüllte mich an und versuchte, mich in einen dunklen Gang zu stoßen. In meiner Angst schrie ich reflexhaft ebenso laut zurück: Ob er noch wisse, was er tue, und dass er es bereuen werde!

Wider Erwarten ließ er tatsächlich von mir ab, und fortan gingen wir uns aus dem Weg. Später hörte ich, dass er mehrere Gefangene krankenhausreif geprügelt hat. Und als einer der ganz wenigen „Erzieher" – das war tatsächlich die offizielle Berufsbezeichnung für die Schließer in den Gefängnissen – wurde er nach 1989 für seine Taten verurteilt.

Ich verbrachte fast zwei Wochen in der Aufnahmestation und lernte in dieser Zeit viele Häftlinge kennen. Dies lag auch daran, dass die anderen den Kontakt zu mir suchten – es hatte sich herumgesprochen, dass ein „Priester" einsaß. Es entstanden surreale Situationen, wenn ich in dieser unwirtlichen Umgebung mit meinen Leidensgenossen über die guten Nachrichten aus dem Neuen Testament sprach. Einige baten mich, ihnen die Bibel zu erklären. Wie gesagt, es waren denkwürdige Stunden in einer völlig überfüllten Zelle.

Die Gefängnisleitung schaute sich diese Entwicklung freilich nicht lange an – und so ging meine Reise bald weiter, diesmal nach Karl-Marx-Stadt, ins „Vogelhaus". Ich war an meiner letzten Station im Osten Deutschlands angekommen.

Die Menschen, die hier auf dem Kaßberg einsaßen, wurden gegen harte Devisen in den Westen verkauft. So gesehen war das „Vogelhaus" auch eine Art Sehnsuchtsort der politischen Gefangenen. Fast jeder politische Häftling wollte dorthin verlegt werden. Auf dem Kaßberg neigte sich der Leidensweg so vieler politischer Häftlinge endlich dem Ende zu.

Kurz vor der Ausreise gab es dann aber noch durch den „Unterhändler für humanitäre Fragen“, eben jenen Wolfgang Vogel oder einen seiner Beauftragten, die entsprechende „letzte Schulung“ für den Weg in die Freiheit.
Ich erhielt einen Tag nach meiner Ankunft Besuch von Vogel. Er kam sehr früh, gegen 4.30 Uhr, und teilte mir mit, dass ich auf einen Transport in die Bundesrepublik Deutschland gehe.
Ich unterschrieb unter Protest eine Erklärung und packte die wenigen Habseligkeiten ein.

AUSREISE

Ich verließ mein Land am 1. Dezember 1983 in aller Frühe. Mit Sommersachen bekleidet saß ich als einer der Ersten in dem noch kalten Bus. Nach und nach füllte sich das Fahrzeug, aber es herrschte Totenstille. Viele hatten riesige Angst, so kurz vor dem Ziel wieder aus dem Bus rausgeholt zu werden. Eine solche Perfidie war der Stasi locker zuzutrauen. (Und dass die Macht der Geheimpolizei über die „Politischen“ nicht an der innerdeutschen Grenze endete, sollte sich viele Jahre später noch herausstellen.)
Gegen 16 Uhr erreichten wir Eisenach, genauer: den Stadtteil Wartha. Dort nahm der Bus aber nicht die Route über den offiziellen Transitweg, sondern fuhr hinter den Abfertigungshallen vorbei. Es sollte schließlich nicht jeder mitbekommen, welche „Geschäfte“ die beiden deutschen Staaten da abwickelten.
Irgendwann hielt der Bus, einige Personen stiegen aus, einige andere stiegen ein. Ich überlegte, dass es eigentlich nur die Mitarbeiter der Stasi gewesen sein konnten,

die den Bus verlassen hatten, und dass es irgendwelche westdeutschen Beamten sein mussten, die uns nun begleiteten.
Der Bus fuhr an, aber immer noch herrschte beklemmendes Schweigen.
Dann, etwa eine Viertelstunde später, drehte sich einer der Männer um und sagte: „Meine Damen und Herren, ich darf Sie recht herzlich im Namen des Bundesministeriums für innerdeutsche Beziehungen auf dem Territorium der Bundesrepublik Deutschland begrüßen. Sie sind jetzt frei."
Im selben Moment brach es aus den Passagieren heraus. Es gab Schreie des Glücks und Jubelrufe. Tränen flossen. Die Menschen lagen sich in den Armen.
Nur ich saß ganz still in meiner Ecke und kam mir elendiger denn je vor. Ich fühlte mich verraten und verkauft (und beides stimmte ja in der Tat wortwörtlich).
Stumm sah ich aus dem Fenster und die Wintersonne blutrot untergehen. Das Bild hat sich tief bei mir eingebrannt.
Ich fühlte mich wie ein Verlierer. Die freundliche Ansprache der bundesdeutschen Beamten prallte an mir ab. Denn zum damaligen Zeitpunkt glaubte ich noch an die Reformierbarkeit der DDR. Im Nachhinein betrachtet muss ich freilich ergänzen: Hätte ich damals gewusst, wie schlimm und wie weit das Überwachungs- und Spitzelwesen griff und auch wie weit dieser Staat moralisch verrottet war, hätte ich sicher anders gedacht.

Jeder Passagier erhielt einen Beutel, darin waren Brötchen, Apfelsinen – und vor allem Zigaretten der Marke „Marlboro".
Das Ziel unserer Fahrt war Gießen, dort befand sich das

zentrale Aufnahmelager. In Gießen wurden uns Zimmer zugewiesen. Es waren sehr angenehme Vier-Bett-Zimmer in gehobenem Jugendherbergsstil. Für mich war es natürlich ein Paradies gegenüber dem, was ich noch vor Kurzem erlebt hatte.
Zum Abendessen gab es frisches Brot, Butter, verschiedene Sorten Wurst und Käse, außerdem – na klar – Bananen, Apfelsinen. Dann machten sich die Strapazen der vergangenen Wochen und Monate bemerkbar. Ich brach förmlich zusammen. Ich wollte nur noch schlafen.

Am nächsten Tag wurde ich nach dem Frühstück zu einem Arzt gebracht. Es war auch bitter nötig. Im Knast waren mir drei schmerzende Zähne kurzerhand gezogen worden, außerdem plagten mich seit längerer Zeit Magengeschwüre.
Meine Hoffnung, in Bälde wieder einigermaßen beschwerdefrei leben zu können, erfüllte sich leider nicht. Ich kämpfte noch einige Jahre mit den Folgen der Haft. Ich hatte permanente Magenprobleme, die sich erst ganz langsam besserten. Außerdem konnte ich keine Nacht durchschlafen. Stattdessen schreckte ich hoch und dachte an den Knast oder an Freunde und Weggefährten von damals, und wie übel man ihnen mitgespielt hatte. – Ich denke, ich hatte das, was man eine posttraumatische Belastungsstörung nennt. Das alles besserte sich erst gegen Ende des Jahrtausends. Ich bin froh, dass ich aus meinen Erlebnissen nicht als Wrack hervorgegangen bin. Meine Therapie war eigentlich immer: Darüber reden!
Zurück zu meinen ersten Schritten im Westen: Nachmittags ging es dann weiter – und womit? Mit Verhören! Diesmal waren es Mitarbeiter der westdeutschen Geheimdienste, die mit mir sprechen wollten. Vertreter

des Militärischen Abschirmdienstes (MAD), des Bundesnachrichtendienstes (BND) und auch des Verfassungsschutzes verhörten mich. Auch US-Amerikaner waren bei den Befragungen anwesend. Ich kann nicht verhehlen, dass mir das doch recht merkwürdig vorkam. Ehrlicherweise hatte ich gedacht, wenigstens ein paar Tage Ruhe zu haben.
Ich hielt bei den Gesprächen mit meiner Meinung nicht hinterm Berg, vertrat meine Vorstellungen von einer demokratischen und ökologisch-sozialen Gesellschaft mit deutlichen Worten und sparte dabei auch nicht mit Kritik an der westlichen Konsumgesellschaft. Wieso auch hätte ich gerade jetzt damit aufhören sollen, meine Anschauungen offen zu vertreten?

Nach 1990 erfuhr ich übrigens, dass die Stasi noch am 5. Februar 1988 (!) eine „Operative Personenkontrolle", die OPK „Aktion", über den BRD-Bürger Lothar Rochau angelegt hatte. Zuvor war ich über den Operativen Vorgang „Prävention" bis 1985 in der Bundesrepublik beschattet worden. Verrückt: Die DDR bespitzelte mich tatsächlich weiter und beobachtete mich, als ich mir in Darmstadt ein neues Leben aufbaute. Andererseits – was hatte ich erwartet? Mein Hauptvernehmer Joachim Groth hatte doch noch bei einem der letzten Verhöre gedroht: „Rochau, sei vorsichtig. Unser Arm reicht sehr weit …"

NEUANFANG IN DARMSTADT

Ich hatte im Westen Deutschlands keinen Rosengarten erwartet, und so bemühte ich mich, das Aufnahmelager

in Gießen so schnell wie möglich wieder zu verlassen. Ich wollte eine Arbeit aufnehmen, die Familienzusammenführung vorantreiben – und ich gedachte außerdem, mich weiter politisch zu engagieren.
Schon nach drei Tagen hatte ich alle Formalitäten erledigt. Stark unterstützt hat mich dabei ein langjähriger Brieffreund, der im hessischen Darmstadt lebte, rund 30 Kilometer südlich von Frankfurt am Main. Aus der Presse hatte er von meiner Abschiebung erfahren und mich prompt aus dem Lager abgeholt.
Dieser Brieffreund hieß Friedrich Arnold, er war selbst Diakon und leitete in der Residenz- und Jugendstilstadt ein großes Altenwohnheim.
Dort kam ich im Winter 1984 einstweilig unter – und durfte sogleich erste Erfahrungen mit der Bürokratie im Rechtsstaat sammeln. So war ich in der ersten Zeit vollauf damit beschäftigt, die Herausforderungen der Eingliederung von Deutschland-Ost nach Deutschland-West als ehemaliger politischer Häftling zu meistern. Wie heißt es so schön im Volksmund: Von der Wiege bis zur Bahre – Formulare.

Tatsächlich dauerte es dann aber nur rund drei Monate, bis meine Frau mit unserem inzwischen sieben Jahre alten Sohn ebenfalls in Darmstadt eintrafen. Mithilfe einer Kirchengemeinde fanden wir am Rand von Darmstadt eine Übergangswohnung. Keine Frage, dass ich sehr glücklich war, endlich wieder mit meiner kleinen Familie vereint zu sein. Ich bewundere meine Frau bis heute für ihre Tapferkeit und Standfestigkeit, mit der sie all die Schikanen, Gemeinheiten und Erniedrigungen ertragen hatte, mit denen sie durch die Staatsorgane der DDR während meiner Haft gepiesackt wurde. Monatelang war sie von der Stasi beschattet worden. Außerdem hatte man ihr nahegelegt, sich von mir scheiden zu lassen. Und: Die Stasi hatte ihr ganz gezielt ein Verhältnis mit einem meiner Freunde angedichtet. All das musste sie allein ertragen.

Und natürlich war auch Tobias von Anfang an ein Leidtragender. Als er im Februar 1984 mit meiner Frau in Darmstadt ankam, spürte er instinktiv, dass auch ich noch nicht richtig im Westen angekommen war und gewissermaßen wie in einer Zwischenstation lebte. Außerdem war er mir auch ein wenig fremd geworden, schließlich hatte ich ihn mehr als ein halbes Jahr nicht mehr gesehen. Er hatte sich optisch verändert und war viel selbstständiger geworden. In Halle war er im September 1983, kurz vor der Ausreise, noch in die 1. Klasse gekommen. Wir haben ihn dann in Darmstadt 1984 einfach noch einmal neu eingeschult. Es hat längere Zeit gedauert bis er endlich Freunde gefunden hat. Bis heute ist diese verdichtete Zeit Gesprächsgegenstand auf unseren langen Spaziergängen, bei denen uns auch seine Hündin begleitet.

Karin, meine Frau, fasste hingegen ziemlich schnell Fuß. Für sie war es eine große Erleichterung, endlich im Westen zu sein. Außerdem bin ich der festen Überzeugung, dass Frauen grundsätzlich die Fähigkeit haben, sich schneller auf neue Gegebenheiten einzustellen. Jedenfalls fand Karin relativ schnell eine Arbeit als Pflegerin in einem Wohnheim für Behinderte. Parallel dazu begann sie wenig später eine Ausbildung.

Das kleine Familienglück war freilich nur eine Facette meines Gefühlslebens. Zugleich empfand ich jenes kalte Winterhalbjahr 1983/84 auch als bleierne Zeit. Ich fühlte mich abgeschnitten von meinen Wurzeln, fühlte mich

der Hoffnung auf eine Friedliche Revolution beraubt – kurzum: Ich kämpfte mit mir und meinem Gott um den Sinn meines Daseins.
Auch meine beruflichen Aussichten waren alles andere als rosig. Spätestens seit Anfang der 1980er Jahre gehörte die Arbeitslosigkeit in der Bundesrepublik zu den ganz großen sozialen Problemen (und bis zum Jahr 2005 sollte die Arbeitslosenzahl bis auf fast fünf Millionen Menschen kontinuierlich anwachsen).
So begab ich mich gleich nach meiner Ankunft in Darmstadt zum dortigen Sitz der Kirchenleitung, der Landeskirche in Hessen und Nassau. Ich war optimistisch und hegte die Hoffnung, dass die Partnerkirche den verlorenen Sohn wieder aufnimmt. Genährt worden waren meine Hoffnungen auch von meinem „Anwalt": Wolfgang Schnur hatte mir bei unserem letzten Treffen im Stasigefängnis die Zusage gegeben, meine provinzsächsische Landeskirche habe sich mit der Partnerkirche in Hessen-Nassau darüber verständigt, dass ich zeitnah eine Anstellung erhalten werde.
Womit ich natürlich nicht gerechnet hatte: Erneut hatte die Stasi die Finger im Spiel – schließlich war IM „Günter" oder OibE „Günter" alias Dr. Detlef Hammer auch mein Personaldezernent in Magdeburg bei der Kirchenleitung gewesen. Erst nach 1990 erfuhr ich darüber hinaus, dass mein damaliger Superintendent Helmut Hartmann am 2. Januar 1984 an den Kirchenpräsidenten der Evangelischen Kirche in Hessen und Nassau, Helmut Hild, eine – gelinde gesagt – wenig hilfreiche Beurteilung geschickt hatte, die nach heutigen Maßstäben vor keinem Arbeitsgericht standhalten würde. Hartmann sprach darin unter anderem von einer „Förderung der Aussteigertendenz" kritischer junger Menschen. Entscheidender war aber

wohl die Aussage, dass „im politischen Umfeld (…) eine verantwortungslose Fehleinschätzung der Situation festgestellt wurde, die zur Gefährdung der kirchlichen Jugendarbeit und vor allem vieler junger Menschen führte …"

Was sollte ein potenzieller neuer Arbeitgeber davon wohl halten?

Nach meiner Entlassung aus der Ost-Kirche im Jahr 1983 war mir damit vorerst die Tür zur West-Kirche zugeschlagen worden. Und es sollte nicht das letzte Mal sein. Nach mehreren enttäuschenden Gesprächen ging ich – inzwischen völlig desillusioniert von „meiner" Kirche – zum Arbeitsamt in Darmstadt, das damals als eines der größten und modernsten Arbeitsämter in Hessen neu gebaut worden war. Letztlich war mein beruflicher Start im Westen ein totales Stotterprogramm. Es gab immer wieder Lücken und einzig meine eigenen Bemühungen haben später dazu geführt, dass sich die Dinge entwickeln konnten.

Zurück zum Arbeitsamt: Ich begriff schnell, was eine „verwaltete Arbeitslosigkeit" bedeutete. Nie zuvor war ich mir so bedeutungslos und überflüssig vorgekommen, wie bei den Vorsprachen in der Arbeitslosenbürokratie. Es war eine ebenso eindrückliche wie nachhaltige Erfahrung.

Angesichts dieser ernüchternden Erfahrungen brannte ich umso mehr darauf, mich mit meiner neuen Gesellschaft kritisch auseinanderzusetzen. Ich engagierte mich ehrenamtlich in der Studentengemeinde von Darmstadt und suchte gleichzeitig nach einer neuen politischen Heimat. Zufrieden stellte mich das freilich nicht – schließlich wollte ich doch meine Familie ohne staatliche Alimentation ernähren. Über das Arbeitslosengeld, das ich bekam, konnte ich mich jedenfalls überhaupt nicht freuen.

Es dauerte rund elf Monate, bis sich ein Silberstreif am Horizont auftat: Der damalige Pfarrer der Evangelischen Stadtkirchengemeinde in Darmstadt legte ein gutes Wort für mich ein, und ich konnte an einer Arbeitsbeschaffungsmaßnahme im Bereich der Jugendarbeit teilnehmen. Parallel dazu erhielt ich immer mehr Anfragen für Weiterbildungsveranstaltungen im Bereich der politischen Bildung der Parteien und über die Lehrerfortbildungsinstitute einzelner Bundesländer. Ein Bericht, den das Politmagazin „Report" Baden-Baden im Februar 1984 über mich ausgestrahlt hatte, hatte offenbar auf mich aufmerksam gemacht.

Dennoch empfand ich das Leben weiter als mühselig. Die Reise von Ost nach West war ja nicht zu vergleichen mit einem Umzug von Hamburg nach Düsseldorf oder von Schwerin nach Dresden. Es war ein Wechsel zwischen zwei Welten.

Auch wenn ich mich vom Wesen her als sehr kommunikationsfreudigen Menschen bezeichnen würde, so waren die ersten Monate doch eine besondere Herausforderung. Im Gegensatz zu jenen Städten und Gemeinden, die im „Zonenrandgebiet" lagen, hatten die Darmstädter kaum Berührungspunkte mit der DDR, weder inhaltlich noch räumlich. Sie waren nicht unfreundlich zu mir, aber auch nicht übermäßig interessiert. Und so waberten die Kontakte zu Nachbarn, Kollegen oder Bekannten vor allem am Anfang eher auf einem freundlich-distanzierten Level.

Noch heute gilt, was ich schon kurz nach meiner Ausreise dachte: Im Osten hatte ich viele Freunde und wenig Bekannte. Im Westen war es anders herum.

Meine Gefühle waren zwiespältig: Der real-existierende Sozialismus hatte stets den von Marx propagierten dialektischen Materialismus gepredigt – im Westen erlebte ich nun eine Gesellschaft, die voll und ganz damit beschäftigt war, diesen Materialismus zu leben. Ich fragte mich: Werden hier nicht ständig Anschauungen und Werte auf dem Altar eines pathologisch übersteigerten Konsums geopfert?
Natürlich staunte ich über das Warenangebot. Aber ich fragte mich auch: Wozu braucht der Mensch 50 Sorten Käse und 100 Sorten Wurst? Ist das wirklich schon die Freiheit, für die wir im Osten Deutschlands gekämpft hatten?
Zugleich irritierte mich die Selbstverständlichkeit, mit der die Bundesbürger diesen Materialismus beanspruchten, anfangs zutiefst. Denn sie stand auch im krassen Widerspruch zum Elend der Abgehängten am Rande der Gesellschaft.
Schnell begriff ich: Gerechtigkeit, Solidarität und Gemeinwohl werden im Westen anders buchstabiert als im Osten.

Schritt für Schritt begann ich, den „Dschungel der Opposition" zu erkunden: Über meinen ehemaligen Brief- und nun leibhaftigen Freund Friedrich Arnold sowie erste Bekannte aus der jungen Darmstädter Studentengemeinde kam ich in Kontakt mit interessanten Menschen der GRÜNEN (die dort damals schon einen starken Kreisverband besaßen) und aus Friedens-, Umwelt- und Menschenrechtsgruppen.
Nach West-Berlin zog es mich im Gegensatz zu vielen meiner ausgereisten Freunde aus der DDR zu jener Zeit

übrigens nicht. Ich war nun einmal in der Bundesrepublik und wollte dort ankommen. Nach West-Berlin zu gehen, hätte für mich bedeutet, ständig von der „Insel im roten Meer“ in die Unfreiheit zu blicken.
Zudem ahnte doch noch niemand, dass gerade mal sechs Jahre später die Mauer fallen würde. Vielmehr hatte sich der überwiegende Teil der Menschen in Ost und West mit der Teilung Deutschlands vollends abgefunden. Diese Überzeugung fand sich nicht nur in weiten Teilen der SPD, der GRÜNEN und der Linken, sondern auch bei vielen bekannten Intellektuellen, Künstlern und Kirchenleuten.
Ich hingegen wollte nun eine neue Heimat finden. Ich dachte dabei auch an meine Familie. Es sollte ein echter Neuanfang werden. Ich wollte mich nicht ständig mit der Vergangenheit beschäftigen, ich wollte nach vorn schauen. Und so gesehen war es unerheblich, ob ich in Nürnberg, Hamburg oder eben in Darmstadt diesen neuen Teil meines Lebens beginne.

Und so entpuppte sich Darmstadt dann auch als guter Ort für solch einen Neuanfang. Die kleine, eher beschauliche Stadt vor den Toren Frankfurts war schon ein besonderes Pflaster.
Als ich dort ankam, wusste ich nicht viel über die Stadt. Das war mir bei meinem Ankommen noch nicht so bewusst. Natürlich wusste ich, dass Georg Büchner seine Kindheit und Jugend dort verbracht hatte. Büchners berühmtes Fragment „Woyzeck“ hatte ich, neben Werken von Heinrich Heine und Georg Weerth, auch im Deutschunterricht gelesen. (Als wichtige Vertreter des Vormärz waren sie ja in der DDR als Vorboten von Marx, Engels und Lenin vereinnahmt worden. Dass Büchner mit Freunden

im Jahr 1833 die geheime Vereinigung „Gesellschaft der Menschenrechte“ gegründet hatte, wurde natürlich nicht erwähnt.)
Der alljährlich in Darmstadt vergebene Georg-Büchner-Preis gehört bis heute zu den renommiertesten Literaturpreisen in Deutschland.
Besonders beeindruckt hat mich die Mathildenhöhe. Die 1899 von dem kunstsinnigen Großherzog Ernst Ludwig gegründete Künstlerkolonie ist bis heute Darmstadts Aushängeschild – ein einmaliges Ensemble des Jugendstils.
Als gebürtiger Thüringer freute ich mich auch, dass meine neue Heimatstadt das „Tor zum Odenwald“ war. Dieses bis heute immer noch eher unbekannte Mittelgebirge eignet sich fantastisch zum Radfahren und Wandern.
Und schließlich wurde unsere kleine Familie in jener Zeit nach und nach größer, weil so viele Familienmitglieder in den Westen kamen. Den Anfang machten meine Eltern. Sie kamen 1986. Mein Vater, der alte Kommunist und Freigeist, hatte mit der DDR gebrochen. Nach meiner Verhaftung sollte er sich öffentlich von mir, dem Straftäter, distanzieren. Als er das nicht tat, wurde er degradiert und strafversetzt. Kurze Zeit später erlitt er einen Herzinfarkt. Er fühlte sich von seinen alten Genossen verraten und verkauft. Sie haben ihn fallen lassen, und das hat ihn enttäuscht, sodass er einen Antrag auf Familienzusammenführung gestellt hat. Zuvor hatte ich mich in einem Brief persönlich an den ehemaligen Bundeskanzler Willy Brandt gewandt. Ich wollte meinen Vater, zu dem ich ja – anders als zu meiner Mutter – keinen Kontakt mehr hatte, unbedingt wiedersehen. Dass wir diese Gelegenheit schließlich wirklich bekommen und auch genutzt haben, empfinde ich bis heute als Riesengeschenk. Wir haben

gemeinsam noch viele unausgesprochene Dinge klären können. 1992 ist er im Alter von 60 Jahren in Darmstadt gestorben. Meine Mutter hat ihn um 16 Jahre überlebt. Sie starb 2008 in Halle, wurde aber in Darmstadt beigesetzt.

Ich hatte ja bereits geschrieben, dass die westdeutschen GRÜNEN gerade in der Friedens- und Umweltszene der DDR auf große Resonanz gestoßen waren.
Nun lebte ich in einer westdeutschen grünen Hochburg, und so lernte ich im Laufe der kommenden Monate bei Veranstaltungen und Demonstrationen etliche Vertreter dieser Oppositionspartei persönlich kennen.
Vor allem über Roland Jahn – mit dem mich bis heute eine Freundschaft verbindet – und den früh verstorbenen Jürgen Fuchs kam ich in Kontakt zu Vertretern der ersten Bundestagsfraktion der GRÜNEN in Bonn, so entwickelte sich beispielsweise auch eine Freundschaft zu Lukas Beckmann, der von 1994 bis 2010 Fraktionsgeschäftsführer der grünen Bundestagsfraktion war.
Ich arbeitete dann auch im sogenannten Ost-West Arbeitskreis der Bundestagsfraktion der GRÜNEN mit, und lernte dadurch weitere interessante Menschen aus unterschiedlichsten Oppositionskreisen Osteuropas kennen.
Selbstverständlich war das übrigens nicht, denn es gab ein nicht unerhebliches Misstrauen vieler Linker in der Bundesrepublik gegenüber DDR-Bürgerrechtlern. Ein Misstrauen, das bis zum Ende der DDR – und auch darüber hinaus – angehalten hat.
Ein Grund mag gewesen sein, dass der lange Arm der Stasi bis weit in das Gebiet der alten Bundesrepublik hineinreichte. Inoffizielle Mitarbeiter spitzelten im Feindesland

und betrieben „Zersetzungsmaßnahmen“. Keine Frage auch, dass die westdeutsche DKP nach Kräften von der DDR unterstützt wurde. Und für viele war es ein regelrechter Schock als kurz nach der Friedlichen Revolution herauskam, dass zehn hochrangige Mitglieder der Rote Armee Fraktion (RAF) mit Unterstützung der Stasi in der DDR untergetaucht waren und dort, ausgestattet mit neuer Identität, ein denkbar bürgerliches (um nicht zu sagen: piefiges) Leben führten.
Zugleich gab es vonseiten rechtskonservativer Kreise recht unverblümte Versuche der Vereinnahmung. Kein Wunder, denn diese Kreise waren doch ständig auf der Suche nach neuen „Kronzeugen gegen den Kommunismus“.
Ich jedoch wollte nicht, dass meine Wut und Trauer über den Verlust von Familie, Freunden und Heimat in blinder, hasserfüllter Pauschalkritik gegenüber der DDR mündeten. Eine hasserfüllte Propagierung antikommunistischer Vorurteile und Einstellungen deckte sich nicht mit meinen Vorstellungen eines ökologisch-sozialen und demokratisch-sozialistischen Gesellschaftsentwurfes. Ich wollte mir meine „DDR-Sensibilität“ bewahren. Mein Ziel war doch gerade die ideologische wie psychologische „Abrüstung“. Gedankengut des äußeren linken wie rechten Rands lehnte ich ohnehin ab.
Deshalb war ich auch so dankbar über die Kontakte, die sich mit der Zeit zu den unterschiedlichsten Weiter- und Fortbildungsinstituten ergaben. Dort erhielt ich die Möglichkeit, viele Menschen – insbesondere Lehrer und Schüler – auf Begegnungen mit Menschen in der DDR und in Osteuropa vorzubereiten.
Diese Treffen waren für mich hochinteressant. In den vielen Gesprächen und Diskussionen lernte ich die Denk-

strukturen in meiner neuen Heimat kennen und konnte zugleich das Erlebte aussprechen.
Knapp sechs Jahre arbeitete ich insbesondere mit den Lehrerfortbildungsinstituten in Hessen, Bayern, Niedersachsen und Baden-Württemberg zusammen; in dieser Zeit hielt ich mehr als 150 Vorträge und Seminare.

WIEDER IM KNAST – DIESMAL ALS SEELSORGER

Auch im Westen ging ich wieder ins Gefängnis – freilich nicht als Verurteilter, sondern als Seelsorger. Die Initialzündung dazu lieferte eine Begegnung mit dem fortschrittlichen Direktor der Justizvollzugsanstalt in Darmstadt-Eberstadt. Er fragte mich, warum in seinem Gefängnis überproportional viele junge Männer aus der DDR einsaßen. Er konnte nur schwer verstehen, wieso politische Häftlinge, die doch bereits in den Gefängnissen der DDR gelitten hatten, im anderen Teil Deutschlands so schnell wieder straffällig wurden.
Aus dieser Begegnung entwickelte sich eine gemeinsame Arbeit in der Justizvollzugsanstalt, die ich als ungemein sinnstiftend empfand und die mir außergewöhnliche Begegnungen verschafft hat. Ich erinnere mich an zwei junge Männer aus Karl-Marx-Stadt. Sie hatten im Westen nie Anschluss gefunden und saßen wegen Diebstahl und Gewaltdelikten ein. Ich hatte zu ihnen sofort einen guten Draht. Ich nahm bei ihnen in den vielen Gesprächen, die wir fortan führen sollten, vor allem eine enorme Sehnsucht nach Nähe wahr. Diese Kontakte halfen mir, noch

besser zu verstehen, wie radikal zerstörerisch sich die Stasi und die politische Haft auf die Seelen der Betroffenen ausgewirkt hatten.

Warum wurden nun aber so viele ehemalige DDR-Bürger im Westen wieder straffällig? Ein Grund liegt erneut in der perfiden Auslieferungspraxis der DDR: Im „Pool der Ausgewiesenen" waren immer auch ganz gewöhnliche Kriminelle. Vor allem seit der Mitte der 1980er Jahre verkaufte die DDR aufgrund des notorischen Devisenmangels nicht mehr nur „klassische politische Häftlinge", sondern auch sogenannte „Mischtäter". Das waren Menschen, die mit den „ganz normalen" Strafgesetzen der DDR in Konflikt geraten waren und zugleich einen Ausreiseantrag stellten.

Hierbei spielte der im Juni 1979 neu gefasste Paragraf 249 des Strafgesetzbuchs der DDR eine unrühmliche Rolle, im Volksmund wurde er auch „Assi- und Gummiparagraf" genannt. Unter dem Titel „Beeinträchtigung der öffentlichen Ordnung und Sicherheit durch asoziales Verhalten" hieß es dort im Absatz 1: *Wer das gesellschaftliche Zusammenleben der Bürger oder die öffentliche Ordnung und Sicherheit beeinträchtigt, indem er sich aus Arbeitsscheu einer geregelten Arbeit entzieht, obwohl er arbeitsfähig ist, wird mit Verurteilung auf Bewährung, Haftstrafe oder mit Freiheitsstrafe bis zu zwei Jahren bestraft.*

Schon diese Formulierung im Gesetzestext zeigt, dass es keineswegs nur Menschen mit hoher krimineller Energie waren, die hier subsumiert wurden. Der Paragraf machte es der Obrigkeit sehr einfach, schlicht und einfach unliebsame, unbequeme, gegen den Strom schwimmende Landsleute zur Räson zu bringen. Und so waren es de facto oft alleinstehende junge Männer, die sich im Wes-

ten mit einer Situation der Entwurzelung und Vereinsamung konfrontiert sahen – und damit häufig überfordert waren.
Nun waren sie auf einmal Deutsche nach dem Grundgesetz. Oft aber waren diese Menschen in den DDR-Gefängnissen von ihren „Erziehern" und Mitgefangenen gebrochen worden – und jetzt sollten sie ihr Schicksal in einer fremden Gesellschaft selbst in die Hand nehmen? Vom Stress des DDR-Gefängnisses in die offene Gesellschaft – das musste in vielen Fällen schiefgehen.
Immerhin: Einen unschätzbaren Vorteil hatten wir aus dem ostdeutschen Sozialismus Ausgereiste, Abgeschobene und Geflüchtete im bundesdeutschen Westen dann doch: die gemeinsame Sprache und eine unteilbare Geschichte.
So verstand ich meine Mitarbeit in der Justizvollzugsanstalt Darmstadt-Eberstadt vorrangig als Seelsorge. Ich hatte das Gefängnis in einer ungleich totalitäreren Version kennengelernt. Dieses Wissen verschaffte mir eine ganz natürliche, nicht zu erschütternde Glaubwürdigkeit. Und so machte ich mit einer Gruppe ehrenamtlich arbeitender Studenten den Insassen – viele trugen eine Drogenproblematik mit sich herum – Freizeitangebote, von denen wir im DDR-Knast nicht zu träumen gewagt hätten.

DIE STASI LÄSST NICHT LOCKER

Kontakt zu halten zu den alten Freunden war nahezu unmöglich. Dass ich nicht einfach wieder zu Besuchszwecken in die DDR einreisen durfte, war ja klar. Aber auch

die Fahrt in andere Ostblockstaaten wurde mir verwehrt: Schon 1984 erhielt ich ein Einreiseverbot für die Tschechoslowakei. Und sogar noch im Februar 1989 bemühte ich mich vergeblich um Visa für Reisen nach Ungarn und Polen.
Was mich anfangs wunderte: Die durch die DDR führende Transitstrecke nach Westberlin konnte ich immer problemlos nutzen. Aber es war für die Stasi natürlich interessant zu sehen, mit wem ich mich beispielsweise bei einer kurzen Rast an der Autobahnraststätte Köckern bei Halle traf.
Einigermaßen fassungslos war ich aber doch, als ich nach der Friedlichen Revolution nachlesen konnte, wie lange es „Zersetzungsmaßnahmen“ der Stasi gab, obwohl ich nun doch Bürger der Bundesrepublik war: Noch knappe anderthalb Jahre davor legte auf Veranlassung des damaligen 1. Stellvertreters des Leiters der größten Bezirksverwaltung der DDR, Oberst Schöppe, die Staatssicherheit einen erneuten Operativvorgang (OV) mit dem schönen Namen „Aktion“ an. Da war ich immerhin schon über vier Jahre Bundesbürger.
Auch meine Ehefrau sollte auf dem Index des Operativvorganges zur „Abschöpfung“ erfasst werden. Hier verletzte die Stasi mithilfe ihrer ausgereisten Inoffiziellen Mitarbeiter jegliche rechtsstaatlichen Grundsätze in anderen Ländern.
In einem umfangreichen Eröffnungsbericht vom 21. März 1988 wird auf der Grundlage der politischen Straftatbestände der Paragrafen 99 („Landesverräterische Nachrichtenübermittlung“), 100 („Landesverräterische Agententätigkeit“), 106 („Staatsfeindliche Hetze“), sowie 107 („Verfassungsfeindlicher Zusammenschluss“) des Strafgesetzbuchs der DDR eine lückenlose „Bearbeitung“ mei-

ner Person vorgeschlagen – in konsequenter Umsetzung der berüchtigten Dienstanweisung 2/85 des Genossen Minister Mielke zur Bekämpfung der politischen Untergrundtätigkeit.

In dem Bericht heißt es wörtlich:

- *rechtzeitige Aufklärung der Pläne, Absichten und Maßnahmen sowie Mittel und Methoden des R. im Sinne der Organisierung und Inspirierung von politischer Untergrundtätigkeit aus dem Operationsgebiet und vorbeugende Verhinderung des Zusammenwirkens äußerer und innerer feindlicher Kräfte;*
- *Nachweisführung einer direkten und indirekten geheimdienstlichen Steuerung des R. bzw. der Zusammenarbeit mit anderen Feindstellen im Operationsgebiet;*
- *Beseitigung negativ-feindlicher Wirkungsmöglichkeiten des R. durch Maßnahmen der Zersetzung, Verunsicherung und Isolierung sowie* **Liquidierung als feindliche Hauptkraft gegen die sozialistische Gesellschaftsordnung in der DDR.** (Hervorhebung von mir.)

Noch heute läuft es mir kalt den Rücken runter, wenn ich dieses Dokument der Stasi lese.

9. NOVEMBER 1989

Am 9. November 1989 befand ich mich auf der Nordsee-Insel Spiekeroog. Ich leitete wieder einmal ein Seminar mit Schülern einer 12. Klasse. Wir bereiteten uns gerade gemeinsam mit den Lehrern auf eine bevorstehende Fahrt nach Ost-Berlin vor, die am folgenden Tag stattfinden sollte. Am Abend jenes denkwürdigen Tages saßen wir nichts ahnend vor dem Fernseher und sahen die be-

rühmt-berüchtigte Pressekonferenz mit Politbüromitglied Günter Schabowski.
Auch heute noch muss ich den Kopf schütteln, wenn ich dieses Dokument sehe. Wie banal kommt manchmal die Weltgeschichte daher.
Auch die Schüler trauten ihren Augen und Ohren nicht, und natürlich sprachen wir wenig später sehr ausführlich über das Unerhörte.
Schabowski las: „Privatreisen nach dem Ausland können ohne Vorliegen von Voraussetzungen – Reiseanlässe und Verwandtschaftsverhältnisse – beantragt werden. Die Genehmigungen werden kurzfristig erteilt. Die zuständigen Abteilungen Pass- und Meldewesen der Volkspolizeikreisämter in der DDR sind angewiesen, Visa zur ständigen Ausreise unverzüglich zu erteilen, ohne dass dafür noch geltende Voraussetzungen für eine ständige Ausreise vorliegen müssen. Äh, ... Ständige Ausreisen können über alle Grenzübergangsstellen der DDR zur BRD erfolgen."
Es folgten noch ein paar Sätze, dann fragte ein Reporter der „Bild-Zeitung" nach: „Wann tritt das in Kraft?"
Schabowskis berühmte Antwort: „Das tritt nach meiner Kenntnis ... ist das sofort ... unverzüglich."
Beiläufiger wurde Weltgeschichte nie geschrieben. Man kann diese – man muss es so sagen – wahrhaft historische, legendäre, epochale, monumentale Szene natürlich bei YouTube anschauen, und die Kameraschwenks in den proppenvollen Konferenzsaal zeigen mir: Auch viele Journalisten im Pressezentrum erkannten den Sprengstoff der Aussagen nicht sofort.
Es war ja auch völlig unglaublich. Wofür man als DDR-Bürger jahrzehntelang erschossen wurde, nämlich für den Versuch, sein Land zu verlassen, das war nun einfach

so möglich – „die Genehmigungen werden kurzfristig erteilt".
Als dann Hanns-Joachim Friedrichs um 22.42 Uhr die ARD-Tagesthemen anmoderierte, hatten die ersten DDR-Bürger die innerdeutsche Grenze bereits passiert.
Friedrichs formulierte: „Im Umgang mit Superlativen ist Vorsicht geboten; sie nutzen sich leicht ab. Aber heute Abend darf man einen riskieren: dieser 9. November ist ein historischer Tag. Die DDR hat mitgeteilt, dass ihre Grenzen ab sofort für jedermann geöffnet sind. Die Tore in der Mauer stehen weit offen."
Tatsächlich waren bis Mitternacht sämtliche Grenzübergänge innerhalb Berlins offen. Zehntausende strömten in den anderen Teil Deutschlands – kaum etwas treibt mir so zuverlässig Tränen in die Augen, wie die Fernsehbilder aus jener Nacht.
Mir selbst war sofort klar: Ich muss zurück. Zurück nach Halle. Schon am nächsten Tag, am 10. November 1989, packte ich meine Sachen und machte mich auf den Weg. Ich wünschte der Klasse und ihren Lehrern eine gute Nacht und einen spannenden Aufenthalt in Berlin und konnte kaum den nächsten Morgen erwarten. Es wurde ja Weltgeschichte geschrieben und ich wollte dabei sein.
In aller Frühe nahm ich das erste Schiff aufs Festland und fuhr mit dem Auto sofort weiter nach Berlin, wo ich Freunde besuchte – im West- und im Ostteil der Stadt. Doch ich hielt mich nicht lange in der nun nicht mehr geteilten Stadt auf, ich wollte weiter. Ich wollte nach Halle.
Am 12. November kam ich dort an. Und dies war mir zu diesem Zeitpunkt völlig klar: Ich kam nicht auf Besuch. Ich kam, um zu bleiben. Mein Plan war tatsächlich, mich wieder einbürgern zu lassen.

Ich suchte alte Freunde auf. Die Stimmung war euphorisch und gedrückt zugleich.
Was habe ich erwartet? Wiedersehensfreude, natürlich. Und gewiss auch Freude über meine Ankündigung, „zurückkommen zu wollen". Umso mehr traf mich ein Satz, den eine ehemalige Mitstreiterin aus der Offenen Arbeit zu mir sagte: Mit fast ermahnendem Unterton gab sie mir zu verstehen, ich möge doch „bitte nicht vergessen, dass der Film in Halle sechs Jahre ohne mich weitergelaufen ist".
Das saß!
Ich war verletzt und traurig. Es war doch nicht meine Schuld gewesen, dass ich die letzten sechs Jahre im anderen Teil Deutschlands verbracht habe. Hinter Gefängnismauern kann es doch keine freie Entscheidung geben. Und doch musste ich mich selbst hinterfragen: Was hatte ich erwartet? Die Freundin hatte ja recht. Gut möglich, dass ich in diesem Moment zu spüren bekam, was auch so viele Westler zu spüren bekamen, als sie in den Osten kamen und auf eine Skepsis stießen, die sich in der Frage manifestierte: „Sie sind wohl nicht von hier?"
Ich war auch nicht mehr von hier, zumindest in den Augen einiger ehemaligen Wegbegleiter. Das war eine offene Wunde. Wie sahen sie mich? War ich für sie jemand, der rübergemacht hatte?
In den Jahren nach der Ausreise hatte ich nie die Hoffnung auf eine Rückkehr nach Halle aufgegeben. Jetzt bestand die Möglichkeit, und ich musste mich fragen: Bist du eigentlich „erwünscht"? Ich stellte fest: Es war mir egal. Ja, ich wollte den Umbau der Gesellschaft unbedingt mitgestalten.
Aber natürlich gab es ein weiteres „Problem", und das wog ungleich schwerer: Längst gab es doch eine tiefge-

hende familiäre Verankerung in der alten Bundesrepublik. Insgesamt 15 Familienmitglieder sowie Freunde und Bekannte waren zwischen 1984 und 1989 aus der DDR nach Darmstadt und Frankfurt am Main gekommen; sie waren froh, der DDR entkommen zu sein; sie hatten engagiert ihre Eingliederung betrieben. Eine Rückkehr kam für sie nicht infrage.

Mit meinem Plan, dauerhaft in den Osten zurückzukehren – oder besser gesagt: in die Mitte Deutschlands – bereitete ich meiner Familie zweifelsohne keine Freude. Meine Frau, mein Sohn und unsere Eltern und Schwiegereltern waren alles andere als begeistert. Auch sie hatten zahlreiche Demütigungen erlebt und noch längst nicht verarbeitet. Mehr noch: Die Verursacher dieser Demütigungen saßen doch überwiegend in der sich auflösenden DDR noch in den Ämtern und Funktionen.

Und dann ging es auch um die Zukunft unseres damals dreizehnjährigen Sohnes. Er war gerade aufs Gymnasium gekommen. Er war sieben Jahre alt, als er mir mit seiner Mutter (meiner damaligen Frau) in den Westen folgen durfte. Wie konnte, wie sollte ich ihm zumuten, erneut die Schule zu wechseln?

Meine Frau und ich hatten im Westen noch einen Ausbildungs- beziehungsweise Diplomabschluss gemacht – als Heilerziehungspflegerin und als Diplom-Sozialarbeiter – und hatten in der Folge gut bezahlte Anstellungen erhalten: Meine Frau leitete eine Wohngruppe für geistig behinderte Frauen, ich selbst arbeitete ab 1986 endlich wieder als Diakon und Sozialarbeiter bei der evangelischen Kirche in Darmstadt. Diese Jobs aufzugeben, um in ein Land zu ziehen, dem eine noch nie da gewesene Transformation bevorstand, war vollkommen abenteuerlich, gelinde gesagt.

Kurz und gut: Mein Vorhaben war nicht weniger als eine Zumutung für meine engsten Verwandten. Und: Ich konnte ihnen nicht vorwerfen, dass sie meinen Plan – und auch mich selbst – für komplett idiotisch hielten! Karin war im Gegensatz zu mir auch innerlich längst im Westen angekommen. Ein Umzug zurück nach Halle wäre für sie niemals infrage gekommen, auch, weil ihre Verletzungen so schwer waren. Sie wollte einfach nicht mehr an den Ort ihrer Pein. Letztlich hat das auch unsere Ehe immer weiter auseinanderdriften lassen.
Ich rang mit mir. Lange. Schließlich siegte der Wunsch zurückzukehren. Zur Jahreswende 1989/1990 zog ich endgültig nach Halle. Allein. Zunächst lebte ich bei Freunden. Meine Kosten finanzierte ich aus dem Ersparten der vergangenen Jahre. An den Wochenenden pendelte ich die knapp 900 Kilometer nach Darmstadt und zurück.

Ich trat dem Neuen Forum bei. Das war naheliegend, denn vor allem dort (und auch bei den GRÜNEN) engagierten sich bereits einige der alten Freunde und Bekannten aus der Offenen Arbeit. Ich beteiligte mich dann auch aktiv an den ersten freien Volkskammerwahlen der DDR, die am 18. März 1990 stattfanden, und an der Kommunalwahl im Mai 1990.
Für die meisten von uns war das Ergebnis der Volkskammerwahl freilich eine Zäsur: Gerade einmal 2,9 Prozent der Wahlberechtigten hatten die im Bündnis 90 vereinigten Bürgerbewegungen gewählt. Was für eine Enttäuschung! Die Frage, wie das künftige gemeinsame Deutschland aussehen wird, schien entschieden zu sein. Heute frage ich mich, ob es nicht auch naiv war zu glauben, man könnte ein ganzes Volk von der Chance eines

echten Neuanfangs – mit einer neuen gemeinsam zu erarbeitenden Verfassung – überzeugen.
Nach 40 Jahren kommunistischer Unterdrückung wollten die Menschen jedenfalls nicht länger auf bessere Zeiten warten. Wie hieß es auf den Transparenten: „Kommt die DM, bleiben wir. Kommt sie nicht, geh'n wir zu ihr."
Das war ja auch die entscheidende Wende in der Stimmung auf den Montagsdemonstrationen: Friedrich Schorlemmer, Theologe und wortgewandter Bürgerrechtler, erinnerte sich 2014 in einem Bericht des Deutschlandfunks Kultur so: „Richtig ist, nach dem 9. November änderten sich die Demonstrationen, vor allem die Ziele der Demonstrationen – wie ich finde, auf eine fatale Weise. Alles richtete sich jetzt nicht mehr darauf, die Selbstbefreiung voranzubringen, und Strukturen der Demokratie aufzubauen, sondern: möglichst schnell Deutsche Einheit zu erreichen, D-Mark besitzen, Ende der Demütigung mit der Ost-Mark, die nirgendwo konvertierbar war – man wollte auch nicht mehr, wenn man zur Großtante in den Westen fuhr, 50 D-Mark kriegen und ansonsten dann seinen Verwandten auf der Tasche liegen ..."
In demselben Bericht wird übrigens gefragt, ob die Parole nicht sogar aus der Bundesrepublik lanciert wurde. Wirkliche Beweise gibt es dafür nicht – fest steht aber: Die Wirkung der Parole war enorm – im Westen wie im Osten.
So fuhr das Wahlbündnis „Allianz für Deutschland" bei der Wahl am 18. März 1990 einen historischen Sieg ein – und das obwohl ihr Spitzenkandidat für das Amt des Ministerpräsidenten, Wolfgang Schnur, nur wenige Tage zuvor als Stasi-Spitzel enttarnt worden war! Und wie sich herausstellte, hatte sich Schnur noch wenige Tage vor eben jener Wahl mit seinem Führungsoffizier getroffen.

Zum Wahlbündnis gehörten die CDU-Ost als ehemalige Blockpartei sowie die in der Wendezeit gegründeten Parteien „Deutsche Soziale Union (DSU) und Demokratischer Aufbruch (DA), und ehrlicherweise muss man sagen, dass zumindest die Schnur-Partei „Demokratischer Aufbruch" die Auswirkungen der Enttarnung wohl doch zu spüren bekam: DA erhielt gerade mal 0,9 Prozent der abgegebenen Stimmen; die Ost-CDU heimste 40,9 Prozent, die DSU 6,3 Prozent ein – gemeinsam kam das Bündnis so auf 48,15 Prozent der abgegebenen Stimmen. Es wäre freilich müßig, darüber zu streiten, ob der DA ohne die Enttarnung deutlich mehr Stimmen erhalten hätte. Ich glaube, es wäre letztlich nur innerhalb der „Allianz" zu Verschiebungen gekommen. Denn die Route, die die DDR-Bürger mehrheitlich einschlagen wollte, war klar: Sie plädierten ganz offenbar für die Allianz-Thesen und -Forderungen, wie sie beispielsweise auf einem Flugblatt vor der Wahl (auf-)gestellt worden waren: „Wir sind die Betrogenen in unserem Land", „Leistung muß sich endlich wieder lohnen" und: „Soziale Marktwirtschaft sozialer als Sozialismus".

ALS DDR-BÜRGER IN DER ERSTEN STADTVERORDNETENVERSAMMLUNG

Für mich galt es nach der aus meiner Sicht verkorksten Volkskammerwahl erst recht, alle Kräfte zu mobilisieren, um wenigstens bei den für den 6. Mai angesetzten Kommunalwahlen die Politik nicht gänzlich den aus dem Westen gekommenen etablierten Parteien beziehungsweise den ehemaligen Block-Parteien zu überlassen.

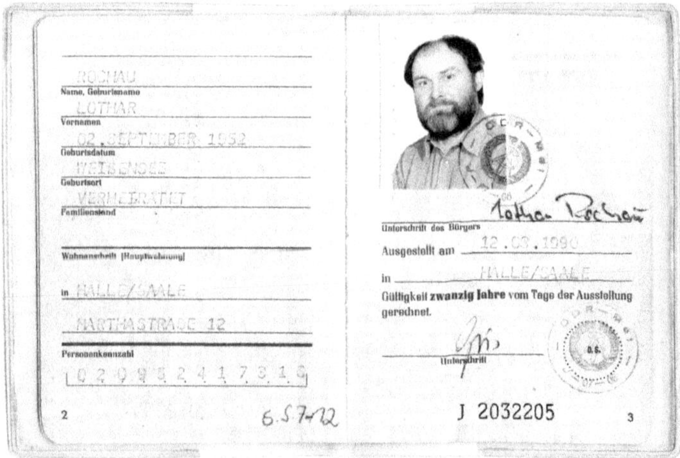
ROCHAU
Name, Geburtsname
LOTHAR
Vornamen
02. SEPTEMBER 1952
Geburtsdatum
Geburtsort
VERHEIRATET
Familienstand
Wohnanschrift (Hauptwohnung)
in HALLE/SAALE
MARTHASTRASSE 12
Personenkennzahl
2
Unterschrift des Bürgers
Ausgestellt am 12.03.1990
in HALLE/SAALE
Gültigkeit **zwanzig Jahre** vom Tage der Ausstellung gerechnet.
Unterschrift
J 2032205
3

Mein zweiter DDR-Ausweis: Kurz vor der Wiedervereinigung ließ ich mich einbürgern. Das war eine nötige Voraussetzung dafür, dass ich mich für die Stadtratswahl in Halle als Kandidat aufstellen lassen konnte.

Ich ließ mich aufstellen, und gemeinsam erhielten wir rund zehn Prozent der Stimmen: Das waren immerhin 17 Sitze in einer damals enorm großen Stadtverordnetenversammlung mit 156 gewählten Vertretern.
Bevor ich mich zur Wahl stellen konnte, war es natürlich nötig, wieder Bürger der DDR zu werden: Am 29. März 1990 wurde mir die Staatsbürgerschaft der DDR verliehen, aus der ich am 28. November 1983, kurz vor meiner Abschiebung in den Westen, entlassen worden war. Keine Frage, das war ein merkwürdiges Gefühl, diesen kleinen blauen Ausweis im Jahr 1990 wieder mit mir herumzutragen.

Die erste Stadtverordnetenversammlung tagte im „Klubhaus der Gewerkschaften", dem heutigen Kultur- und Kongresszentrum, die späteren Sitzungen fanden dann im ehrwürdigen Volkspark statt. Ein passender Ort: Der Volkspark an der Burgstraße wurde 1906 von der SPD als Vereinshaus errichtet und am 13. Juli 1907 eröffnet. In jenen Jahren entstanden zahlreiche solcher „Volkshäuser" – und der hallesche Volkspark gehörte zu den größten. Auf 7.800 Quadratmetern gibt es neben diversen Sälen (der größte bietet 3.000 Besuchern Platz) und Veranstaltungsräumen einen Konzertgarten, Kolonnaden, einen Musikpavillon und eine Turnhalle. Im Ersten Weltkrieg diente der Volkspark unter anderem als Lazarett, in der Weimarer Republik war er mehrfach Schauplatz von Auseinandersetzungen zwischen der Polizei und Anhängern der KPD – am blutigsten war ein Kampf im März 1925 nach einer KPD-Wahlveranstaltung mit Ernst Thälmann, der als Präsident für den Reichstag kandidierte. Am Ende gab es zehn Todesopfer, unter ihnen auch Fritz Weineck, der später von der DDR-Führung unter dem Namen „Der kleine Trompeter" als „Märtyrer" vereinnahmt werden sollte. Die Nazis nutzten den Volkspark für Großorganisationen, zu DDR-Zeiten fanden dort politische wie kulturelle Veranstaltungen statt.

Dem ersten frei gewählten Stadtrat von Halle gehörten zahlreiche lokale Prominente an, darunter auch Frank Eigenfeld (Mitte). Seine Frau Katrin wurde ebenfalls 1983 verhaftet. Eine Zeit lang saßen wir gemeinsam im „Roten Ochsen", nur getrennt durch ein Stockwerk.

Dem ersten frei gewählten Stadtrat gehörten viele Persönlichkeiten Halles an. Er löste die verschiedenen Runden Tische ab, die etwa bis

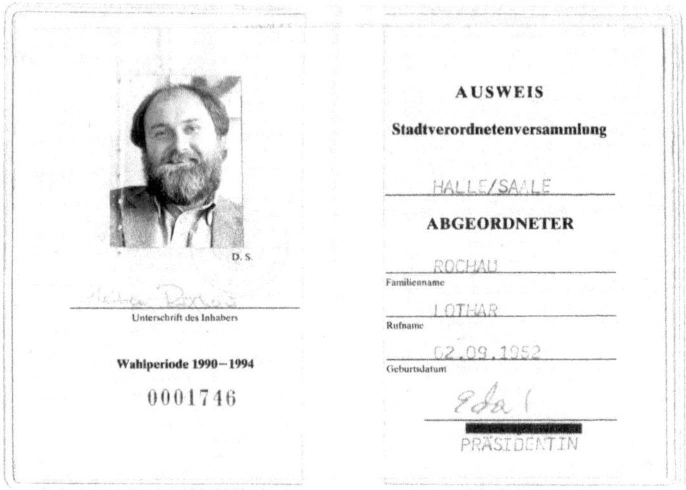
D. S.

Unterschrift des Inhabers

Wahlperiode 1990–1994

0001746

AUSWEIS

Stadtverordnetenversammlung

HALLE/SAALE

ABGEORDNETER

ROCHAU

Familienname

LOTHAR

Rufname

02.09.1952

Geburtsdatum

[redacted]

PRÄSIDENTIN

Mein Stadtratsausweis: Das Mandat konnte ich leider nur wenige Monate ausüben, denn am 1. Dezember wurde ich zum Jugendamtsleiter berufen.

Februar 1990 existierten. Nun begann die Alltagsarbeit in demokratischen Gremien, legitimiert durch wirklich freie Wahlen.

Es war natürlich auch für mich eine sehr ambivalente Zeit – aber ich bin heute fest davon überzeugt, dass es richtig war, schon Ende 1989 wieder nach Halle (Saale) zurückzukehren. Hier im Osten Deutschlands fanden einfach die spannenderen Entwicklungen statt. Die Friedliche Revolution hatte ich nur aus der Ferne erleben können – nun wollte ich unbedingt bei der Neugestaltung der Gesellschaft mit dabei sein.

DIE KIRCHE SAGT „NEIN, DANKE“

Mein neues Mandat konnte ich leider nur wenige Monate ausüben, denn bereits am 1. Dezember 1990 wurde ich zum Jugendamtsleiter der Stadt Halle (Saale) berufen. Das ehrenamtliche Engagement für meine Heimatstadt in Ehren – ich musste aber natürlich auch an meine Familie denken und schlicht und ergreifend wieder Geld verdienen. Als ich nach Halle „rübermachte“, hatte ich mich von meiner Stelle im Westen ohne Bezüge freistellen lassen.

Am liebsten hätte ich natürlich wieder eine Stelle beim Evangelischen Kirchenkreis in Halle angenommen. Ich hatte auch meine Fühler in diese Richtung ausgestreckt und am 29. Dezember 1989 mit Bischof Christoph Demke in Magdeburg über mein Ansinnen gesprochen.

Ende Februar 1990 bekam ich dann Post – und zwar von Dr. Detlef Hammer. Wir erinnern uns: Hammer war auch für die Stasi als hauptamtlicher Offizier im besonderen Einsatz (OibE) „Günther“ im Einsatz. Inzwischen war er zum Oberkonsistorialrat befördert worden. Nun schrieb er mir: „Ich habe den Eindruck, dass da in der Vergangenheit einiges schiefgelaufen ist (...) Über eine Anstellung in einem anderen Bereich unserer Kirche können wir vom Konsistorium nicht entscheiden, sondern diese Fragen werden selbständig von den Kirchenkreisen geklärt.“

Die Inoffiziellen Mitarbeiter der Staatssicherheit diktierten das Geschehen im Konsistorium Magdeburg also immer noch mit.

Das anschließende Gespräch mit dem Kirchenkreis ergab dann auch – neben einer großen Hilflosigkeit mit meiner Person durch den damaligen Superintendent Buchenau und andere Kirchenleute –, dass es aktuell keine Möglichkeit einer Anstellung gab. Offizielle Begründung: Auch in der Kirche finde gerade ein großer Umbruch statt. Man muss sich das vorstellen: Ich war sechs Jahre im Westen, eine lange Zeit aus DDR-Sicht. Als ich nun so plötzlich wieder vor der Tür in der Mittelstraße stand, ist Buchenau aus allen Wolken gefallen: Er meinte, dass die Kirche nun in einer Umbruchphase stecke, in der man eben auch nicht wisse, wie es weitergehen soll und er schon deshalb nichts für mich tun könne. Meine Vorschläge, wonach ich mich doch um den Zivildienst kümmern könnte, überforderten ihn ganz offensichtlich. Er war immer ein redlicher Typ, aber ich glaube auch, dass er mit meiner Art, meiner Persönlichkeit schlicht wenig anfangen konnte.

Damit war ich nun also zum dritten Mal von meiner Kirche vor die Tür gesetzt worden. Sechs Jahre war ich fort gewesen – aber in diesen sechs Jahren war offenbar niemand auf den Gedanken gekommen, die Vorgänge aus den Jahren 1982 und 1983, die zu meiner Verhaftung geführt hatten, zu hinterfragen, geschweige denn, die Verantwortung dafür zu übernehmen.

Es sollte dann noch ein weiteres Vierteljahrhundert dauern, bis die Evangelische Kirche in Mitteldeutschland – als Rechtsnachfolgerin der Evangelischen Kirchenprovinz Sachsen – ihr Versagen und ihre Schuld zu DDR-Zeiten bekannte. Das Bekenntnis kam am 22. November 2017 in Form eines Bußwortes. Darin heißt es unter anderem: *Wir beklagen, dem SED-Staat nicht klarer und kompromissloser entgegengetreten zu sein.* Und weiter unten: *Wir beklagen die Fälle, in denen Mitarbeitende in Kirche und Diakonie, die aus politischen Gründen drangsaliert und auch in ihren Kirchen disziplinarisch belangt, im Stich gelassen oder gar entlassen wurden.*

Es war das erste Bußwort seit 1945. Der Umstand, dass die Kirche generell sparsam mit derlei Verlautbarungen umgeht, zeigt auch die enorme Bedeutung, die es nicht nur für mich, sondern für die Kirche im Allgemeinen hat. Und ich denke, es war auch ein wichtiges Signal im Jubiläumsjahr der Reformation. 34 Jahre hatte ich mit dafür gekämpft. Es war überfällig, dass die Kirche darin ihre Schuld eingestand, denn sie war nicht nur der Hort der Friedlichen Revolution, sie war auch Teil des repressiven Systems oder unterstützte es.
Dennoch, das Bußwort kam spät. Zu jenem Zeitpunkt war ich bereits 65 Jahre alt und hatte mehr als 27 Jahre im staatlichen Dienst gearbeitet.

IN DER VERWALTUNG

Immerhin: Als Leiter des Jugendamts war ich weiter in dem Bereich tätig, dem ich mich auch während meiner Jahre als Diakon besonders verpflichtet gefühlt hatte.
Am 16. August 1990 trat ich bei der Stadt Halle meinen Dienst an als Abteilungsleiter für Jugendarbeit und Jugendförderung. Ich muss zugeben: Es war nicht mein Traumjob – aber es war in jedem Fall eine spannende Herausforderung. Schon zum 1. Dezember 1990 wurde ich dann zum Jugendamtsleiter berufen – meine Vorgängerin war zu sehr mit dem DDR-System verquickt gewesen, und gerade dieser Bereich der Verwaltung rang ja dringlich um neue Glaubwürdigkeit bei den Menschen.
Und wir rangen unter verschärften Vorzeichen. Mit der Übernahme des bundesrepublikanischen Rechts hatten die Menschen in den damals noch ganz neuen Bundes-

ländern ein völlig neues Wertesystem erhalten. Nichts blieb wie es war – alles veränderte sich. Kein Wunder, dass sich so mancher dagegen auflehnte, teils auch gewaltsam.
Hinzu kam die bekannte Tatsache, dass quasi sämtliche Führungskräfte in Politik, Wirtschaft, und Verwaltung aus dem Westen Deutschlands importiert wurden. Nun empfand ich meine Erfahrungen als Vorteil: Ich war „gelernter DDR-Bürger“ mit Westerfahrung. Als solcher erlebte ich eine nie da gewesene Verunsicherung einer ganzen Gesellschaft.
Alles geschah im Zeitraffertempo. Der „Gefühlsstau“, den der hallesche Psychotherapeut Hans-Joachim Maaz diagnostiziert hatte, war überall erkennbar: „Wir waren ein gefühlsunterdrücktes Volk. Wir blieben auf unseren Gefühlen sitzen, der Gefühlsstau beherrschte und bestimmte unser ganzes Leben. Wir waren emotional so eingemauert, wie die Berliner Mauer unser Land abgeschlossen hatte.“
Erstaunlich, zur Neuauflage seines „Psychogramms einer Gesellschaft“ hieß es: „20 Jahre nach dem Mauerfall ähneln die Krankheitssymptome des ‚real existierenden Kapitalismus‘ denen des ‚real existierenden Sozialismus‘ auf erschreckende Weise. Es ist vor allem die Unfähigkeit, die Ursachen einer krisenhaften Fehlentwicklung zu erkennen und dementsprechend umzusteuern. Der Sozialismus ist gescheitert, weil die Menschen mehr haben wollten, als zur Verfügung stand. Der Kapitalismus scheitert, weil die Menschen mehr konsumieren und in Anspruch nehmen, als sie verdienen. Die Menschen der DDR sind von einem Leben organisierten Mangels in ein Leben organisierter Schulden übergewechselt. Das sind

nur zwei Seiten der gleichen Medaille. Und die Medaille heißt: Narzissmus."

Doch zurück ins Jahr 1990: Viele Menschen stellten sich viele Fragen, zum Teil ganz praktischer Art: Was sind meine in der DDR erworbenen Berufsabschlüsse und Erfahrungen noch wert? Was wird aus meiner bisherigen Lebensleistung? Wie kann ich meine Familie durchbringen?

Die riesige Euphorie über die wiedergewonnene Freiheit und die D-Mark verflog schnell.

Wie an vielen Orten der ehemaligen DDR, so entwickelte sich auch in Halle eine eigene Jugendszene. Die Nachwirkungen der repressiven DDR-Jahre traten nun teils unverblümt in Erscheinung. Parallel dazu schwappten die Negativauswirkungen einer spätkapitalistischen Gesellschaft ungebremst in den „Wilden Osten".

Wie immer in Zeiten der Unsicherheit, wurden die Ränder stärker: Räume und Häuser wurden besetzt – sowohl von Linksautonomen als auch von deutsch-nationalen Hooligans. Die Erwachsenenwelt reagierte auf die neuen Herausforderungen, Widersprüche und Auseinandersetzungen mit Überforderung und blickte fassungslos auf teils brutale Kämpfe, die rivalisierende Cliquen miteinander austrugen. In der Passendorfer Kammstraße brachten sich die Rechten in Stellung. Ihr Domizil war zeitweise mit Stacheldraht abgesichert und sie hatten sogar Schusswaffen. Sie lieferten sich regelmäßig Straßenschlachten mit linken Jugendlichen aus der Kellnerstraße.

Und so wie die Elterngeneration überfordert (weil vor allem mit sich beschäftigt) war, so waren es auch die Be-

hörden (die sich ja mit dem Aufbau von komplett neuen Organisationsstrukturen konfrontiert sahen). Die heute übliche Professionalität von Sozialpädagogen gab es Anfang der 1990er Jahre jedenfalls nur in wenigen Fällen, und so lernten wir unser „sozialpädagogisches Handwerkszeug“ nach dem bekannten Prinzip „Versuch und Irrtum“ – oder der Erfahrung, dass es besser ist, auch mal einen Fehler zu machen, als gar nichts zu machen.
Was mir in diesen Jahren freilich half, waren die vielen Erfahrungen, die ich bei der Offenen Arbeit der Evangelischen Kirche gesammelt hatte.
Und übrigens auch eine gute Portion gesunder Menschenverstand!

Zwischen Euphorie und Improvisation: Im August 1990 wurde ich Abteilungsleiter für Jugendarbeit und Jugendförderung, wenige Monate später Jugendamtsleiter. Die Unsicherheit in der Gesellschaft war groß. Was mir in jenen Jahren half, waren meine Erfahrungen, die ich bei der Offenen Arbeit gesammelt hatte.

Schon am 1. November 1990 begannen wir in Halle mit dem Aufbau einer Straßensozialarbeit – neudeutsch: Streetwork. Wir gehörten damit zu den ersten Städten in den neuen Bundesländern, die dieses Arbeitsfeld etablierten. Ich war froh, dass ich eine sehr engagierte Pastorin aus der Bürgerbewegung für die Mitarbeit gewinnen konnte: Christine Günter. Mit zwei weiteren Kollegen machte sie sich an den Aufbau dieses Bereichs.
Wir versuchten, das Prinzip der vorurteilsfreien und vertrauensvollen Beziehungsarbeit umzusetzen. Es gab vor allem eine Grundlage für diese Form der akzeptierenden Jugendarbeit, und diese Grundlage hieß: Freiwilligkeit.
Schon wenige Monate später konnten wir das Team um fünf weitere festangestellte Streetworker aufstocken.
Dem großen Engagement dieser Kollegen ist es zu verdanken, dass viele Jugendliche, die die verschiedensten Probleme mit sich herumtrugen, später ihren Platz in der Gesellschaft gefunden haben. Zu den ersten Mitarbeitern gehörte auch Peter Winzer: Er hatte schon Ende der 1970er Jahre in der Offenen Arbeit aktiv mitgearbeitet – und ist heute Schriftsteller, den ich für seine ebenso tiefgründigen wie leichten, ebenso lebensnahen wie authentischen Romane schätze.

Zu DDR-Zeiten war das, was wir heute Jugendhilfe nennen, oft bestenfalls das fünfte Rad am Wagen. Oberste Behörde für Jugendfürsorge war das Ministerium für Volksbildung (mit der berühmt-berüchtigten Langzeitministerin Margot Honecker von 1963 bis 1989 an der Spitze), das zugleich auch für die Schulverwaltung verantwortlich war.
Hauptaufgabe war selbstverständlich nicht, sich um etwaige Probleme zu kümmern. Hauptaufgabe war die

einheitliche sozialistische Bildung beziehungsweise die „Erziehung zur sozialistischen Persönlichkeit“ – so nannte man das tatsächlich – zu organisieren. Das 1974 verabschiedete Jugendgesetz der DDR bestand aus neun Kapiteln, und gleich das erste Kapitel widmete sich eben-dieser Aufgabe: *Vorrangige Aufgabe bei der Gestaltung der entwickelten sozialistischen Gesellschaft ist es, alle jungen Menschen zu Staatsbürgern zu erziehen, die den Ideen des Sozialismus treu ergeben sind, als Patrioten und Internationalisten denken und handeln, den Sozialismus stärken und gegen alle Feinde zuverlässig schützen. Die Jugend trägt selbst hohe Verantwortung für ihre Entwicklung zu sozialistischen Persönlichkeiten.*

Nach der Friedlichen Revolution musste dann eine moderne, an der tatsächlichen Lebenswelt der jungen Menschen orientiere Jugendhilfe auf der Basis des Sozialgesetzbuches VIII (Kinder- und Jugendhilfegesetz) entwickelt werden. Keine Frage, dass dies eine sehr anregende Zeit war. Sie bot viele Chancen – aber auch mindestens so viele Fettnäpfchen und Fallstricke.
Im September 1990 wurde das Jugendamt der Stadt Halle (Saale) als eine der größten Organisationseinheiten in der Stadtverwaltung neu gegründet. Es hatte damals sage und schreibe rund 2.500 Mitarbeiter. Praktisch über Nacht – zum 1. Januar 1991 – galt es, die neuen Gesetze und Rechtsschutzbestimmungen umzusetzen.
Eine besondere Rolle spielte das Arbeitsrecht. Mitarbeiter, die nachweislich für das Ministerium für Staatssicherheit gearbeitet hatten, wurden entlassen. Und das war in jedem Einzelfall eine Zäsur.
Hier spielte Halle insofern eine Sonderrolle, als Unbekannte hier im Juli 1992 eine Liste mit Namen von ehe-

maligen inoffiziellen Mitarbeitern der Staatssicherheit verschickt hatten. Knapp 5.000 Namen standen darauf. Das Neue Forum legte die 112-seitige Liste aus, die Bild-Zeitung veröffentlichte sie an mehreren aufeinanderfolgenden Tagen. Auf einmal konnte jeder lesen, wer als Spitzel tätig war. „Der Spiegel“ schrieb damals: *Erstmals steht damit eine ganze Stadt vor der Aufgabe, zu begreifen, wie viele Denunzianten in ihren Mauern leben. Zugleich erlaubt die penible Auflistung, im einzelnen nachzuvollziehen, wie das DDR-Ministerium für Staatssicherheit (MfS) an Informationen kam, mit denen die Bevölkerung gegängelt und unterdrückt werden konnte. Nachbarn, Chefs, Kollegen, Familienmitglieder – fortan ist kein Geheimnis mehr, wer Vertrauen mißbrauchte, um beim Geheimdienst zu petzen.*
Einige derer, die auf der Liste standen, klagten gegen die Veröffentlichung. 30 Namen wurden geschwärzt – bei allen 30 stellte sich aber nach Recherchen heraus, dass sie tatsächlich für die Stasi gespitzelt hatten. Der Streit um die Namensschwärzungen schleppte sich durch die Gerichtsinstanzen. Erst im Jahr 2000 entschied das Bundesverfassungsgericht in letzter Instanz: Die Auslegung war rechtmäßig.
Wer die Liste 1992 in Umlauf gab, ist übrigens bis heute nicht bekannt.
Klar ist: Diese ebenso umstrittene wie couragierte Aktion beschleunigte insbesondere die Überprüfung der Mitarbeiter im öffentlichen Dienst.

Nach meinem Dienstantritt am 1. Dezember 1990 blieb ich 17 Jahre lang Leiter des Jugendamts. Leider waren in dieser Aufbruchszeit und auch später – sowohl im Rathaus als auch in anderen staatlichen Institutionen – nur ganz wenige Vertreter aus der Bürgerbewegung tätig.

Das war ein großer Fehler. Eine kommunale Erneuerung konnte ohne diese Menschen nur halb gelingen. Mir war jedenfalls von Anfang an klar, dass der „Weg durch die Institutionen“ lang und steinig werden würde.

Ich deutete es bereits an: Die DDR-Jugendhilfe stellte eine besonders staatstragende und repressive Abteilung innerhalb der Volksbildung dar. Mit ihren diversen Einrichtungen – vom Heim bis zum Jugendwerkhof – hatte gerade dieser Bereich einen wichtigen Anteil an der „Erziehung zur sozialistischen Persönlichkeit“. Abweichendes Verhalten sollte bei Kindern und Jugendlichen bereits im Keim erstickt werden.

So galt es Ende 1990 nicht nur die neuen Gesetze umzusetzen, sondern auch verloren gegangenes Grundvertrauen in die Institutionen des Staates zurückzugewinnen. Zu meinen wichtigsten Entscheidungen gehörten folgerichtig Personalentscheidungen, aber auch die Übertragung von Aufgaben und Einrichtungen an neu gegründete freie Träger und alte Wohlfahrtsverbände. Immerhin: Mit den damals noch reichlich vorhandenen Fördermitteln konnten wir einen Teil der Herausforderungen unbürokratisch und schnell angehen: Ob es um den Aufbau einer modernen Jugendsozialarbeit mit Jugendwerkstätten für mehr als 500 arbeitslose junge Menschen ging oder um die konzeptionelle und bauliche Erneuerung der Kinder- und Jugendheime, in denen teils wirklich katastrophale Zustände herrschten – überall gab es große Gestaltungsmöglichkeiten. Es war eine echte Aufbruchszeit.

Was mir in jener Zeit sehr wichtig war, das waren die berufsbegleitenden Fort-, Weiter- und Ausbildungen der Kolleginnen und Kollegen. Nun, streng genommen waren es fast nur Kolleginnen – tatsächlich waren mehr als 95 Prozent der Mitarbeiter im Jugendamt Frauen. Hier kam es immer wieder zu geradezu existenziellen Situationen: Nicht selten waren die Frauen plötzlich die Alleinverdiener, weil ihre Männer in den Großbetrieben entlassen worden waren. Noch schwerer hatten es die vielen alleinerziehenden Mütter. Vor diesem Hintergrund kann die Lebensleistung ostdeutscher Frauen heute nicht hoch genug eingeschätzt werden, und ich muss zugeben, dass es mich maßlos ärgert, wenn dies – immer noch und immer wieder – nicht anerkannt wird.

DIE BEIDEN WICHTIGSTEN FRAUEN IN MEINEM LEBEN

Meine Ehe mit meiner ersten Frau Karin wurde 1994 geschieden. Zwei Jahrzehnte durfte ich mit dieser wunderbaren Frau zusammen sein. Gemeinsam entdeckten wir die Höhen und Tiefen des Lebens und der Liebe in einem geschlossenen Land. Wir konstruierten alternative Lebensentwürfe und fühlten uns dabei so unendlich frei. Gemeinsam träumten wir von mehr Selbstbestimmtheit, Gerechtigkeit und Freiheit, von Würde, Verantwortung und vom Anderssein. Wir wollten die starren Verhältnisse in der DDR zum Tanzen bringen. Karin tat das nie verbissen oder kleinlich, sondern es hatte bei ihr immer etwas von einem Fest. Langes Lamentieren war nicht ihr Ding, sondern beherztes Zupacken und das Tun waren ihre Stärken.

Karin war das Bindeglied in einem großen Netzwerk mit vielen Konflikten und Frustrationen. Sie hielt mir nicht nur den Rücken frei, sondern vor allem auch meine Seele. Kurz nach der Friedlichen Revolution endete auch

unsere gemeinsame Geschichte. Die Zerrissenheit der zwei Teile Deutschlands ging auch quer durch unsere Familie. Wir blieben trotzdem weiter in gutem Kontakt. Ich weiß, dass ich ihr viel zugemutet habe. Letztlich hat auch die Tatsache, dass Tobias ein Einzelkind geblieben ist, mit den schwierigen politischen Umständen unseres Lebens zu tun. In DDR-Kirchenkreisen gab es unter Ehepaaren den lockeren Spruch: „Unter vier Kindern ist asozial" – und natürlich hatten auch wir uns mehr Kinder gewünscht.
Wenn man so will, dann ist unser Tobias auch ein Kind des DDR-Systems. Obwohl er bei seinem Umzug in die freie Welt erst sieben Jahre alt war, hatte er schon so viel Willkür miterleben müssen. Das hätte ich ihm gern erspart. Letztlich war der Tod seiner Mutter im Jahr 2016 zugleich ein Ereignis, das mich mit ihm wieder näher hat zusammenrücken lassen. Ihn und mich – mehr von der alten Ursprungsfamilie gibt es nicht. Inzwischen treffen wir uns regelmäßig zu einem gemeinsamen verlängerten Wanderwochenende in Thüringen, auf halber Strecke zwischen Offenbach, wo Tobias wohnt, und Halle.
Die Erinnerung an seine Mutter und die wunderbar verdichtete Lebenszeit ist lebendiger denn je. Jede Minute war ein Geschenk – alles ist im Buch des Lebens festgehalten. Nichts geht verloren, aber alles wandelt sich.

Viele Jahre später lernte ich meine zweite Frau, Iris, kennen. Übrigens auf der Weinmeile in Naumburg. Das war im Juni 2014. Ihre Art, auf Menschen zuzugehen, fand ich genauso spannend wie ihren Beruf als Ernährungsberaterin. Ihre offene und freundliche Direktheit hatten es mir angetan. Und eine Ernährungsberaterin passte sowieso zu meinen sportlichen Ambitionen. Außerdem ist sie herrlich unkompliziert und lebensbejahend. Ich glaube, es gibt nur wenige Frauen, die in diesem Alter noch so viel Power versprühen. Und schließlich: Wer sich mit über 60 noch mal auf das Abenteuer der Ehe einlässt, der lässt sich zugleich auf zwei volle Leben ein. Zwei Leben mit Ex-Ehepartnern, Kindern und Enkeln. Das ist nicht immer einfach. Unser Luxus: Wir leisten uns zwei getrennte Wohnungen. Die helfen uns dabei, all unsere ehrenamtlichen und beruflichen Ambitionen besser in Einklang mit unserer Ehe zu bringen. Einer meiner Lieblingssprüche war schon immer „Abstand schafft Übersicht". Er gilt im Beruf und in der Beziehung gleichermaßen.

„KÜMMERER" IN SOZIALEN DINGEN

Am 30. September 2017 bin ich aus dem Verwaltungsdienst der Stadt Halle (Saale) ausgeschieden. Angefangen hatte ich 1990 als Leiter des Jugendamts. Zuletzt war ich für die strategische Steuerung des Sozialbereichs zuständig. Pünktlich zu meinem 65. Geburtstag musste ich meine Tätigkeit einstellen. Gerne hätte ich noch einige Jährchen drangehängt, aber der Stadtrat lehnte dies mehrheitlich ab – meine Stelle sei zu teuer und überhaupt verzichtbar. Die Nichtverlängerung meines Vertrages, sie war auch der nächste Bruch in meinem Leben. Um länger arbeiten zu dürfen, bin ich bis vor das Oberverwaltungsgericht gezogen, leider ohne Erfolg. Doch wir haben einen Ausweg gefunden: Über einen Umweg bin ich in den Ratshof zurückgekehrt, und zwar als ehrenamtlich tätiger Ombudsmann der Stadtverwaltung.

In dieser Eigenschaft bin ich nun ein „Kümmerer" in sozialen Dingen, wenn man so will, eine Schnittstelle zwischen Bürgern und Sozialbehörden. Dabei geht es nicht darum, den Leuten Geschenke vor die Tür zu legen, vielmehr ihnen Hilfestellung bei der Lösung ihrer Problemen zu leisten. Ein Service, der gern angenommen wird, das zeigen auch die ständig steigenden Zahlen der Hilfesuchenden, die den Weg in meine Sprechstunde finden oder mich anrufen. Pro Woche sind es rund 20 Leute, die sich im Behördendschungel verlaufen haben, manche von ihnen völlig ratlos und auch verzweifelt, weil sie sich überfordert fühlen.

Die Fälle sind vielfältig und oft sehr komplex. Ausbleibende Hartz-IV-Zahlungen, Ärger mit dem BAföG-Amt oder auch Hilfe bei der Suche nach dem richtigen Ansprechpartner für ganz individuelle Probleme, all das gehört nun zu meinem Kerngeschäft als Ombudsmann. Durch meine langjährige Tätigkeit im sozialen Bereich kenne ich viele der Akteure in den Behörden persönlich, oder weiß zumindest, wen man noch fragen kann. Das erleichtert den Zugang und damit auch die Suche nach einer Lösung enorm. Diese Lotsen- und Türöffner-Funktion schafft einen kleinen Beitrag zum sozialen Frieden in unserer Stadt.

MARATHON-MANN

Ich bin fast am Ende angelangt. Aber eine Geschichte über mein Leben wäre nicht komplett, wenn ich nicht auf eine meiner großen Passionen eingehen würde. Ich spreche vom Laufsport.

Zwischen den Jahren 1990 und 2000 habe ich umfängliche „Distanzen" am Schreibtisch sowie bei Beratungen und Konferenzen verbracht. Mein Alltag war komplett verkopft, und der Bewegungsmangel hatte dazu geführt, dass ich „aus dem Leim gegangen" war.

Mit einem Gewicht von 85 Kilogramm bei 1,78 Meter Körpergröße war ich vermutlich noch nicht wirklich dick zu nennen, aber irgendwann war dennoch der Punkt erreicht, an dem ich mich in meinem eigenen Körper nicht mehr wohlfühlte.

In dieser Situation erinnerte ich mich an die Glücksmomente, die ich in meiner frühen Jugendzeit beim Sport erlebt hatte. Hinzu kam: Ab Ende des Jahrtausends kollidierten mehrere einschneidende Ereignisse – teils privater, teils beruflicher Natur. Ich trennte mich von meiner langjährigen Lebensgefährtin. Außerdem tobten in der Stadtverwaltung Auseinandersetzungen innerhalb der Hierarchie. Mein Amt war naturgemäß eines der Ämter mit den meisten Problemen. Die Mitarbeiter kamen zu großen Teilen aus der DDR-Jugendhilfe, die zur DDR-Volksbildung unter der verhassten Margot Honecker gehörte. Meine Aufgabe als neuer Amtsleiter war es, diesen zugleich repressivsten Teil des DDR-Bildungssystems bei laufendem Betrieb zu einer modernen Jugend- und Sozialverwaltung zu machen. Das war nicht leicht.

Das alles führte dazu, dass ich einen Entschluss fasste. Ich wollte im Oktober 2000 in Frankfurt am Main meinen ersten Marathon laufen. Damals war ich 48 Jahre alt.

Ich staunte selbst darüber, wie schnell sich mein Körper offenbar an die fast vergessene Bewegung erinnerte. 30 Jahre war ich regelrecht faul gewesen – nun geriet ich in eine „Meditation der Bewegung". Im Winterhalbjahr 1999/2000 begann ich zu trainieren. Fast täglich nahm

ich mir eine Stunde Zeit, die nur mir gehörte. Ich lief und lief – und während ich lief, hielt ich innere Zwiesprache. Und ich merkte, wie nicht nur mein Herz, sondern mein komplettes Sensorium stets auf Hochtouren kam.
Ja, manchmal tat mir alles weh – aber ich verspürte doch auch und immer öfter die berühmten Glücksgefühle, wenn der Körper Adrenalin ausschüttet.
Am 29. Oktober 2000 war es dann endlich so weit. Ich fuhr nach Frankfurt am Main und absolvierte meinen ersten Marathon. Ich benötigte 3:04:13 Stunden für die 42,195 Kilometer. Das war zwar ein ganz klitzekleines bisschen langsamer als der Weltrekord – er liegt bei knapp über zwei Stunden –, aber ich hatte das Gefühl,

Grenzen erreichen – und überwinden: Im Oktober 2000 lief ich meinen ersten Marathon. Seitdem befreie ich regelmäßig beim Laufen meinen Geist aus dem Gefängnis von Kleinmut und Verzagtheit. Das Foto entstand 2018 bei den Weltmeisterschaften der Senioren in Malaga (Zieleinlauf im Halbmarathon nach 1:37:46 Stunden bei über 30 Grad).

einen „neuen Horizont" aufgerissen zu haben. Zehn Jahre später war ich immer noch dabei und lief in Hamburg mit 57 Jahren meinen bis heute besten Marathon: in 2:54:32 Stunden! Hobbyläufer wissen: Die Drei-Stunden-Marke bildet beim Marathon eine Art magische Grenze.

Bis heute habe ich unzählige Straßen-, Landschafts- und Gebirgsläufe absolviert – und ich merke jedes Mal aufs Neue: Das Laufen befreit meinen Geist aus dem Gefängnis von Kleinmut und Verzagtheit. Beim Laufen stoße ich an Grenzen – und überwinde sie. Und Grenzen haben mich ja nun Zeit meines Lebens immer schon gereizt. Was sind sie denn anderes als Marksteine des Lebens?
Jeder Langstreckenlauf und erst recht jeder Marathonlauf, den ich erfolgreich beendet habe, gab und gibt mir ein Gefühl enormer Leichtigkeit und Lebendigkeit. Dieses Lebensgefühl trägt mich nun schon über weite Strecken meines Daseins. Die tägliche Herausforderung, die das Leben für jeden von uns bereithält, ist nach meiner Erfahrung nur durch ein Wechselspiel von Kontemplation und Kampf zu bewältigen.

TANDALA

Ein wichtiges Ereignis der letzten Jahre darf ich nicht vergessen: An meinem 60. Geburtstag habe ich eine kleine Stiftung für Kinder mit Behinderung und deren Eltern im Süden von Tansania gegründet. Warum? Diese Frage ist eigentlich überflüssig. Ich möchte sie beantworten mit einem Zitat von Bertolt Brecht; es ziert auch den Briefbogen, mit dem die Lothar-Rochau-Stiftung alljährlich im Advent die Spender über die Aktivitäten auf dem Laufenden hält. Es lautet: „Sorgt doch, dass ihr, die Welt verlassend, nicht nur gut wart, sondern verlasst eine gute Welt."

Eine gute Welt, und wenn schon nicht perfekt, dann wenigstens besser als vorher, diesen Anspruch möchte ich mit dem Projekt in Tansania verfolgen. Dort, in der Nähe des großen Malawi-Sees, existiert seit mehr als 30 Jahren eines der spannendsten kirchlich-diakonischen Projekte dieses so wunderschönen Landes. Im bergigen Süden Tansanias, knapp tausend Kilometer südwestlich von Daressalam, liegt auf rund 1.500 Meter Höhe, umgeben von den wunderschönen Livingstone-Bergen, der kleine Ort Tandala. Hier, nördlich des großen Nyassa-Sees, liegt das Diakoniezentrum Tandala. Es ist verankert als ein eigenständiger Arbeitsbereich der Südzentral-Diözese der Evangelisch-Lutherischen Kirche in Tansania. Hauptziel der Arbeit ist es, Kindern und Jugendlichen mit Behinderungen Bildungswege zu eröffnen. – Ein Ziel, das mich sofort überzeugte, als ich 2010 auf dieses Projekt stieß. Schließlich haben es Kinder mit Behinderung in einigen afrikanischen Ländern noch heute besonders schwer. Die Behinderung wird vielerorts noch immer als Strafe Gottes gesehen. Die Folge: Die Kinder werden versteckt, was ihre Situation weiter verschärft, denn so sind sie zusätzlich auch noch von Bildung und gesellschaftlicher Teilhabe ausgeschlossen.

In der Gegend um Tandala sind in rund 50 Dörfern kleine Diakonie-Arbeitskreise gegründet worden. Ehrenamtliche Mitarbeiter kontaktieren die dort lebenden Menschen und erkundigen sich nach ihrer sozialen Lage. Wird eine Notlage festgestellt, werden die zum Diakoniezentrum gehörenden Diakone hinzugerufen. Sie versuchen aktiv zu helfen, aber auch, dem weitverbreiteten Aberglauben mit Aufklärung und dem Evangelium von Jesus Christus zu begegnen. Steht doch gerade der Not leidende und behinderte Mensch im Mittelpunkt der christlichen Religion.

Ich bin froh, dass die Aufklärungsarbeit vor Ort inzwischen Erfolg zeigt. Gottseidank erkennen immer mehr Menschen, welch große Bedeutung eine frühzeitige Förderung dieser Kinder hat. Das ist ermutigend. Doch wenn all das dauerhaft von Erfolg gekrönt sein soll, ist es unbedingt nötig, alle Anstrengungen zu mobilisieren, um für die Kinder mit Behinderung in den armen und oft auch sehr abgelegenen Dörfern eine Schulbildung zu organisieren. Zwar existieren dafür auch Internatsschulen für Behinderte, doch sie liegen in anderen Teilen von Tansania. Und nur die wenigsten Familien können sie sich leisten. Hier stoßen auch die professionellen Helfer vor Ort auf ein großes ökonomisches Problem, das weder staatliche Hilfsprogramme noch die Spenden der vielen örtlichen Gemeindemitglieder nachhaltig lösen können. Kurz gesagt: Dazu braucht es weiterhin Unterstützung aus Europa.

Auf das, was bisher in Tandala geschaffen worden ist, lässt sich aufbauen: Derzeit sind in Tandala 20 hauptamtliche Mitarbeiterinnen und Mitarbeiter beschäftigt, die die Kinder und Eltern individuell oder in Kursen begleiten und fördern. Es gibt eine größere Tischlerei, eine Schneiderei, eine Korbflechterei und eine neue sozialpädagogische Physiotherapie mit einem ganzheitlichen Ansatz. Geleitet wird die Einrichtung von zwei einheimischen Diakonen. Beide hatten ihre kirchliche Ausbildung vor mehr als 30 Jahren in Deutschland gemacht und ge-

hören der kirchlich-diakonischen Gemeinschaft in Neinstedt bei Quedlinburg an, wo auch ich meine Ausbildung zum Diakon absolviert habe. So hat meine kleine Stiftung menschlich und wirtschaftlich gute und zuverlässige Partner.
Sie organisieren vor Ort all das, was Familien mit behinderten Kindern hilft. Die Kinder werden intensiv auf den Besuch der Schule vorbereitet. Ihre Eltern können parallel dazu Seminare besuchen und so mehr über Ernährung, Gesundheit oder Aidsprävention erfahren. Stets geht es darum, das leibliche, geistige und seelische Wohl als eine Einheit zu betrachten. Auf diese Weise erleben die Menschen im Diakoniezentrum Tandala eine Arbeits- und Lebensgemeinschaft, in der körperliche oder geistige Behinderung kaum mehr eine Rolle spielt. Natürlich bieten die handwerklichen Kurse den Teilnehmerinnen und Teilnehmern auch die Chance, später wirtschaftlich besser dazustehen.
Leider teilt meine Stiftung das Schicksal vieler kleinerer Stiftungen in Deutschland. Seit mehr als zehn Jahren sind die Zinsen auf einem Tiefstand, und so können wir weniger Geld ausschütten, als wünschenswert wäre. Deshalb freue ich mich auch darüber, dass der evangelische Kirchenkreis in Halle die Arbeit in Tandala bisher mit rund 24.000 Euro unterstützt hat. Nur so und mit der Spendenbereitschaft vieler weiterer Personen können wir den Bedarf decken. Die Warteliste im Diakoniezentrum ist lang. Ich bin sicher, dass jedes Kind, das in Tandala fit für ein selbstständiges Leben gemacht wird, ein ermutigendes Zeichen dafür ist, dass wir alle in einer gemeinsamen Welt leben.

KEIN ENDE IN SICHT

Wenn ich im Rückblick die Windungen und Wendungen meines Lebens betrachte, so kommt es mir manchmal vor wie ein gut konstruierter Krimi. Vermutlich geht es vielen Menschen so, die in der DDR von der Stasi bespitzelt wurden. Im gut konstruierten Film erfährt der Zuschauer an den verschiedenen Wendepunkten, dass alles ganz anders ist als gedacht: Gute stellen sich als Böse heraus, und vermeintlich Böse wollen eigentlich das Gute. Auch ich machte diese Erfahrungen mehr als einmal, als ich nach der Friedlichen Revolution Einsicht in meine Stasiakten nehmen konnte – mit einem kleinen Unterschied. Anders als im Krimi, in dem sich der Böse als Guter entpuppt, fand ich eigentlich nur vermeintlich Gutmeinende, die heimlich für die Gegenseite arbeiteten.

Wie blicke ich heute auf diese Menschen? In Gesprächen geht es bisweilen um die ganz großen Fragen. Eine davon lautet: Kann ich vergeben?

Zur Vergebung gehört nach meinem Verständnis unabdingbar das Eingeständnis der Schuld und die damit verbundene Übernahme von persönlicher Verantwortung. Ich muss ehrlich sagen: Das habe ich nach 1990 nur in den seltensten Fällen erlebt.

Wichtiger ist aber vielleicht dies: Vergebung ist für mich kein Menschenwerk, sondern allein von Gottes Gnade abhängig.

Als ich im Gefängnis saß, las ich regelmäßig den wunderbaren Psalm 18 aus dem Alten Testament. Darin heißt es im Vers 30: „Mit dir, mein Gott springe ich über Mauern." Welch wunderbares Bild – übrigens nicht nur für jemanden, der im Gefängnis sitzt. Dieser Satz half auch, dass bei mir ein allmählicher Heilungsprozess beginnen konnte.

Ohne pathetisch klingen zu wollen, muss ich aber auch feststellen: Ich habe Narben davongetragen. Und ich weiß, sie bleiben lebenslang. Folgerichtig ist für mich das Erinnern von so großer Bedeutung.
Freya Klier, die Autorin und Regisseurin, auf die die Stasi 1987 einen Mordversuch verübte, indem sie in ihrem Auto ein Nervengift platzierte, und die 1988 in den Westen abgeschoben wurde, fügte den zehn Geboten kurzerhand ein elftes hinzu. Es lautet: „Du sollst Dich erinnern!"

Und ich? Ich sehe mich keineswegs nur als Opfer, sondern auch als Täter. Ich habe damals bewusst Widerstand geleistet, aber dabei nicht immer edel gekämpft. Keine Frage, dass dabei auch bei meinen kirchlichen und staatlichen Widersachern Verletzungen nicht ausgeblieben sind. Wie sang Wolf Biermann in seinem Lied „Mir selber helfen kann ich nicht" so: „Wer halt den Kampf wagt mit den Drachen, der kämpft nicht immer ritterlich ..."
Gewiss: Ich habe anderen auch Schmerzen zugefügt, und so hält sich mein Groll gegenüber den politischen Gegnern von damals in Grenzen. Eines haben sie schließlich nicht geschafft: meine Würde zu zerstören.
Natürlich war es auch, vielleicht sogar vor allem, mein Glaube, der mir geholfen hat. Wenn Gott sagt: „Die Rache ist mein ...", dann möchte er mich auch schützen. Ich bin kein Richter und erst gar kein Rächer – im Rechtsstaat gibt es dafür unabhängige Gerichte – fürs Richten. Nicht fürs Rächen.

Mit manchen habe ich „über früher" reden können. Manche haben sich einem Gespräch stets verweigert – so auch die Richterin, die mich seinerzeit verurteilt hat. Ich habe

mehrere Anläufe für ein Gespräch unternommen. Sie wollte leider nicht – wie viele andere auch.
So war es aus meiner Sicht folgerichtig, dass ich mich am 14. Mai 1997 mit einer Beschwerde wegen Rechtsbeugung an den Generalstaatsanwalt des neuen Bundeslandes Sachsen-Anhalt gewandt habe. Am 30. Juli 1997 teilte er mir mit: Meine ... *Verurteilung wegen mehrfach begangener staatsfeindlicher Hetze gem. §106 StGB/DDR, Beeinträchtigung staatlicher Tätigkeit in Tateinheit mit ungesetzlicher Verbindungsaufnahme gem. §214/219 StGB/DDR und Beihilfe zur ungesetzlichen Verbindungsaufnahme gem. §22 Abs .2 Nr. 3 StGB i. V. m.§219 StGB/DDR stand, jedenfalls nach diesen Kriterien, noch nicht in einem offensichtlichen und unerträglichen Widerspruch zu elementaren Geboten der Gerechtigkeit und stellte insbesondere keinen Willkürakt dar.*
Und die Generalstaatsanwaltschaft des neuen Rechtsstaates ließ verlauten: *Des Weiteren erlaube ich mir darauf hinzuweisen, dass die Staatsanwaltschaft Magdeburg die kompletten zur Verfügung stehenden Operativvorgänge des Ministeriums für Staatssicherheit und die kompletten Verfahrensakten bei ihrer Entscheidung berücksichtigt hat. Ich weise daher Ihre Beschwerde als unbegründet zurück.*

Nun hatte ich es schriftlich: Meine Verurteilung war *kein* Willkürakt, meine Beschwerde dagegen war folglich *unbegründet*! Das ist für mich eine ebenso offene Wunde wie die Tatsache, dass meine Kirche sich nach wie vor schwertut, ihrem Bußwort Taten folgen zu lassen, auch wenn eine Passage aus dem Bußwort direkt auf meine Person zugeschnitten worden zu sein schien: *Bis heute übernehmen wir als Kirche nicht die nötige Verantwortung für Menschen, die unter Mithilfe oder nach Verrat aus kirch-*

lichen Kreisen inhaftiert, gedemütigt, traumatisiert oder zur Ausreise gedrängt wurden. Dazu gehört auch, dass Pfarrerinnen, Pfarrern und anderen kirchlichen Mitarbeitenden, die in schwerer persönlicher Bedrängung keinen anderen Weg als die Ausreise aus der DDR gesehen haben, die Freigabe zum Dienst in westdeutschen Kirchen verweigert wurde. Ja, so war das auch in meinem Fall. Erst nach elf Monaten und unter enormen eigenen Anstrengungen fand ich schließlich eine ABM, in deren Rahmen ich für die Kirche arbeiten konnte. Eine richtige Stelle als Jugendarbeiter unter ihrem Dach bekam ich sogar erst mehr als zweieinhalb Jahre später. Eine Tatsache, die allerdings auch dafür sorgt, dass mir nun eine kirchliche Zusatzrente versagt bleibt, weil ich dafür nicht ausreichend Berufsjahre nachweisen kann. – Meiner Kirche sind diese Fakten bekannt. Ich habe sie mehrfach bei Terminen mit der früheren Bischöfin Ilse Junkermann angesprochen. Auch ihrem Amtsnachfolger Friedrich Kramer sind diese Tatsachen bekannt. Kurz nach seinem Dienstantritt hatten wir die Fakten besprochen. Im Dezember 2019 sagte er mir Unterstützung und Klärung zu. Ein Ergebnis liegt bisher nicht vor. Und so ist wieder ein Jahr verstrichen. – Für eine Institution wie die Kirche mag das kein großer Zeitraum sein, doch für einen bald 70-Jährigen wie mich ist das viel Lebenszeit.

Endet meine Geschichte an dieser Stelle? Nein. Denn immer wieder, auch während der Arbeit an diesem Buch, tauchen neue Stasiakten zu meinem Fall auf. Und das, obwohl sich bereits während der vorangegangenen elf Akteneinsichten 7.374 Seiten aus 199 durchgelesenen Unterlagen ergaben. Nein, es sind nicht nur ein paar neue Seiten. Allein aufgrund meines Wiederholungsantrags

auf Akteneinsicht bei der Stasiunterlagenbehörde bekam ich (Stand 30. September 2019) einige Tausend Seiten.
Und im Juni 2020 erhielt ich von der Stasiunterlagenbehörde einen aus dem Jahr 1983 stammenden Schriftwechsel zwischen Erich Honecker und Erich Mielke, in der es um meine Person ging.
Erst seit Kurzem weiß ich auch, dass insgesamt 91 IM auf mich angesetzt waren. Bisher war ich von 35 ausgegangen. Nach und nach erfahre ich nun auch, welche Klarnamen sich hinter den Decknamen verbergen. Bei einigen habe ich nur noch verschwommene Erinnerungen. Andere sind harter Tobak, denn sie waren Freunde, Bekannte oder Verwandte. Mit den wenigsten habe ich über ihre IM-Tätigkeit gesprochen. Das ist auch ein zeitliches Problem, denn dafür bräuchte ich noch ein zweites Leben. Außerdem möchte ich nicht immer wieder alte Wunden aufreißen, denn ich habe zu diesen Leuten ja auch keinen Kontakt mehr. Aber selbst wenn ich ihn hätte, die Erfahrung lehrt, dass viele ehemalige IM sich ihrer Vergangenheit nicht stellen wollen. Ich empfinde es als äußerst schräg, dass sich die Opfer – wenn man so will – einen Weg überlegen müssen, die Täter von damals möglichst „schonend“ mit ihrer Schuld zu konfrontieren, damit sie überhaupt reagieren und sich nicht – was oft genug vorgekommen ist – juristisch zur Wehr setzen.
Detlef Hammer, der Oberkonsistorialrat, Wolfgang Schnur, der Anwalt, Lothar Niederehe, der Freund, und Wolfgang Leber, der Schwager – das sind die Namen der langen Liste jener Menschen, die mich bespitzelt haben, die mich am meisten irritiert haben. Sie haben sich in mein Innerstes geschlichen und mein Vertrauen ausgenutzt, wie man sehr schön auch am Beispiel von IM Andre Wagner, meinem Ex-Schwager, sehen kann.

Er war von 1970 bis 1974 mein Schwager, der erste Mann meiner Schwester. Aus den Unterlagen geht hervor, wie er Berichte über meine Aktivitäten und die Stimmung in Halle in den Jahren 1981 bis 1983 an die Stasi verriet. Auch scheute er sich nicht, seine Kenntnisse über unsere Familie seinen Auftraggebern mitzuteilen. Die seelischen Wunden, die eine solche Enttarnung trägt, wirken bis heute nach. Denn dieser Schwager-IM hat mit meiner Schwester auch eine gemeinsame Tochter, Maureen. Sie hatte es nicht leicht, als wir von der Rolle ihres Vaters erfuhren. Den Kontakt zu ihrem Vater hatte Maureen 1995 eingestellt und erst Anfang des Jahres 2021 wieder aufgenommen. In der Zwischenzeit absolvierte sie ein Germanistikstudium an der Technischen Universität Darmstadt. Dort schrieb sie in den Jahren 2002/2003 ihre Magisterarbeit zum Thema „Die Sprache der Staatssicherheit der DDR. Nomen est omen. OV Prävention. Die vorbeugende Verhinderung". Darin setzt sie sich anhand eines meiner Operativvorgänge mit der Problematik auseinander.

Manchmal habe ich das Gefühl, Blicke in mein von der Stasi dokumentiertes Leben verhalten sich wie eine Kettenreaktion: Sobald ich eine Seite aus den Akten anfasse, ergeben sich neue Querverbindungen und Fragen.
Wie geht man damit um? Da ist einerseits der Wunsch nach Klarheit, andererseits aber auch eine Angst vor neuen Wunden. So habe ich erst jetzt (im Frühjahr 2020) jene Briefe erhalten, die mir Karin einst ins Gefängnis geschickt hatte. Sie zu lesen, ist für mich nicht leicht. Auch, weil Karin inzwischen verstorben ist und ich nicht mehr bei ihr nachfragen kann. Das schmerzt.
Was ebenfalls schmerzt: Das Unrechtssystem der DDR wird inzwischen gern verharmlost und das nicht erst seit

den Protesten von sogenannten „Querdenkern" während der Corona-Pandemie. Diese Beobachtung nehme ich auch in meinem persönlichen Umfeld wahr. Gern wird dabei argumentiert, dass man den real existierenden Sozialismus der DDR nicht mit dem Dritten Reich gleichsetzen könne. Warum? Weil die Regierenden in der DDR ja etwas Gutes wollten, höre ich bisweilen als Antwort. Das mag sein. Aber das ändert nichts an der Tatsache, dass beide Systeme Diktaturen waren. Die grausame Einmaligkeit des Holocaust hat natürlich nichts mit der Tatsache zu tun, dass an der DDR-Grenze Menschen erschossen wurden. Dennoch: Beides waren Unrechtssysteme, in denen Menschen vernichtet wurden. Ich würde mich freuen, wenn die Menschen bereit wären, sich mehr mit den Hintergründen auseinanderzusetzen. Denn letztlich war die DDR ja auch eine direkte Folge des Zweiten Weltkriegs und ist damit auch eng mit den historischen Ereignissen im Dritten Reich verquickt. Inzwischen kennen viele die DDR kaum mehr aus eigener Erfahrung. Auch deshalb habe ich dieses Buch geschrieben. Und auch deshalb erzähle ich meine Geschichte weiterhin in Schulen. Und ich freue mich darüber, dass meine Akten und die Dokumentation meines Leben zwischen Ost und West nun bald einen festen Platz der Erinnerung gefunden haben: Im „Archiv der DDR-Opposition" der Robert-Havemann-Gesellschaft in Berlin. Dort werden meine Akten gleichsam wiedervereint sein mit den Lebensläufen und Nachlässen vieler ehemaliger Weggefährten. Jeder Interessierte kann sie einsehen. Das bedeutet auch: Jeder hat die Chance, sein Bild der DDR zu vervollständigen. Es geht um politische Bildung und um Reflexion der Gesellschaft, aber auch darum, mit diesem Wissen eine dritte Diktatur auf deutschem Boden zu verhindern.

DANKSAGUNG

Am Ende meines Buches, möchte ich allen Menschen Dank sagen, die nicht selten auf so wunderbare Art und Weise in mein Leben gekommen sind.

Dankbar bin ich vor allem den Menschen, die mir ihre Herzen und Seelen geöffnet haben. Sie haben mein Leben so unendlich reich gemacht. Auch deshalb habe ich den Glauben an das innere Gute im Menschen, selbst in schwierigsten Zeiten nicht verloren.

So gilt mein Dank zuallererst all den mutigen und so lebensbejahenden Menschen aus der damaligen Offenen Arbeit in Halle-Neustadt und anderswo in der untergegangenen DDR.

Doch die kleine Geschichte meines Lebens wäre beinahe nicht erzählt worden, wenn der ehemalige Lektor bei Reclam Leipzig und im Mitteldeutschen Verlag, Klaus Pankow, mich nicht immer wieder gedrängt hätte anzufangen. Die Interviews mit ihm im Winterhalbjahr 2018/19 bildeten die Grundlage für dieses Buch. Ihm gebührt ein großes Dankeschön.

Ines und Peter Godazgar haben mit ihrem großen Interesse für mein Leben und tatkräftigem Engagement für dieses Projekt letztlich zum Entstehen entscheidend beigetragen. Die Überarbeitung der Rohfassung und die vielen guten Gespräche waren zugleich ein kleines Stück spannende deutsch-deutsche Aufarbeitung unserer Geschichte.

Meiner lieben Frau Iris, danke ich für die unendliche Geduld bei der schwierigen Abschrift der langen Interviews mit Klaus Pankow, aus denen dieses Buch hervorging. Ebenso bedanke ich mich für ihre nie endende Ermutigung auf dem Weg zur Vollendung des Buches.

Natürlich gebührt eine große Danksagung Frau Birgit Neumann-Becker. Die Landesbeauftragte des Landes Sachsen-Anhalt zur Aufarbeitung der SED-Diktatur hat von Anfang an gemeinsam mit mir und anderen Partnern um die Realisierung des Buchprojektes gekämpft und sie letztlich ermöglicht.

WEITERFÜHRENDE LITERATUR

Ahrberg, Edda (Hg.): Betroffene erinnern sich, Nr. 4. Vom Roten Ochsen geprägt. Berichte politisch Inhaftierter in den achtziger Jahren, Magdeburg 1997

Ahrberg, Edda (Hg.): Betroffene erinnern sich, Nr. 7. Helmut Hartmann. Ein evangelischer Kirchenkreis im Visier des Ministeriums für Staatssicherheit. Meine Akte Operativer Vorgang „Trend", Magdeburg 1998

Behnke, Klaus/Wolf, Jürgen: Stasi auf dem Schulhof. Der Missbrauch von Kindern und Jugendlichen durch das Ministerium für Staatssicherheit, 2. Aufl., Bonn 2012

Bonhoeffer, Dietrich: Briefe und Aufzeichnungen aus der Haft. Vollständige Textausgabe, Gütersloh 2005

Booß, Christian: Im goldenen Käfig. Zwischen SED, Staatssicherheit, Justizministerium und Mandant – Die DDR-Anwälte im politischen Prozess, Göttingen 2017

Eid, Volker (Hg.): Prophetie und Widerstand. Theologie zur Zeit, Band 5, Düsseldorf 1989

Eisert-Bagemihl, Lars/Kleinert, Ulf (Hg.): Zwischen sozialer Bewegung und kirchlichem Arbeitsfeld. Annäherung an die Offene Jugend(-)Arbeit, Leipzig 2002

Freitag, Werner/Minner, Katrin/Ranft, Andreas (Hg.): Geschichte der Stadt Halle. Band 1 und 2, Halle (Saale) 2006

Fuchs, Jürgen: Vernehmungsprotokolle. November '76 bis September '77, Reinbek bei Hamburg 1978

Gursky, André: Rechtspositivismus und konspirative Justiz als politische Strafjustiz in der DDR, Frankfurt am Main 2011

Henkys, Reinhard: Die Evangelischen Kirchen in der DDR. Beiträge zu einer Bestandsaufnahme, München 1982

Hirsch, Jens: St. Peter & Paul zu Weißensee. Von der romanischen Basilika zur Stadt- und Kulturkirche 1180–2015, Weißensee 2015

Holl, Adolf: Jesus in schlechter Gesellschaft, München 1974

Kirchschlager, Michael/Berwinkel, Molgo/Hildebrand, Thomas/Stolle, Thomas: Die Geschichte der Stadt Weißensee von den Anfängen bis zur Gegenwart. Festschrift anlässlich des 800jährigen Marktrechtes der Stadt Weißensee, Erfurt 1998

Klier, Freya: Oskar Brüsewitz. Leben und Tod eines mutigen DDR-Pfarrers, Berlin 2004

Kobylinski, Alexander: Der verratene Verräter. Wolfgang Schnur: Bürgerrechtsanwalt und Spitzenspitzel, Halle (Saale) 2015

Neubert, Ehrhart: Geschichte der Opposition in der DDR 1949–1989. Forschungen zur DDR-Gesellschaft, Berlin 1998

Pasternack, Peer u.a.: 50 Jahre Streitfall Halle-Neustadt. Idee und Experiment. Lebensort und Provokation, Halle (Saale) 2014

Pietzsch, Henning: Jugend zwischen Kirche und Staat. Geschichte der kirchlichen Jugendarbeit in Jena 1970–1989, Köln/Weimar/Wien 2005

Rauhut, Michael/Kochan, Thomas: Bye bye, Lübben City. Bluesfreaks, Tramps und Hippies in der DDR, Berlin 2004

Rochau, Lothar: Es gibt ein Leben ohne falsche Kompromisse, in: Rebellion im Plattenbau. Die offene Arbeit in Halle-Neustadt 1977–1983, Katalog zur Ausstellung, hg. von Sebastian Bonk, Florian Key und Peer Pasternack, Halle-Wittenberg 2013. Online abrufbar unter: https://www.hof.uni-halle.de/publikation/rebellion-im-plattenbau-die-offene-arbeit-in-halle-neustadt-1977-1983-katalog-zur-ausstellung/ (23.3.2021)

Scherrieble, Joachim: Der Rote Ochse Halle (Saale). Politische Justiz 1933–1945/1945–1989 – Katalog zu den Dauerausstellungen. Bearbeitet von Daniel Bohse und Alexander Sperk, S. 441–445, Berlin 2008

Schlegel, Gerd: Weißenseer Pitaval. Die Stadtgerichtsbarkeit in Weißensee mit ausgewählten Prozessen, Kriminalfällen und Strafgeldlisten vergangener Jahrhunderte, Weißensee 2000

Schultze, Harald/Zachhuber, Waltraut: Spionage gegen die Kirchenleitung. Detlef Hammer – Stasi-Offizier im Konsistorium Magdeburg, Magdeburg 1994

Schulze, Rudolf: Die Konflikte um den Jugenddiakon Lothar Rochau und seinen Dienst In Halle-Neustadt 1981–1983, Memmingen 1996

Hans-Joachim Veen (Hg.): Lexikon. Opposition und Widerstand in der SED-Diktatur, Berlin/München 2000

Versöhnung und Aufarbeitung. Erstes Forum zum Bußwort des Landeskirchenrats der Evangelischen Kirche in Mitteldeutschland zum Buß- und Bettag 2017, Theologische Fakultät der Martin-Luther-Universität Halle-Wittenberg, 26. Mai 2018, epd Dokumentation, Frankfurt am Main 2018

Weispfennig, Walter: Die Entnazifizierung der Thüringer Ev. Pfarrerschaft nach 1945 gemäß dem Reinigungsgesetz. Schriften des Thüringer Pfarrverein, Steinbach/Quedlinburg 2018

Wölbern, Philipp (Hg.): Der Häftlingsfreikauf aus der DDR 1962/63–1989. Zwischen Menschenhandel und humanitären Aktionen, Göttingen 2014

Informationen im Internet

Interview mit Lothar Rochau über seine Erfahrungen in der DDR: www.zeitzeugen-portal.de/personen/zeitzeuge/lothar_rochau

Umweltaktivisten in der DDR: Interview mit Lothar Rochau: www.bundesstiftung-aufarbeitung.de/de/recherche/mediathek/umweltaktivisten-der-ddr-lothar-rochau

Multimediale Plattform zum Thema „Auflehnung von Jugendlichen in der Sowjetischen Besatzungszone“: www.jugendopposition.de

Portal der Bundesstiftung zur Aufarbeitung der SED-Diktatur, mit dem bundesweit Zeitzeugen zur Geschichte von Demokratie und Diktatur nach 1945 recherchiert und kontaktiert werden können: www.zeitzeugenbuero.de

Bußwort der Evangelischen Kirche Mitteldeutschlands 2017 im Wortlaut unter: www.ekmd.de/asset/9EnMrhNQRyuGc-88XiDXZQ/busswort-herbst-synode-2017.pdf

QUELLEN UND DOKUMENTE

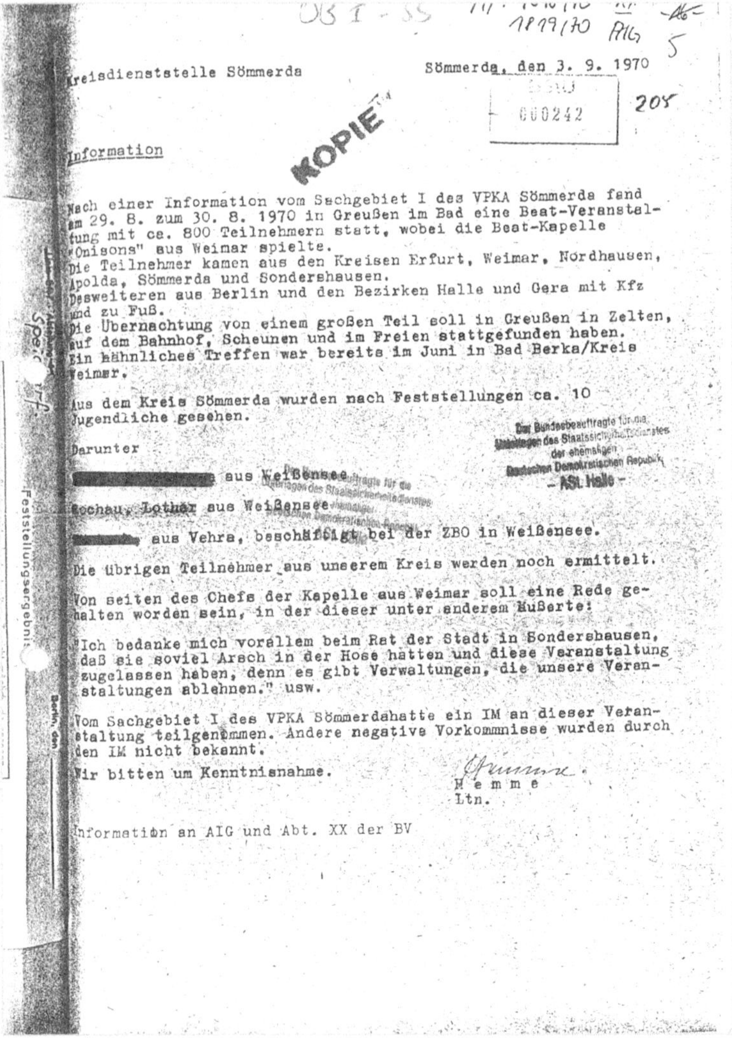

Kreisdienststelle Sömmerda Sömmerda, den 3. 9. 1970

KOPIE

000242

Information

Nach einer Information vom Sachgebiet I des VPKA Sömmerda fand am 29. 8. zum 30. 8. 1970 in Greußen im Bad eine Beat-Veranstaltung mit ca. 800 Teilnehmern statt, wobei die Beat-Kapelle "Onisons" aus Weimar spielte.
Die Teilnehmer kamen aus den Kreisen Erfurt, Weimar, Nordhausen, Apolda, Sömmerda und Sondershausen.
Desweiteren aus Berlin und den Bezirken Halle und Gera mit Kfz und zu Fuß.
Die Übernachtung von einem großen Teil soll in Greußen in Zelten, auf dem Bahnhof, Scheunen und im Freien stattgefunden haben.
Ein ähnliches Treffen war bereits im Juni in Bad Berka/Kreis Weimar.

Aus dem Kreis Sömmerda wurden nach Feststellungen ca. 10 Jugendliche gesehen.

Darunter

[redacted] aus Weißensee

Rochau, Lothar aus Weißensee

[redacted] aus Vehra, beschäftigt bei der ZBO in Weißensee.

Die übrigen Teilnehmer aus unserem Kreis werden noch ermittelt.

Von seiten des Chefs der Kapelle aus Weimar soll eine Rede gehalten worden sein, in der dieser unter anderem äußerte:

"Ich bedanke mich vorallem beim Rat der Stadt in Sondershausen, daß sie soviel Arsch in der Hose hatten und diese Veranstaltung zugelassen haben, denn es gibt Verwaltungen, die unsere Veranstaltungen ablehnen." usw.

Vom Sachgebiet I des VPKA Sömmerdahatte ein IM an dieser Veranstaltung teilgenommen. Andere negative Vorkommnisse wurden durch den IM nicht bekannt.

Wir bitten um Kenntnisnahme.

Hemme
Ltn.

Information an AIG und Abt. XX der BV

Information über eine „Beat-Veranstaltung“ im Jahr 1970 im thüringischen Greußen. Aus dem Kreis Sömmerda wurden „ca. zehn Jugendliche gesehen“, unter ihnen auch Lothar Rochau (BStU, MfS, BV Halle, Abt. VIII, Nr. 194/79, Bl. 242).

Für den 23.03.71 in der Zeit von 13.30 - 17.05 Uhr

BStU
000007

Mit der Beobachtung des "Mähne" wurde um

13.30 Uhr vor dem VPKA in Sömmerda begonnen.

14.10 Uhr verließ "Mähne" das VPKA und ging zum VEB Kombinat Zentronik, welches er durch das Tor 3 um

14.20 Uhr betrat.

16.00 Uhr verließ "Mähne" den Betrieb wieder durch das Tor 3 und ging durch die Stadt zur Uhlandstr. Hier betrat er um

16.10 Uhr das Haus Nr. 1 (Hochhaus)

16.35 Uhr verließ er das Haus und ging eiligen Schrittes zum Bahnhof. Hier bestieg "Mähne" den Zug in Richtung Straußfurt um

16.45 Uhr. Kurz darauf fuhr der Zug ab.

17.00 Uhr kam "Mähne" mit diesen Zug in Weißensee an. Er verließ den Bahnhof und ging zur Bahnhofstraße. Hier betrat er um

17.05 Uhr das Haus Nr. 59

Zu diesen Zeitpunkt wurde die Beobachtung nach Absprache beendet.

N o a

Hptm. der K

KOPIE BStU

Beobachtungsprotokoll (Abschrift): Mit „Mähne" ist Lothar Rochau gemeint. Er war damals erst 18 Jahre alt (BStU, MfS, BV Halle, Abt. VIII/ Nr 2665/81, Bl. 007).

Halle, 8. Juni 1979

Werter Genosse Erich Honecker!

Als Anlage übermittle ich Dir eine Information über die Beteiligung kirchlicher Amtsträger an den Wahlen zu den örtlichen Volksvertretungen und über die III. Werkstatttage der Jungen Gemeinde in Halle-Neustadt sowie das 33. Petersbergtreffen des Evangelischen Jungmännerwerkes Sachsen/Anhalt.

Mit kommunistischem Gruß

F.

Anlage W. Felfe

413

einverstanden Mielke

Berlin, 14. November 1983

Vermerk
zum Strafverfahren gegen ROCHAU, Lothar

BStU
000493

Der ehemalige Jugenddiakon

ROCHAU, Lothar (31)

wurde am 16. 9. 1983 durch den 1. Strafsenat des Bezirksgerichtes Halle wegen staatsfeindlicher Hetze und weiterer Straftaten zu einer Freiheitsstrafe von 3 Jahren verurteilt. Dieses Urteil, gegen das ROCHAU Berufung eingelegt hatte, ist seit dem 31. 10. 1983 entsprechend einer endgültigen Entscheidung des Berufungssenats des Obersten Gerichts der DDR rechtskräftig.

ROCHAU stellte am 10. 11. 1983 nach einer Konsultation mit seinem Verteidiger einen Antrag auf Übersiedlung in die BRD. Diesem Antrag soll im Rahmen zentraler Maßnahmen im Verlaufe des Dezember 1983 entsprochen werden.

ROCHAU befindet sich zur Zeit zur Strafverbüßung in der StVE Cottbus.

Oben: Der DDR-Staatsratsvorsitzende Erich Honecker wurde schon früh über die Werkstatt-Treffen informiert (Privatarchiv Rochau); unten: Erich Mielke persönlich zeichnete einen Vermerk zum Prozess gegen Lothar Rochau ab (BStU, MfS, BV Halle, Abt. VIII, Nr. 1474/83, Bl. 493).

Bericht über das IV. Werkstatt-Treffen der ~~JG~~ Ha.-Neu.
19.-20.Oktober 1979

I.Vorbemerkungen:

Vom 19.-20.10.1979 fand auf dem Gelände der Kirchengemeinde Halle-Neustadt, unser IV. Werkstatt-Treffen statt.
Es sollte unter dem Thema stehen:"Du,laß dich nicht verbittern-Zeichen unserer Hoffnung."

Ich bin am 18.10.79, von hauptamtlichen Mitarbeitern der Kirchengemeinde Halle-Neustadt aufgefordert worden, den ersten Teil des Themas wegzu-lassen.
Begründung: Hier würde mit W.Biermann, für eine kirchliche Jugendveranstaltung geworben. Außer zwei Plakate, die aber nach wenigen Stunden auf Veranlassung von hauptamtlichen Mitarbeitern aus Ha.-Neu. entfernt worden, passierte keinerlei offizielle Werbung für dieses Werkstatt-Treffen.
Die Teilnehmerzahl schwankte zwischen 400-600 jungen Leuten, zwischen 16-30Jahren. Der Trägerkreis dieser Veranstaltung war der Vorbereitungskreis der ~~Jungen Gemeinde~~ Halle-Neustadt.
Ihm gehören zum überwiegenden Teil, junge Arbeiter über 20Jahre an. Finanziell wurde diese Veranstaltung (rund 4200,-M.Vorauslagen einzig und allein von der JG Ha.-Neu. getragen.

Zielgruppen: Junge Berufstätige und sozial und emotional gestörte junge Menschen.

Zielvorstellung: Junge Menschen durch das Evangelium wacher zu machen, ihr bewußtes Erleben zu steigern, ihre Verkrampfungen zu lockern, Verhärtungen abzubauen - kurz, Menschen lebendiger zu machen.

III. Schlußbemerkungen

Dieses IV.Werkstatt-Treffen stellte in jeder Beziehung einen neuen Abschnitt in unserer Arbeit dar. Es zeigten sich große Differenzen zwischen der Gemeinde Ha.-Neu., und der ~~Jugendarbeit~~ in Ha.-Neu. Diese Differenzen müssen auf der Gesprächsbasis ausgetragen werden.
Der Vorbereitungskreis ist jederzeit bereit, wie wir es mehrfach unter Beweis gestellt haben, mit der Gemeindeleitung von Ha.-Neu. zusammenzuarbeiten.
Wir verstehen es nicht, warum von seiten der Gemeindeleitung dieses Angebot nicht wahrgenommen worde.
Zum anderenist es ein Unding, daß von den staatlichen Stellen, genau eine Woche vor Beginn der Veranstaltung, in dieser Art und Weise in die Vorbereitung eingegriffen worden ist.
Für die Zukunft wäre zu fragen, ob die Verhandlungen nicht bereits vom Anfang an, auf Kirchenkreisebene geführt werden sollten.
Meines Erachtens nach, kann man nicht von seiten der Kirchengemeinde, mit so unterschiedlichen Standpunkten in solch wichtigen Gesprächen mit staatlichen Stellen gehen.
Der Vorbereitungskreis der Jungen Gemeinde von Halle-Neustadt, sieht es als ganz dringend an, möglichst bald auf Kirchenkreisebene ein klärendes Gespräch über die Zukunft dieser Großveranstaltung zu führen.

L. Rochau

- Jugendarbeiter -

Ausschnitte aus Lothar Rochaus internem Bericht über das IV. Werkstatt-Treffen im Oktober 1979. Die Treffen zogen Tausende junge Menschen an (Privatarchiv Rochau).

A u f g a b e n

z ur Koordinierung der Staatspolitik in Kirchenfragen

Die weitere konsequente Durchsetzung der Staatspolitik in Kirchenfragen erfordert, wie in der gesamten politisch-ideologischen Arbeit, in Vorbereitung des X. Parteitages die Wirksamkeit in diesem Bereich zu erhöhen.

Ausgehend von der Beratung der beteiligten Organe vom 25.3.80 stehen in Vorbereitung des X. Parteitages und anderer gesellschaftlicher Höhepunkte folgende Aufgaben im Mittelpunkt:

1. Der vom Staatsratsvorsitzenden, Gen. Erich Honecker, zum 30. Jahrestag der DDR erneut bekräftigte Grundsatz der breiten Einbeziehung aller Bürger, gleich welcher Weltanschauung und Religion, in die Gestaltung der entwickelten sozialistischen Gesellschaft ist eine dauerhafte Grundlage für die Vertiefung und Profilierung staatsbürgerlichen Denkens und Handelns der Christen in der DDR. Dies ist und bleibt der dominierende Gesichtspunkt der gesamten politisch-ideologischen Arbeit gegenüber den Kirchen und Religionsgemeinschaften.
   Auf dieser Grundlage sind regelmäßige Aussprachen mit den Pfarrern, Gemeindeleitungen u.a. verantwortlichen Mitarbeitern der Kirchgemeinden durchzuführen, mit dem Ziel, den Differenzierungsprozeß innerhalb der Gemeindeleitungen und im Kreis der hauptamtlichen Mitarbeiter weiter positiv zu gestalten.
   Mit der Verstärkung dieses Differenzierungsprozesses muß die weitere Isolierung des R o c h a u als Initiator der Jugendarbeit erreicht werden.

4. Für die SO ergeben sich u.a. folgende Aufgaben:
   - lückenlose Kontrolle über kirchliche Veranstaltungen,
   - Aufklärung und Information der Kontaktpolitik und der Reisetätigkeit (Ein- und Ausreisen),
   - Erarbeitung von Einsatzdokumenten zur Sicherung des Objektes Schulplatz 3/4 in Halle-Neustadt / Semmelweißstr. in Dölau und Gelände an der Moritzkirche in Halle einschl. der Verkehrsorganisation.

5. Die Arbeitsgruppe kommt planmäßig jeden 1. Montag des Monats zusammen.
   Für April ist eine weitere Beratung am 14.4.80, 13.00 Uhr, vorgesehen.

S i m o n
Stellv. d. Vors. f. Inneres

Der Staat überließ nichts dem Zufall. In die Kirchen sollten bewusst Spitzel eingeschleust werden. Ziel war die Zersetzung von Lothar Rochau als Initiator kirchlicher Jugendarbeit (Privatarchiv Rochau).

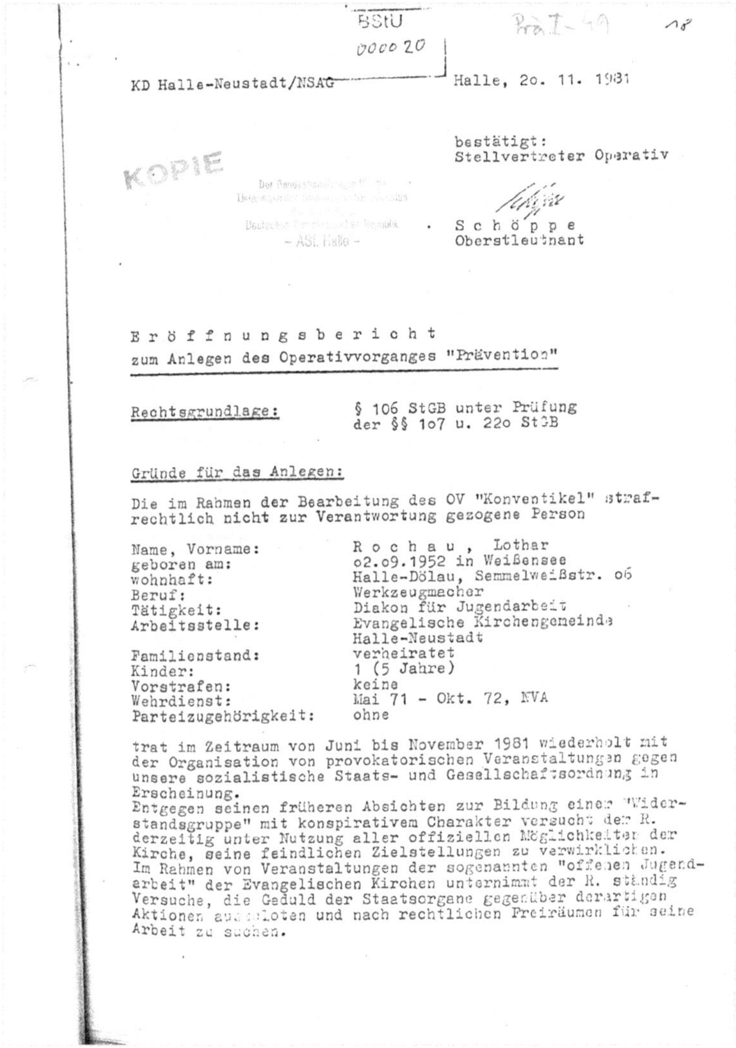

BStU
000020

Prä I-49 18

KD Halle-Neustadt/NSAG — Halle, 2o. 11. 1981

bestätigt:
Stellvertreter Operativ

KOPIE

Schöppe
Oberstleutnant

- ASt. Halle -

Eröffnungsbericht
zum Anlegen des Operativvorganges "Prävention"

Rechtsgrundlage: § 106 StGB unter Prüfung der §§ 1o7 u. 22o StGB

Gründe für das Anlegen:

Die im Rahmen der Bearbeitung des OV "Konventikel" strafrechtlich nicht zur Verantwortung gezogene Person

Name, Vorname:	R o c h a u , Lothar
geboren am:	o2.o9.1952 in Weißensee
wohnhaft:	Halle-Dölau, Semmelweißstr. o6
Beruf:	Werkzeugmacher
Tätigkeit:	Diakon für Jugendarbeit
Arbeitsstelle:	Evangelische Kirchengemeinde Halle-Neustadt
Familienstand:	verheiratet
Kinder:	1 (5 Jahre)
Vorstrafen:	keine
Wehrdienst:	Mai 71 - Okt. 72, NVA
Parteizugehörigkeit:	ohne

trat im Zeitraum von Juni bis November 1981 wiederholt mit der Organisation von provokatorischen Veranstaltungen gegen unsere sozialistische Staats- und Gesellschaftsordnung in Erscheinung.
Entgegen seinen früheren Absichten zur Bildung einer "Widerstandsgruppe" mit konspirativem Charakter versucht der R. derzeitig unter Nutzung aller offiziellen Möglichkeiten der Kirche, seine feindlichen Zielstellungen zu verwirklichen.
Im Rahmen von Veranstaltungen der sogenannten "offenen Jugendarbeit" der Evangelischen Kirchen unternimmt der R. ständig Versuche, die Geduld der Staatsorgane gegenüber derartigen Aktionen auszuloten und nach rechtlichen Freiräumen für seine Arbeit zu suchen.

Perfide Taktik: Im zweiseitigen Eröffnungsbericht zum Anlegen des Operativvorgangs „Prävention" wird unter anderem die „Prüfung der Möglichkeiten, den R. zu kriminellen Handlungen zu bewegen" genannt (BStU, MfS, BV Halle, Abt. VIII, Nr. 2665/81, Bl. 20–21).

KOPIE
Der Bundesbeauftragte für die Unterlagen des Staatssicherheitsdienstes der ehemaligen Deutschen Demokratischen Republik
– ASt. Halle –

BStU
000021

Die Bearbeitung des OV erfolgt durch eine NSAG der KD Halle-Neustadt in Koordinierung mit der Abteilung XX der BV Halle und der KD Halle.
Die Bearbeitung des OV soll mit folgender Zielstellung erfolgen:

- Prüfung der strafrechtlichen Relevanz der Handlungen des R. gemäß §§ 1o6, 1o7 u. 22o StGB und Schaffung offiziell auswertbarer Beweise.

- Rechtzeitige und umfassende Aufklärung der Pläne und Absichten des R. und ihre vorbeugende Verhinderung.

- Prüfung der Möglichkeiten, den R. zu kriminellen Handlungen zu bewegen.

- Zersetzung und Zurückdrängung des Einflusses des R. im Bereich der JG Halle-Neustadt.

- Nutzung aller offiziellen und inoffiziellen Möglichkeiten zur Abberufung und Versetzung des R. aus dem Bereich Halle/Halle-Neustadt.

In der 1. Etappe der Vorgangsbearbeitung ist die [illegible] des R. sowie sein Umgangs- und Verbindungskreis umfassend aufzuklären sowie Voraussetzungen zur Erarbeitung offiziell auswertbarer Beweise zu schaffen.

Leiter der Kreisdienststelle

M ü l l e r
Oberstleutnant

Leiter der NSAG

Reichelt
Hauptmann

BStU
000278

Abteilung XX
Tonbandabschrift-lei

Halle, den 19. Januar 1982

KOPIE

Der Bundesbeauftragte für die Unterlagen des Staatssicherheitsdienstes der ehemaligen Deutschen Demokratischen Republik
– ASt. Halle –

Betrifft den Dienst von Rochau in Halle-Neustadt

Seit längerer Zeit wird von Seiten der Kirchenleitung versucht die Angelegenheit in Rochau in Halle zu bereinigen. Es haben mehrere Gespräche stattgefunden, sowohl des Vertreter des Konsistoriums mit der Gemeindeleitung in Halle-Neustadt als auch zwischen Gemeindeleitung und Kreiskirchenrat Halle.
Der Rat der Kirchenleitung hat in Auswertung der gesamten Verfahren an den Kirchenkreis geschrieben, daß er einen Weggang von Rochau aus der Umgebung von Halle für unabdingbar hält.
Zwischen Halle-Neustadt, Gemeindeleitung und Kreiskirchenrat Halle sollte das nähere vereinbart werden. Es war dann im Ergebnis all dieser Gespräche eine kleine Gruppe eingesetzt worden, die diesen Wechsel von Rochau vorbereiten sollten.
Nachdem die Gemeindeleitung Halle-Neustadt eindeutig erklärt hat, daß sie nicht bereit ist mit Rochau zusammenzuarbeiten, liegt es nun am Kreiskirchenrat in Halle Rochau dazu zubewegen, daß er die Umgebung von Halle verläßt. Zum gegenwärtigen Zeitpunkt ist es so, daß Rochau eine sehr starke Stütze in dem zuständigen Superintendenten von Halle Herrn Hartmann hat.
Auch die Jugendmitarbeiter, im Kirchenkreis Halle, sind nicht bereit mit Rochau so zusammenzuarbeiten, sodaß hböchstwahrscheinli der Kreiskirchenrat nicht umhinkommt im Januar zu beschließen Rochau seinen Arbeitsvertrag zu kündigen, wenn er nicht von sich aus endlich bereit ist wegzugehen.

[redacted] hatte den Auftrag mit der Leitung der Neinstedter Anstalten zu sprechen, da Rochau zur Neinstedter Bruderschaft gehört. Bei dem Gespräch mit dem Bruderältesten [redacted] und dem Vorsteher der Neinstedter Anstalten, im November des letzten Jahres stellte sich heraus, daß Rochau von sich die Verbindungen zur Neinstedter Bruderschaft abgebrochen hat. Daraufhin hat noch einmal derBruderälteste und der Leiter der Neinstedter Anstalten Herrn Rochau geschrieben, daß sie jeder Zeit bereit seien Rochau bzw. seine Familie in Neinstedt aufzunehmen und daß sie dringend darum bitten, daß Rochau sein Verhältnis zur Bruderschaft Neinstedt noch einmal überprüft. Daraufhin ist bisher noch nichts geschehen. Von Seiten des Konsistoriums wird seit längerer Zeit versucht zu Rochau eine andere Stelle zu finden. Allerdings gibt es auch bisher noch niemanden der bereit wäre Rochau in den Dienst der Jugendarbeit zu übernehmen.

Die Kirche im Bund mit der Stasi: Aus der insgesamt zweiseitigen Tonbandabschrift geht hervor, dass die Kirchenleitung den Diakon Rochau aus Halle entfernen wollte (BStU, MfS, BV Halle, Abt. VIII/ Nr. 2665/81, Bl. 278–279).

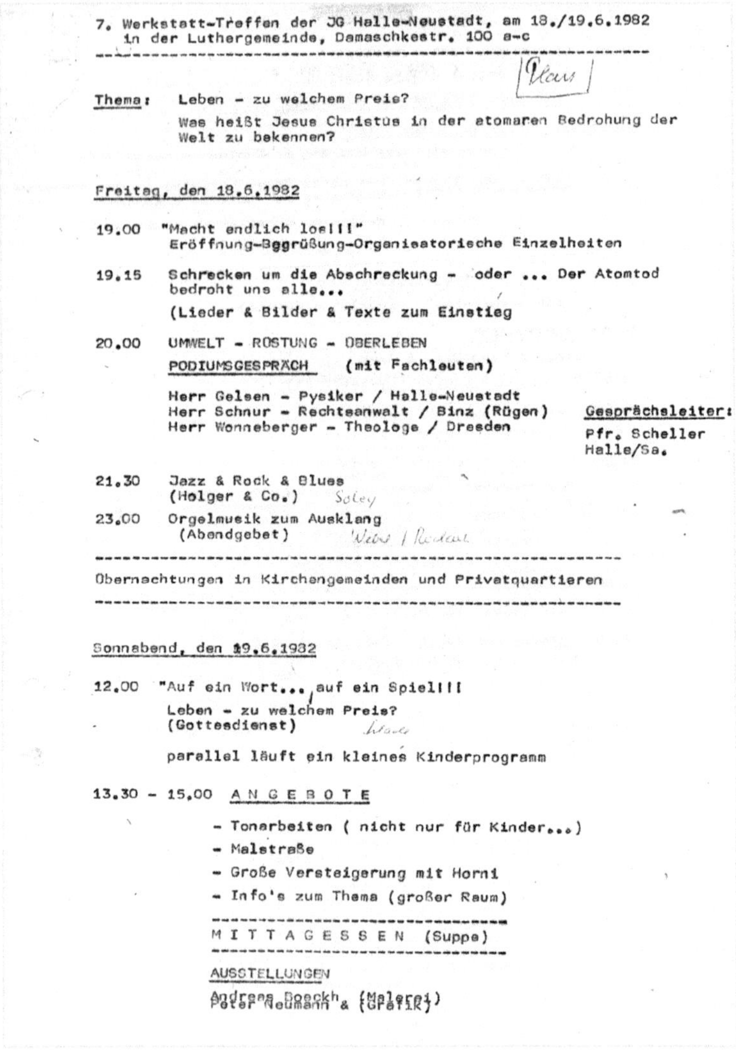

7. Werkstatt-Treffen der JG Halle-Neustadt, am 18./19.6.1982
in der Luthergemeinde, Damaschkestr. 100 a-c

Thema: Leben – zu welchem Preis?
Was heißt Jesus Christus in der atomaren Bedrohung der Welt zu bekennen?

Freitag, den 18.6.1982

19.00 "Macht endlich los!!!"
Eröffnung-Begrüßung-Organisatorische Einzelheiten

19.15 Schrecken um die Abschreckung – oder ... Der Atomtod bedroht uns alle...
(Lieder & Bilder & Texte zum Einstieg

20.00 UMWELT – RÜSTUNG – ÜBERLEBEN
PODIUMSGESPRÄCH (mit Fachleuten)

Herr Gelsen – Pysiker / Halle-Neustadt
Herr Schnur – Rechtsanwalt / Binz (Rügen)
Herr Wonneberger – Theologe / Dresden

Gesprächsleiter:
Pfr. Scheller
Halle/Sa.

21.30 Jazz & Rock & Blues
(Holger & Co.)

23.00 Orgelmusik zum Ausklang
(Abendgebet)

Übernachtungen in Kirchengemeinden und Privatquartieren

Sonnabend, den 19.6.1982

12.00 "Auf ein Wort..., auf ein Spiel!!!
Leben – zu welchem Preis?
(Gottesdienst)

parallel läuft ein kleines Kinderprogramm

13.30 – 15.00 A N G E B O T E

- Tonarbeiten (nicht nur für Kinder...)
- Malstraße
- Große Versteigerung mit Horni
- Info's zum Thema (großer Raum)

M I T T A G E S S E N (Suppe)

AUSSTELLUNGEN

Andreas Boeckh (Malerei)
Peter Neumann & (Grafik)

Ausschnitt aus dem Programm des VII. (und letzten) Werkstatt-Treffens. Es fand in der Luthergemeinde in Halles Südstadt statt. Auch der Rechtsanwalt – und äußerst eifrige Stasi-Spitzel – Wolfgang Schnur nahm an einer Podiumsdiskussion teil (Privatarchiv Rochau).

NEINSTEDTER ANSTALTEN

Evangelische Einrichtung zur Rehabilitation, Förderung und Pflege Geistigbehinderter
Brüderhaus „Lindenhof" (Diakonen-Ausbildung) – Seminar für Heilerziehungspflege

Gerhard Schorch
Brüderältester

4307 Neinstedt, den 22.9.82
Fernruf: Thale 2655

Evgl.Kirchenkreis
Halle
Herrn Superintendent
Helmut Hartmann

4010 Halle
Mittelstr. 14/15

Leitung des Kirchenkreises
Halle/Saale
Tgb.-Nr. .... / ....

Sehr geehrter Herr Superintendent!

Keiner will es eingestehen, aber mir wird immer deutlicher, daß es für Bruder Rochau keine Arbeit in der Kirche der DDR gibt. Auch alle Bemühungen um einen Studienaufenthalt haben uns nicht weitergebracht. Der Versuch bei der Stadtmission in Magdeburg, scheint mir nur aus der Entfernung den Klang einer Möglichkeit zu haben. Sicher, es soll hier noch ein Gespräch stattfinden, es wird aber nicht viel Neues bringen. Sollte die Stadtmission Bruder Rochau ablehnen, zeigt sie damit nur, daß sie die Lage sehr realistisch beurteilt. Auch ich halte diese Stelle nach einer Schilderung von Superintendent Schierbaum für ungeeignet. Abgesehen davon, daß mir deutlich wird, daß Bruder Rochau in Magdeburg unerwünscht ist.

Meine einzige Hoffnung in dieser Situation beruht auf Verhandlungen mit Vertretern aus Mecklenburg. Sollten diese scheitern, können wir ihm nur noch die schlechteste aller Möglichkeiten vorschlagen. Ich bin sehr deprimiert.

Mit freundlichen Grüßen

Ihr

Die letzten Verbündeten: Die Neinstedter Brüderschaft setzte sich für Lothar Rochau ein (Privatarchiv Rochau).

KD Halle-Neustadt

BStU
000182

Halle, 22. 10. 1982

<u>bestätigt:</u>

Stellvertreter Operativ

Schöppe
Oberstleutnant

O p e r a t i v p l a n

<u>OV "Prävention" VIII 2665/81</u>

Zur weiteren Forcierung der vorgangsmäßigen Bearbeitung des Diakon Lothar Rochau insbesondere im Vorfeld der Friedensdekade 1982 der evangelischen Kirche, wird in der Kreisdienststelle Halle-Neustadt eine NSAG gebildet.

Dieser NSAG gehören an:

Hptm. Reichelt, Oltn. Böhme, Oltn. Föckel, Fw. Metzner und Fw. Hildebrandt, als Koordinierungsoffizier Oltn. Markus.

Mit der Abt. XX/4 der BV Halle erfolgt eine ständige Koordinierung über geplante Maßnahmen und erreichte Ergebnisse in der OV-Bearbeitung.

Die intensive operative Bearbeitung macht sich notwendig, da Hinweise zu folgenden Problemen vorliegen:

- Rochau bildete eine Diskussionsgruppe von insgesamt 4 Personen und will in enger Koordinierung mit Eppelmann die nichtstaatliche "Friedensbewegung"in der DDR unterstützen.
- Rochau versucht trotz Verbot durch den Kreiskirchenrat die Arbeit der JG Halle-Neustadt weiter zu organisieren und in seinem Sinne zu inspirieren.

Durch das kombinatorische Zusammenwirken der in diesem Operativplan aufgeführten Maßnahmekomplexe und Einzelmaßnahmen soll erreicht werden, daß:

- der Druck auf kirchenleitende Kräfte so verstärkt wird, daß der Prozeß der innerkirchlichen Auseinandersetzung mit Rochau, auf der Grundlage ihrer eigenen Beschlüsse, intensiver geführt wird.

Ihre Aktionen gegen Lothar Rochau plante die Stasi minutiös: hier zwei Seiten aus dem Auftakt zum Operativen Vorgang (OV) „Prävention" (BStU, MfS, BV Halle, Abt. VIII, Nr. 2665/81, Bl. 182, 189).

BStU
000187

3.

Mit dem Ziel, die Zersetzungsmaßnahmen zur Isolierung und Eindämmung der Wirkungsmöglichkeiten des Rochau weiter fortzuführen, werden folgende Maßnahmen durchgeführt:

3.1.

Es ist zu prüfen, wie und durch welche Maßnahmen der Pfarrer Eppelmann dazu gebracht werden kann, von einer Einbeziehung des Diakon Rochau in seine feindlichen Pläne und Absichten Abstand zu nehmen.
Dazu sind Konsultationen zwischen den jeweiligen OV-führenden Mitarbeitern durchzuführen.
Dabei ist zu diskutieren, ob durch geeignete Kräfte in Jena, Dresden oder Gera das Gerücht aufgebracht werden kann, daß Rochau mit dem MfS zusammenarbeitet.

Hinweise dafür wären u. a.:

- Rückzug seiner Unterschrift vom Berliner Appell
- Nichtteilnahme am Begräbnis Havemann mit fadenscheiniger Begründung
- absolute Straffreiheit aus der 5ergruppe, obwohl er der Initiator war

  (die resultierende Entlassung aus seiner Arbeitsstelle läßt sich als "Überaktion" der Kirche darstellen)

Termin:

Verantwortlich: Leiter der KD
Hptm. Reichelt

3.2.

IM der Abt. XX/4 in Schlüsselposition werden zielgerichtet eingesetzt, die Antihaltung einiger Mitglieder des Kreiskirchenrates gegen Rochau weiter zu verstärken.

Termin:

Verantwortlich: Abt. XX/4

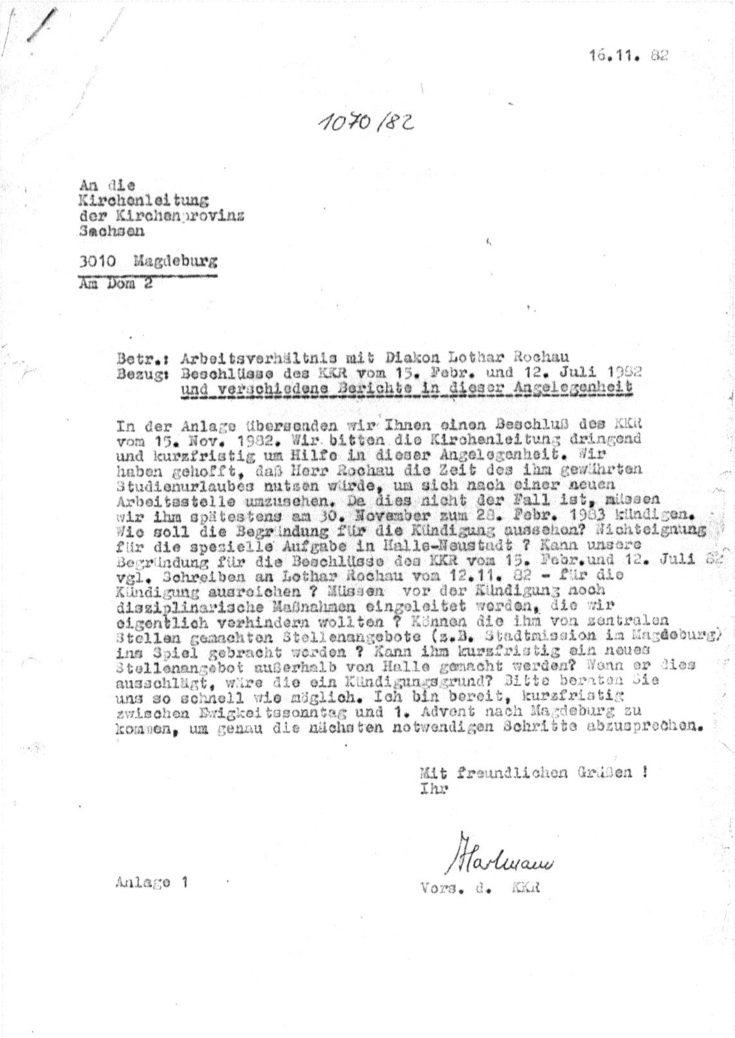

16.11. 82

1070/82

An die
Kirchenleitung
der Kirchenprovinz
Sachsen

3010 Magdeburg
Am Dom 2

Betr.: Arbeitsverhältnis mit Diakon Lothar Rochau
Bezug: Beschlüsse des KKR vom 15. Febr. und 12. Juli 1982
und verschiedene Berichte in dieser Angelegenheit

In der Anlage übersenden wir Ihnen einen Beschluß des KKR vom 15. Nov. 1982. Wir bitten die Kirchenleitung dringend und kurzfristig um Hilfe in dieser Angelegenheit. Wir haben gehofft, daß Herr Rochau die Zeit des ihm gewährten Studienurlaubes nutzen würde, um sich nach einer neuen Arbeitsstelle umzusehen. Da dies nicht der Fall ist, müssen wir ihm spätestens am 30. November zum 28. Febr. 1983 kündigen. Wie soll die Begründung für die Kündigung aussehen? Nichteignung für die spezielle Aufgabe in Halle-Neustadt ? Kann unsere Begründung für die Beschlüsse des KKR vom 15. Febr.und 12. Juli 82 vgl. Schreiben an Lothar Rochau vom 12.11. 82 - für die Kündigung ausreichen ? Müssen vor der Kündigung noch disziplinarische Maßnahmen eingeleitet werden, die wir eigentlich verhindern wollten ? Können die ihm von zentralen Stellen gemachten Stellenangebote (z.B. Stadtmission in Magdeburg) ins Spiel gebracht werden ? Kann ihm kurzfristig ein neues Stellenangebot außerhalb von Halle gemacht werden? Wenn er dies ausschlägt, wäre die ein Kündigungsgrund? Bitte beraten Sie uns so schnell wie möglich. Ich bin bereit, kurzfristig zwischen Ewigkeitssonntag und 1. Advent nach Magdeburg zu kommen, um genau die nächsten notwendigen Schritte abzusprechen.

Mit freundlichen Grüßen !
Ihr

Hartmann

Anlage 1

Vors. d. KKR

Entscheidung des Kreiskirchenrats, das Arbeitsverhältnis mit Lothar Rochau zu beenden, Anschreiben mit Anlage (Privatarchiv Rochau).

Halle 15.11. 82

Hartmann

Neher

Heyroth
Scheller
Wolff
Dr. Haase
de Boor
Wendling
Biller
Keller
Gröger
Fahlberg
Föhse
Dr. Keller

17 14

"TOP 4 a: Zwischenbericht über den derzeitigen Stand der offenen Jugendarbeit in Halle-Neustadt durch Herrn Hartmann. Er verliest Briefe an Herrn Rochau und die JG vom 31.10. und 12.11. 82 (auch einen Antrag von Frau Eigenfeld vom 29.10. 82). Der KKR billigt diese Briefe seines Vorsitzenden. Der KKR beschließt, daß das Arbeitsrechtsverhältnis von Herrn Rochau am 28.2. 83 beendet werden soll. Herr Hartmann wird beauftragt, mit dem Kirchenjuristen in Magdeburg die juristische Sache dieser Angelegenheit zu klären. Der KKR sieht sich außer Stande, über den 1. März hinaus die Verantwortung für das Arbeitsrechtliche Verhältnis wahrzunehmen. Einstimmig."

Hartmann Föhse Heyroth

Der Kirchenkreis Halle-Stadt

Halle 16.11. 82

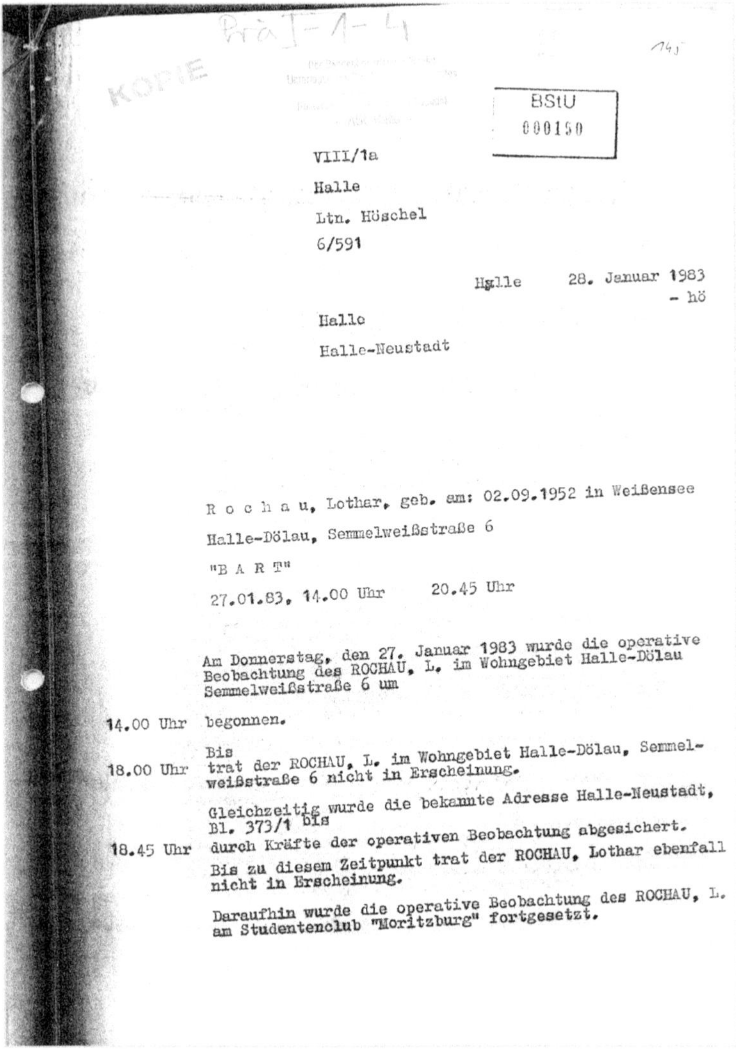

KOPIE

Prä I-1-4

145

BStU
000150

VIII/1a
Halle
Ltn. Höschel
6/591

Halle 28. Januar 1983
– hö

Halle
Halle-Neustadt

R o c h a u, Lothar, geb. am: 02.09.1952 in Weißensee
Halle-Dölau, Semmelweißstraße 6
"B A R T"
27.01.83, 14.00 Uhr 20.45 Uhr

Am Donnerstag, den 27. Januar 1983 wurde die operative Beobachtung des ROCHAU, L. im Wohngebiet Halle-Dölau Semmelweißstraße 6 um

14.00 Uhr begonnen.

Bis
18.00 Uhr trat der ROCHAU, L. im Wohngebiet Halle-Dölau, Semmelweißstraße 6 nicht in Erscheinung.

Gleichzeitig wurde die bekannte Adresse Halle-Neustadt, Bl. 373/1 bis
18.45 Uhr durch Kräfte der operativen Beobachtung abgesichert.

Bis zu diesem Zeitpunkt trat der ROCHAU, Lothar ebenfall nicht in Erscheinung.

Daraufhin wurde die operative Beobachtung des ROCHAU, L. am Studentenclub "Moritzburg" fortgesetzt.

Erste und letzte Seite eines Beobachtungsprotokolls der Stasi (BStU, MfS, BV Halle, Abt. VIII, Nr. 2665/81, Bl. 150, [152]).

22 147

KOPIE

3

Der Bundesbeauftragte für die Unterlagen des Staatssicherheitsdienstes der ehemaligen Deutschen Demokratischen Republik
– ASt Halle –

Operative Einschätzung

19.40 Uhr wurde der Genosse Schekanowsky, Abteilung XX, telefonisch informiert, daß ROCHAU, Lothar mit weiteren 5 Jugendlichen vor dem Eingang des Studentenclubs in Erscheinung getreten ist.

Weitere Informationen erfolgten um 20.00 Uhr und 20.10 Uhr. Dabei wurde der Abteilung XX mitgeteilt, daß ROCHAU den Studentenclub betreten hat.

In der Absprache zur operativen Beobachtung wurde der Abteilung VIII mitgeteilt, daß ROCHAU seit ca. 4 Wochen keinen Bart und einen kurzen gepflegten Haarschnitt trägt.

Als ROCHAU, L. am Studentenclub festgestellt wurde, trug er wie in der Vergangenheit einen Vollbart und nackenlanges Haar.
Im Gegensatz zu operativen Beobachtungen im Jahre 1982 sind Haare und Bart wesentlich gepflegter.

ROCHAU, Lothar wurde durch 2 operative Mitarbeiter aufgrund bekannter Merkmale des Äußeren, zweifelsfrei identifiziert.

Entsprechend der Absprache zur operativen Beobachtung stand für die Beobachtungskräfte die Aufgabe, ROCHAU konspirativ zu beobachten und den Bewegungsablauf sofort der KD Halle-Neustadt und Abteilung XX zu übermitteln.

Handlungen zur Verhinderung des Betretens des Studentenclubs sollten von den Beobachtungskräften nicht durchgeführt werden.
Verbindungen und Anlaufstellen sollten ebenfalls nicht aufgeklärt werden.
Die Absprache wurde geführt durch den Leiter der KD Halle-Neustadt und Genossen Hauptmann Rümmler.

Leiter der Abteilung
i.V. [Unterschrift]
Klemm
Oberstleutnant

Leiter des Referates 1a
[Unterschrift]
Rümmler
Hauptmann

Abteilung IX   Halle, 25. April 1983

BStU
000047

E i n s c h ä t z u n g

zu einem 10 A 4 Seiten umfassenden Text, der von Lothar <u>ROCHAU als Teil I einer "Denkschrift" verfaßt wurde</u>

Von der Abteilung XX/4 wurden der 10 A 4 Seiten umfassende Text mit der Bitte um strafrechtliche Einschätzung übergeben.
Der Text wurde von Rochau erarbeitet und von ihm in einer 4-er Gruppe zur Diskussion gestellt. Der Text liegt als offizielles Beweismittel vor.

Vom Verfasser wurden zu Beginn des Textes Artikel der Verfassung der DDR zitiert. Wesentliche, die Friedens- und Verteidigungspolitik der DDR bestimmende Aussagen der Verfassung fehlen aber, so die Präambel, Artikel 6 Abs. 1, 3, 4 und 5 und Artikel 8 Abs. 2, in denen die friedenserhaltende und -sichernde Tätigkeit des sozialistischen Staates festgelegt ist und die Artikel 7 Abs. 1 und 2 sowie 23 Abs. 1 und 2, die Wesen und Ziele der Verteidigungspolitik festschreiben.
Auf diesen verfassungsrechtlichen Grundlagen beruhen alle diese Maßnahmen, gegen die sich der Verfasser des vorliegenden relevanten Textes wendet.

Mit den Zitaten aus der Verfassung der DDR macht der Verfasser zugleich deutlich, daß er die folgenden Ausführungen zu gesellschaftlichen Verhältnissen, Prozessen und Erscheinungen auf die Staats- und Gesellschaftsordnung der DDR bezieht.
Im Text werden die gesellschaftlichen Verhältnisse der DDR diskriminiert. So wird behauptet, daß es in der DDR "Todbringende Dogmen, Ideologien und Kommandos" gäbe und "die

Erste und letzte Seite einer internen Einschätzung der Stasi zu einer Denkschrift, die Lothar Rochau verfasst hatte (BStU, MfS, BV Halle, Abt. VIII, Nr. 2665/81, Bl. 47, 49).

BStU
000049

46

3

Atom-Luft-Alarm unter dem Motto: 'Zivilverteidigungsinitiative - für den sicheren Schutz des Lebens' durchführt".

Mit dem Herstellen einer solchen Schrift ist objektiv der Tatbestand des § 106 Abs. 1 Ziff. 2 StGB erfüllt. Auch ihre Verbreitung durch Verlesen, Übergeben usw. ist objektiv gemäß dieser Rechtsgrundlage strafbar.

Seine Zielstellung bringt der Verfasser wie folgt zum Ausdruck:
"Die verfassungsmäßigen Grundlagen und Rechte verpflichten uns, neu über unsere gegenwärtige Situation in der DDR und insbesondere über die wehrpolitische Beeinflussung aller Bereiche des persönlichen und gesellschaftlichen Leben nachzudenken" (S. 2).
"Denken ist Widerstand, ja Ungehorsam gegenüber todbringenden Dogmen, Idolen und Kommandos. So wird es mit von unserem schöpferischen Protest abhängen, inwieweit die Freiheit, das friedliche Leben, die Rechte und die Würde des Menschen in unserem Land verwirklicht werden" (S. 2).

Somit will der Verfasser gegen die verfassungsmäßigen Grundlagen der Staats- und Gesellschaftsordnung der DDR aufwiegeln. Geprüft werden sollten die im Text enthaltenen Zitate auf ihre exakte Wiedergabe.

Stellv. Leiter der Abteilung

Stenker
Major

" B A R T"

19.05.83, 06.00 Uhr   23.54 Uhr

Die operative Beobachtung des

R o c h a u, Lothar
geb. am: 02.09.1952 in Weißensee
wohnhaft: Halle, Semmelweißstr. 06

wurde

06.00 Uhr inHalle-Dölau, Semmelweißstr. 6 begonnen.

13.03 Uhr kam ROCHAU, Lothar aus Richtung S-Bahnhof Halle-Dölau und lief am Wohnhaus Semmelweißstr. 6 vorbei in Richtung Hintereingang Bezirkskrankenhaus. Nach ca. 10 m kehrte er um und begab sich

13.04 Uhr in das Wohnhaus Semmelweißstr. 06. Der ROCHAU, Lothar führte eine dunkle Umhängetasche bei sich.

20.41 Uhr begab sich der ROCHAU, Lothar an der Spitze der Gruppe Jugendlicher von der Treppe über Spitze, Kellnerstraße zum Busbahnhof/Ecke Hallorenring. Hier wurden sie wiederum an der Teilnahme der Friedensmanifestation der FDJ durch Sicherungskräfte gehindert.

Zu diesem Zeitpunkt befand sich der Demonstrationszug, an deren Spitze sich der 1. Sekretär der Bezirksleitung Halle, sowie weitere Persönlichkeiten des Bezirkes Halle befanden, auf den Hallorenring in Richtung Hallmarkt.

Daraufhin lief diese Gruppe von Jugendlichen, wo wiederum der ROCHAU, L. als Initiator hervortrat, in Richtung Ampelkreuzung Knoten 46.

In Höhe der Aussteigestelle am Busbahnhof, gab der ROCHAU, L. den Jugendlichen durch Zeichen zu verstehen, sich in den Demonstrationszug zum Hallmakt einzugliedern.

Durch einige FDJ-ler des Demonstrationszuges wurden die Jugendlichen an der Teilnahme dieser Demonstration gehindert.

Kurze Zeit später wurden sie durch die Sicherungskräfte dabei unterstützt.

Daraufhin stimmte der ROCHAU, Lothar

20.52 Uhr das Lied

"We shall over come"
(Wir sind überall")

an.
Während des Gesanges entzündeten alle Jugendlichen derGruppe, einschließlich ROCHAU, L. mitgeführte Wachskerzen.

Beobachtung fast rund um die Uhr: Ausschnitte aus einem insgesamt achtseitigen Stasi-Protokoll vom 19. Mai 1983 mit zusammenfassender „Einschätzung zur operativen Beobachtung" (BStU, MfS, BV Halle, Abt. VIII, Nr. 2665/81, Bl. 152, 155, 158).

KOPIE

BStU
000158

23.52 Uhr entstiegen bei dem Bus an der Haltestelle Heidebahnhof und begaben sich gemeinsam in die Semmelweißstraße.

Hier wurde die operative Beobachtung

23.54 Uhr beendet.

Einschätzung zur operativen Beobachtung "B A R T "

Durch das Beobachterkollektiv wurde eingeschätzt, daß der ROCHAU, Lothar vom äußeren Erscheinungsbild einen gepflegten Eindruck macht.

Während des gesamten Beobachtungszeitraumes konnte festgestellt werden, daß der ROCHAU, L. starkte Kontrollmaßnahmen durchführte.
Das äußerte sich, indem sich der ROCHAU, L. sehr oft umdrehte und den nachfolgenden Passantenverkehr musterte.

An der Bekleidung des ROCHAU, Lothar war ein Aufnäher am rechten Oberarm mit der Aufschrift:

"Schwerter zu Pflugscharen"

aufgenäht, an der oberen Knopfleiste seiner beigefarbenen Jacke war eine Stoffplakette angeknüpft mit der Aufschrift

"Ich habe John Lennon gesehen".

Durch die Verhaltensweisen des ROCHAU, Lothar in der Gruppe der Jugendlichen wird deutlich, daß er einer der Hauptinitiatoren dieserGruppierung war.
Das zeigte sich darin, daß ROCHAU, L. den Jugendlichen Anweisungen gab, Aufgaben erteilte und selbst ständig an der Spitze der Gruppe stand.

KOPIE

KD Halle-Neustadt Halle, 3o. o5. 1983

Der Bundesbeauftragte für die Unterlagen des Staatssicherheitsdienstes der ehemaligen Deutschen Demokratischen Republik
- ASt. Halle -

BStU
000268

Information zum OV "Prävention"

Durch den IMB "Frank Krüger" wurde unserer Diensteinheit folgendes bekannt:

1. Die negativ-dekadenten Kreise um Rochau planen für den 5. Juni 1983 (Weltumwelttag), mit Fahrrädern nach Buna zu fahren. Dort will man sich demonstrativ mit Gasmasken und Transparenten vor dem Werkstor aufstellen.
Die Route soll von Halle über Silberhöhe in Richtung Ammendorf nach Buna und von dort zurück über Zscherben, Angersdorf, Halle-Neustadt führen. Man rechnet etwa mit 1oo Teilnehmern.
Es soll wieder verstärkt fotografiert werden.
Der IM erhielt die Information vom [redacted].
Der RV [redacted] bestätigte dem IM gegenüber, unabhängig vom [redacted], diese Information. [redacted] will mit seiner Ehefrau auch teilnehmen.
Eine weitere dem IM bekannte Person bestätigte diese Information unabhängig von den o.g. Quellen ebenfalls und teilte dem IM weiter mit, daß der Plan zu dieser Demonstration am Abend des 19.o5.83 beim Zusammentreffen am Händeldenkmal in Halle entstanden sein soll.

Der IMB vermutet, daß die Inspiration zu dieser Demonstration von den Kreisen um Kränz bzw. dem Hauskreis der [redacted] ausgeht.

2. Der RE [redacted] will in der Woche vom o6.o6. - 11.o6.83 eine Resolution fertigen, die er im gleichen Wortlaut an Gen. Honecker und den Bundeskanzler der BRD schicken will.
Diese Resolution will er von etwa 5o ihm bekannten RV unterschreiben lassen.
Der Inhalt der Resolution soll sein:

- Honecker beim Wort nehmen, daß er 1973 die Konvention von Helsinki unterschrieben hat, 1975 wurde sie von der Volkskammer ratifiziert;

- auf Methode der DDR eingehen, RE zurückzuweisen, auf weitere Eingaben nicht zu reagieren und dann die Leute doch rüber zu lassen - diese Wartezeit wäre sinnlos;

- wenn die Konvention von Honecker unterzeichnet wurde, muß auch alles für die Durchsetzung getan werden;

- Bundeskanzler um Unterstützung bitten;

- Unterschriften der RV sollen durch folgende Angaben in Druckschrift ergänzt werden: Name, Vorname
Wohnort
wann wurde 1. Antrag gestellt.

Erste Seite eines Zwischenberichts im Rahmen des OV „Prävention": IMB „Frank Krüger" war sehr nah an Lothar Rochau dran (BStU, MfS, BV Halle, Abt. VIII, Nr. 2665/81, Bl. 268).

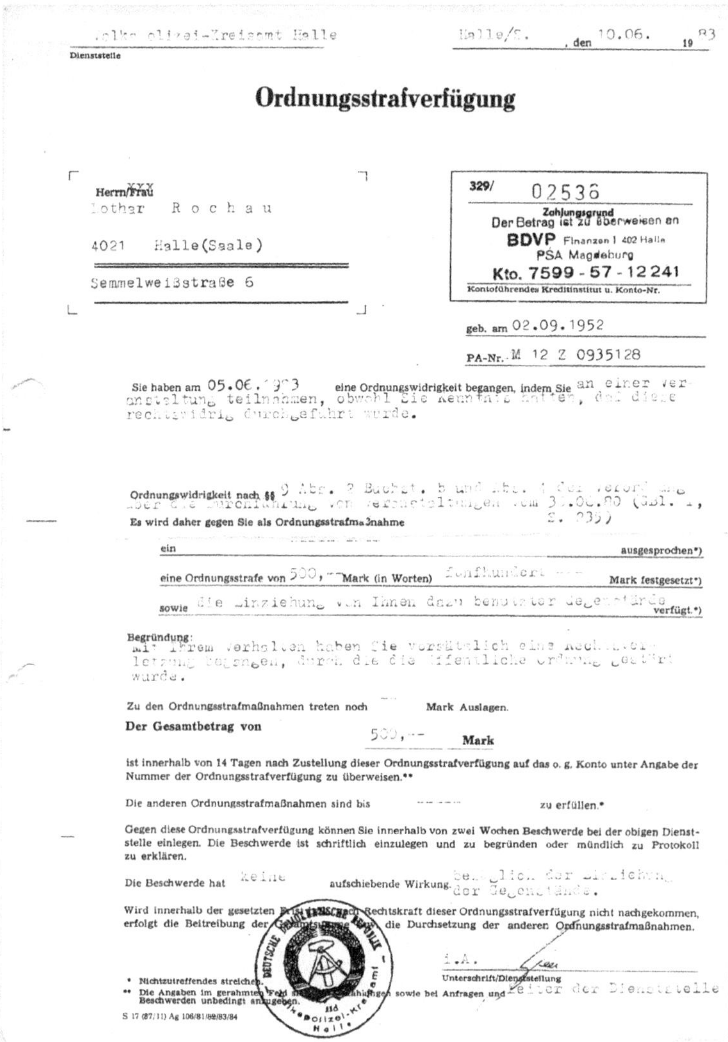

Volkspolizei-Kreisamt Halle — Halle/S., den 10.06. 1983
Dienststelle

Ordnungsstrafverfügung

Herrn/~~Frau~~
Lothar Rochau
4021 Halle (Saale)
Semmelweißstraße 6

329/ 02536
Zahlungsgrund
Der Betrag ist zu überweisen an
BDVP Finanzen 1 402 Halle
PSA Magdeburg
Kto. 7599 - 57 - 12241
Kontoführendes Kreditinstitut u. Konto-Nr.

geb. am 02.09.1952
PA-Nr. M 12 Z 0935128

Sie haben am 05.06.1983 eine Ordnungswidrigkeit begangen, indem Sie an einer Veranstaltung teilnahmen, obwohl Sie Kenntnis hatten, daß diese rechtswidrig durchgeführt wurde.

Ordnungswidrigkeit nach §§ 9 Abs. 2 Buchst. b und Abs. 4 der Verordnung über die Durchführung von Veranstaltungen vom 30.06.80 (GBl. I, S. 235)

Es wird daher gegen Sie als Ordnungsstrafmaßnahme

ein ausgesprochen*)

eine Ordnungsstrafe von 500,-- Mark (in Worten) fünfhundert --- Mark festgesetzt*)

sowie die Einziehung von Ihnen dazu benutzter Gegenstände verfügt.*)

Begründung:
Mit Ihrem Verhalten haben Sie vorsätzlich eine Rechtsverletzung begangen, durch die die öffentliche Ordnung gestört wurde.

Zu den Ordnungsstrafmaßnahmen treten noch --- Mark Auslagen.

Der Gesamtbetrag von 500,-- **Mark**

ist innerhalb von 14 Tagen nach Zustellung dieser Ordnungsstrafverfügung auf das o. g. Konto unter Angabe der Nummer der Ordnungsstrafverfügung zu überweisen.**

Die anderen Ordnungsstrafmaßnahmen sind bis ------ zu erfüllen.*

Gegen diese Ordnungsstrafverfügung können Sie innerhalb von zwei Wochen Beschwerde bei der obigen Dienststelle einlegen. Die Beschwerde ist schriftlich einzulegen und zu begründen oder mündlich zu Protokoll zu erklären.

Die Beschwerde hat keine aufschiebende Wirkung bezüglich der Einziehung der Gegenstände.

Wird innerhalb der gesetzten Frist nach Rechtskraft dieser Ordnungsstrafverfügung nicht nachgekommen, erfolgt die Beitreibung der Geldstrafe bzw. die Durchsetzung der anderen Ordnungsstrafmaßnahmen.

i.A.
Unterschrift/Dienststellung
Leiter der Dienststelle

* Nichtzutreffendes streichen.
** Die Angaben im gerahmten Feld sind bei Zahlungen sowie bei Anfragen und Beschwerden unbedingt anzugeben.

S 17 (87/11) Ag 106/81/88/83/84

500 DDR-Mark waren eine empfindliche Geldstrafe und überstiegen einen Monatsverdienst von Lothar Rochau (Privatarchiv Rochau).

BStU 000007 00J003

MINISTERRAT
DER DEUTSCHEN DEMOKRATISCHEN REPUBLIK
Ministerium für Staatssicherheit

Halle, den 23.6. 19 83

Einlieferungsanzeige

Am 23.6.1983 wurde gegen 6.05 Uhr

in Halle-Dölau wegen des dringenden

Tatverdachtes ungesetzl. Verbindungsaufnahme und Beeinträchtigung staatl. Tätigkeit

a) auf der Grundlage eines richterlichen Haftbefehls

b) vorläufig festgenommen

und am 23. 6. 83 in die UHA Halle, Am Kirchtor 20 a

eingeliefert.

Name R o c h a u Vornamen Lothar

geb. am 2. 9. 1952 in Weißensee

Beruf Diakon zuletzt ohne Beschäftigung

Anschrift der Arbeitsstelle

Familienstand verheiratet Staatsangehörigkeit DDR Nation. deutsch

Wohnanschrift Halle-Dölau, Semmelweisstraße 6

Letzter Aufenthalt Halle-Dölau, Semmelweisstr. 6

Name und Anschrift der nächsten Angehörigen Ehefrau: Karin Rochau
wh.: Halle-Dölau, Semmelweisstraße 6

Nummer der Personaldokumente PA für Bürger der DDR, Nr. J 0049776
PKZ: 020952 4 173 16

Die Vorführung erfolgte
am 24.6.83, 7.10 Uhr
durch

Name und Dienstgrad des Einliefernden

315 572 20.0 Form 593

Erste Seite der „Einlieferungsanzeige" ins Stasigefängnis „Roter Ochse" in Halle (BStU, MfS, BV Halle, AU 414/84 Bd. 3, Bl. 7).

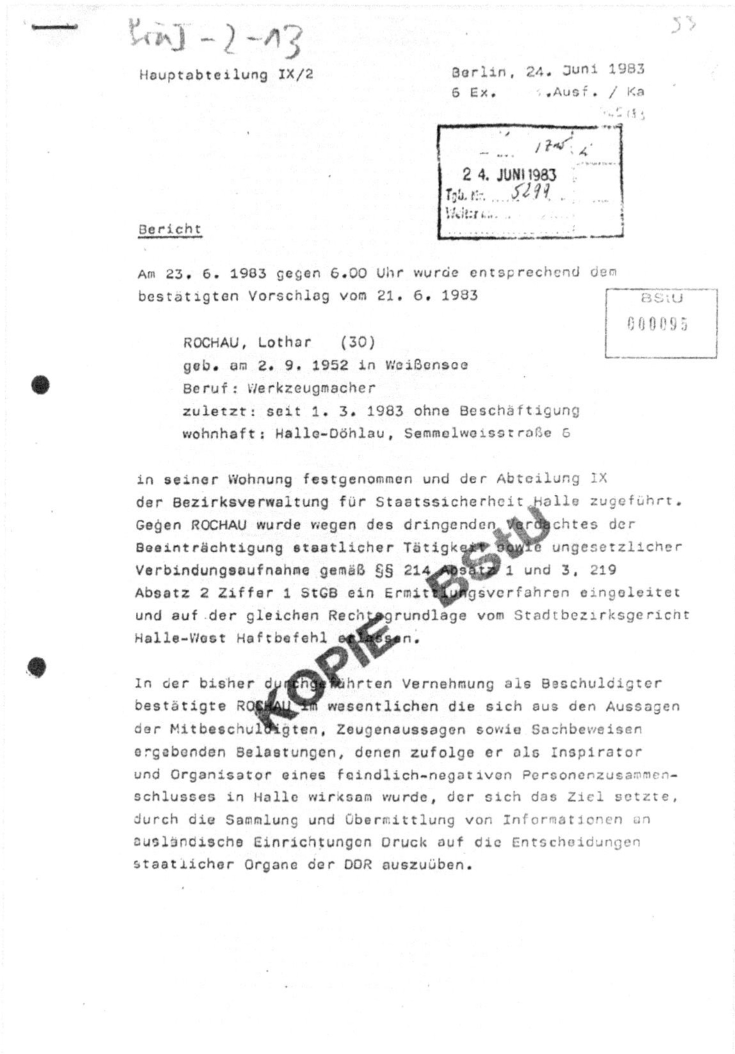

Hauptabteilung IX/2

Berlin, 24. Juni 1983
6 Ex. …Ausf. / Ka

24. JUNI 1983
Tgb. Nr. 5299

BStU
000095

Bericht

Am 23. 6. 1983 gegen 6.00 Uhr wurde entsprechend dem bestätigten Vorschlag vom 21. 6. 1983

ROCHAU, Lothar (30)
geb. am 2. 9. 1952 in Weißensee
Beruf: Werkzeugmacher
zuletzt: seit 1. 3. 1983 ohne Beschäftigung
wohnhaft: Halle-Döhlau, Semmelweisstraße 6

in seiner Wohnung festgenommen und der Abteilung IX der Bezirksverwaltung für Staatssicherheit Halle zugeführt. Gegen ROCHAU wurde wegen des dringenden Verdachtes der Beeinträchtigung staatlicher Tätigkeit sowie ungesetzlicher Verbindungsaufnahme gemäß §§ 214 Absatz 1 und 3, 219 Absatz 2 Ziffer 1 StGB ein Ermittlungsverfahren eingeleitet und auf der gleichen Rechtsgrundlage vom Stadtbezirksgericht Halle-West Haftbefehl erlassen.

In der bisher durchgeführten Vernehmung als Beschuldigter bestätigte ROCHAU im wesentlichen die sich aus den Aussagen der Mitbeschuldigten, Zeugenaussagen sowie Sachbeweisen ergebenden Belastungen, denen zufolge er als Inspirator und Organisator eines feindlich-negativen Personenzusammenschlusses in Halle wirksam wurde, der sich das Ziel setzte, durch die Sammlung und Übermittlung von Informationen an ausländische Einrichtungen Druck auf die Entscheidungen staatlicher Organe der DDR auszuüben.

KOPIE BStU

Erste Seite des fünfseitigen Stasi-Berichts zur Verhaftung Lothar Rochaus (BStU, MfS, BV Halle, Abt. VIII, Nr. 2665/81, Bl. 95).

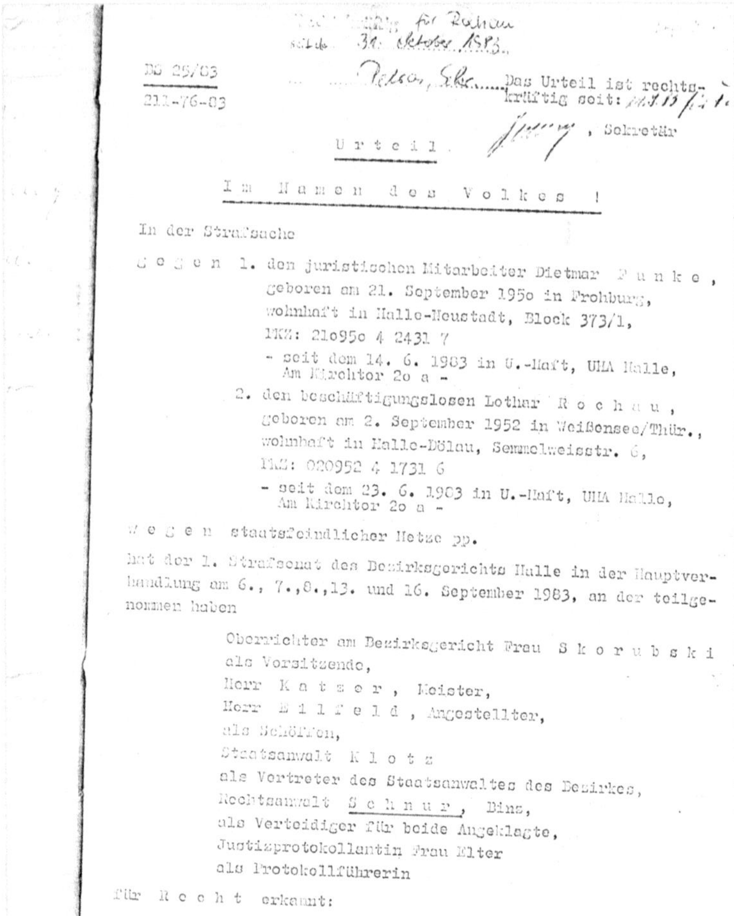
BS 25/83

211-76-83

Das Urteil ist rechtskräftig seit:

, Sekretär

U r t e i l

I m N a m e n d e s V o l k e s !

In der Strafsache

g e g e n 1. den juristischen Mitarbeiter Dietmar F u n k e ,
geboren am 21. September 195o in Frohburg,
wohnhaft in Halle-Neustadt, Block 373/1,
PKZ: 21o95o 4 2431 7
- seit dem 14. 6. 1983 in U.-Haft, UHA Halle,
Am Kirchtor 2o a -

2. den beschäftigungslosen Lothar R o c h a u ,
geboren am 2. September 1952 in Weißensee/Thür.,
wohnhaft in Halle-Dölau, Semmelweisstr. 6,
PKZ: 020952 4 1731 6
- seit dem 23. 6. 1983 in U.-Haft, UHA Halle,
Am Kirchtor 2o a -

w e g e n staatsfeindlicher Hetze pp.

hat der 1. Strafsenat des Bezirksgerichts Halle in der Hauptverhandlung am 6., 7., 8., 13. und 16. September 1983, an der teilgenommen haben

Oberrichter am Bezirksgericht Frau S k o r u b s k i
als Vorsitzende,
Herr K a t z e r , Meister,
Herr E i l f e l d , Angestellter,
als Schöffen,
Staatsanwalt K l o t z
als Vertreter des Staatsanwaltes des Bezirkes,
Rechtsanwalt S c h n u r , Bins,
als Verteidiger für beide Angeklagte,
Justizprotokollantin Frau Elter
als Protokollführerin

für R e c h t erkannt:

1. Der Angeklagte F u n k e wird wegen landesverräterischer Agententätigkeit in Tatmehrheit mit mehrfacher landesverräterischer Nachrichten-

„Im Namen des Volkes“: Wegen „staatsfeindlicher Hetze“ wird Lothar Rochau zu drei Jahren Haft verurteilt. Sein Rechtsanwalt ist der Stasi-Spitzel Wolfgang Schnur (Privatarchiv Rochau).

DDR

Nackt durchs Dorf

Mit der Verurteilung eines bei der Friedensarbeit engagierten Jugenddiakons in Halle wollten die DDR-Behörden ein Exempel statuieren.

Im sächsischen Halle trafen sich 120 Umweltschützer zur Fahrrad-Demonstration gegen die Luftverschmutzung. Auf dem Weg zu den Chemie-Werken Buna zeigten sie Transparente mit der Aufschrift „Umkehr zum Leben" und „Chemie ist schön – Chemie ist nützlich – ist das alles?"

Das war es nicht. Wie nützlich Chemie sein kann, führte die Hallenser Feuerwehr vor: Sie spritzte Schaum auf die Straße, um die Protest-Radler an der Weiterfahrt zu hindern. Bis vor die Werkstore kamen sie nicht mehr: Die meisten wurden noch innerhalb der Stadtgrenze abgefangen und zu Ordnungsstrafen zwischen 300 und 500 Mark verknackt.

Das hatten die Demonstranten erwartet. Vor der Aktion war die DDR-Staatssicherheit (Stasi) bei einigen Mitgliedern der Gruppe, darunter dem Jugenddiakon Lothar Rochau, aufgetaucht und hatte gedroht: „Das ist verboten, wir haben Sie gewarnt. Nicht, daß hinterher das Geheule groß ist."

Erst Wochen später, Ende Juni, schlugen die Behörden richtig zu: Rochau, 31, wurde festgenommen und in die Untersuchungshaftanstalt, Am Kirchtor 20, gesperrt. Er habe, so warf ihm der Staatsanwalt des Bezirks vor, mit Jugendlichen in Halle Aktionen gegen die Umweltverschmutzung organisiert und die öffentliche Ordnung gefährdet.

Schon lange hatte die Stasi den unbequemen Kirchenmann auf der Rolle, er war überfällig: In Halle-Neustadt führte Rochau seit 1977 eine über 40 Anhänger starke Friedensgruppe an, die in der sächsischen Industriestadt mit vielerlei Aktivität von sich reden machte.

Im September vorigen Jahres war Rochau Vormann einer Demonstration von etwa 100 jungen Leuten, die weiße Friedenstauben auf ihren Jacken trugen. Zu Pfingsten 1983 versuchte der Zirkel, sich mit brennenden Kerzen und Transparenten („Vertrauen wagen", „Vertrauen statt Wahnsinn") in den offiziellen Friedensmarsch der „Freien Deutschen Jugend" (FDJ) zu mengen.

Für seine Gruppe hatte Rochau einen Aufruf verfaßt und sich darin auf ein starkes Wort des ersten DDR-Staatschefs Wilhelm Pieck berufen: „Wer in Deutschland noch einmal ein Gewehr anfaßt, dem soll der Arm abfallen."

Schließlich wurde Rochau auch die Freundschaft mit dem 32 Jahre alten Hallenser Juristen Dietmar Funke zum Verhängnis, der sich an einer Unterschriftensammlung für einen Bittbrief an SED-Chef Erich Honecker und Bundeskanzler Helmut Kohl beteiligt hatte: 33 Ausreisewillige forderten darin, unter Berufung auf die KSZE-Schlußakte von Helsinki und die Menschenrechte, ihre Anträge müßten beschleunigt behandelt werden – Funke sitzt seit Mitte Juni ebenfalls im Gefängnis.

Diakon Rochau (M., mit Bart), Anhänger*
Nicht so diplomatisch

Aus alldem konstruierte die Justiz eine Anklage wegen staatsfeindlicher Hetze und ungesetzlicher Verbindungsaufnahme in den Westen. Der Diakon, so die dünne Beweisführung, habe die Adresse einer westlichen Zeitung weitergegeben und zwei kritische Schriften über Staat und Militär verbreitet – an insgesamt vier DDR-Bürger.

Die Behörden hatten sich den Protestanten zu einem günstigen Zeitpunkt geschnappt. Er stand nicht mehr unter dem Schutz der Kirche – die hatte Rochau gefeuert.

Mit den Oberhirten lag der Diakon im Streit: Sein Projekt der sogenannten offenen Jugendarbeit, der Seelsorge für

* Zu Beginn einer Friedensdemonstration am 1. September 1982 in Halle.

So berichtete das Nachrichtenmagazin „Der Spiegel" über die Ereignisse des Jahres 1983 (© Der Spiegel, Nr. 39/1983).

Problem-Zöglinge, stieß auf Kritik. Die Kirchenleitung warf Rochau vor, er sei ein Fanatiker und habe sich seine Gruppe hörig gemacht. Schon seit einem Jahr hatte der Zirkel keine eigenen Versammlungsräume mehr. Ein Mitglied der Gruppe: „Der Rochau ist eben nicht so diplomatisch wie die anderen Kirchenleute. Wenn dem eine Idee gefällt, dann sagt er, los, das wird gemacht."

Offenbar war es nicht nur der Mangel an Diplomatie, der den Oberhirten, die als Kirchenmänner im Sozialismus mit dem Staat zurechtkommen müssen, an Rochau mißfiel. Jugendprojekte wurden, wegen wachsender Konflikte mit den Behörden, auch anderswo zurückgestutzt. Und in Rochaus Gruppe ging es bisweilen recht munter zu.

Eine kirchliche Mitarbeiterin berichtete über die Nachwirkungen eines Wochenendes von Rochau-Anhängern in einem mecklenburgischen Ort: „Die Dörfler sind heute noch verstört. Die Gäste haben das Altartuch mit Essen beschmutzt, sind nackt durchs Dorf gelaufen, besoffen irgendwo umgefallen und liegengeblieben und haben auf dem Dorfplatz gebumst. Der Pastor hatte große Mühe, die Volkspolizei vom Eingreifen abzuhalten."

Dennoch gab die protestantische Kirche ihr Schäflein nicht auf: Das Konsistorium der Kirchenprovinz Sachsen forderte per Rundbrief dazu auf, den Häftling Rochau „in die Fürbitte einzubeziehen". Rochaus Gruppe verhandelt inzwischen mit der Hallenser Kirche über ihre Integration. Und in seinem Prozeß vor dem Bezirksgericht Halle erhielt der Diakon Rechtsbeistand von Kirchenanwalt Wolfgang Schnur.

Die Kirchenleitung hatte offenbar eingesehen, daß Rochaus Rausschmiß ein Fehler war: Damit seien, so die Kritik von der Basis, die Behörden geradezu ermuntert worden, sich den Jugenddiakon zu greifen. Die Oberhirten verteidigten sich, sie hätten Rochau vor seiner Verhaftung angeboten, er könne sich als Betreuer in ein Heim für Behinderte versetzen lassen, er sei daher die ganze Zeit Mitarbeiter der Kirche gewesen.

Die DDR-Behörden aber, die schon den harten Kern der Jenaer Friedensgemeinschaft zerschlagen haben, wollten offenbar nun auch in Halle ein Exempel statuieren: Am Freitag vorletzter Woche wurde Rochau zu drei Jahren, sein Freund Dietmar Funke zu viereinhalb Jahren Freiheitsentzug verurteilt.

Zwei weitere Angeklagte waren bereits einige Wochen zuvor mit eindreiviertel Jahren Gefängnis bestraft worden. Und am 31. August nahmen die Behörden die 37 Jahre alte Bibliotheksassistentin Kathrin Eigenfeld fest, die mit Rochau zusammenarbeitete. Sie hatte sich an der Fahrrad-Demonstration zu den Buna-Werken und einer Aktion „Fasten für den Frieden" beteiligt.

Die Kirche hielt sich bisher mit Kritik an dem harten Vorgehen zurück. Rochau hat Berufung eingelegt. Synodale des „Bundes der Evangelischen Kirchen in der DDR" argumentierten vorige Woche in Potsdam, man greife nicht in ein schwebendes Verfahren ein.

Sie haben Grund zur Vorsicht. Zwar hat der Staat den Protestanten dieses Jahr Leine gelassen. Nun aber, so fürchten sie, soll mit dem Rochau-Urteil ein Zeichen gesetzt werden: daß es mit dem Ende des Luther-Jahres auch aus ist mit der Nachsicht der SED.

Der Verdacht scheint begründet. Vor drei Wochen forderte Ex-Kanzler Helmut Schmidt bei seiner DDR-Visite von Erich Honecker mehr Toleranz gegenüber der Friedensbewegung und sprach den Fall Rochau an. Doch der SED-Chef beschied den Besucher kühl: Da sei nichts zu machen, der Diakon habe schließlich gegen Gesetze verstoßen.

BAUPREISE

Fein gestrickt

Der Skandal um die Preisabsprachen in der Baubranche ufert immer mehr aus: Bei einem Ring, der in Holland entdeckt wurde, sind wieder die größten deutschen Firmen dabei.

In Den Haag am Benoordenhoutseweg 44 wähnte sich der Holländer Piet Hofmann vier Jahre lang vor den Deutschen sicher. Am Morgen des 28. Oktober 1982 erwischten ihn die Fahnder aus Wiesbaden dann doch.

Holländische Polizisten und Beamte des Bundeskriminalamtes durchsuchten die Villa und nahmen aus den Büroräumen rund 40 gelbe und rosa Mappen mit. Die Aufzeichnungen von Piet Hofmann hatten es in sich.

Die Filzaktion im Ausland förderte einen Bauskandal zutage, in den die

Rhein bei St. Goar: Beim Ausbau der Fahrr

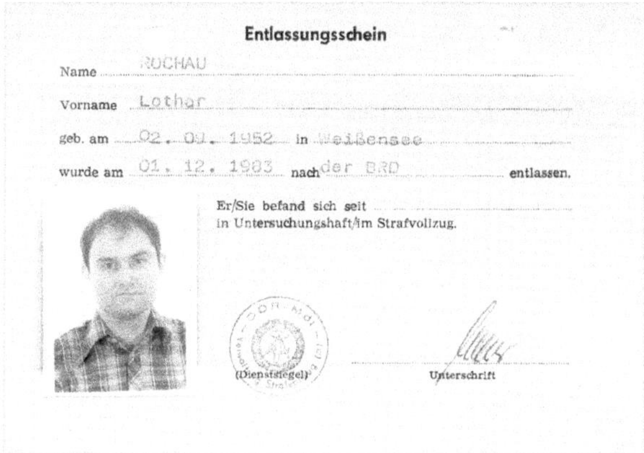

Entlassungsschein

Name ROCHAU

Vorname Lothar

geb. am 02. 09. 1952 in Weißensee

wurde am 01. 12. 1983 nach der BRD entlassen.

Er/Sie befand sich seit

in Untersuchungshaft/im Strafvollzug.

(Dienstsiegel)

Unterschrift

URKUNDE

Lothar Rochau

geboren am 02. 09. 1952

in Weißensee

wohnhaft in Halle-Dölau,

Semmelweisstr. 6

wird gemäß § 10 des Gesetzes vom 20. Februar 1967 über die Staatsbürgerschaft der Deutschen Demokratischen Republik (GBl. I S. 3) aus der Staatsbürgerschaft der Deutschen Demokratischen Republik entlassen.

Die Entlassung aus der Staatsbürgerschaft der Deutschen Demokratischen Republik wird gemäß § 15 Abs. 3 des Staatsbürgerschaftsgesetzes mit der Aushändigung dieser Urkunde wirksam.

Berlin,

den 28. 11. 1983

Ausgehändigt am

01. 12. 1983

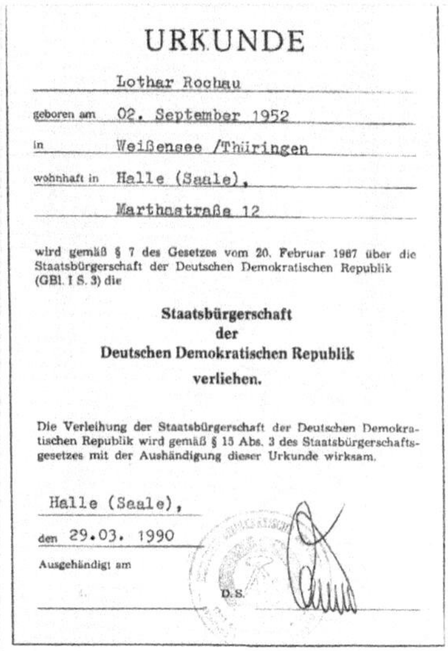

URKUNDE

Lothar Rochau

geboren am 02. September 1952

in Weißensee /Thüringen

wohnhaft in Halle (Saale),

Marthastraße 12

wird gemäß § 7 des Gesetzes vom 20. Februar 1967 über die Staatsbürgerschaft der Deutschen Demokratischen Republik (GBl. I S. 3) die

Staatsbürgerschaft der Deutschen Demokratischen Republik verliehen.

Die Verleihung der Staatsbürgerschaft der Deutschen Demokratischen Republik wird gemäß § 15 Abs. 3 des Staatsbürgerschaftsgesetzes mit der Aushändigung dieser Urkunde wirksam.

Halle (Saale),

den 29.03. 1990

Ausgehändigt am

„Entlassung aus der Staatsbürgerschaft" und Rückkehr: Der Entlassungsschein und die Urkunde, die besiegelte, dass Lothar Rochau kein DDR-Bürger mehr war. Um in Halle politisch wirken zu können, ließ sich Lothar Rochau 1990 wieder in die DDR einbürgern (Privatarchiv Rochau).

Notaufnahmelager Gießen

– Landeseinweisungsstelle –

6300 GIESSEN, den 05.12.1983
ko

Meisenbornweg 27
Postfach: 6110
Ruf (06 41) 7 40 71

Magistrat der Stadt
-Flüchtlingsdienst-

6100 Darmstadt

Einweisungsverfügung

Herr / ~~Frau~~ / ~~Frl.~~ / Lothar, Rudolf, Karl Rochau

geb. am 02.09.1952 in Weißensee,Krs.Sömmerda

Beruf: Werkzeugmacher / Diakon

zuletzt wohnhaft in Halle-Dölau

mit – – –

Zuzugsort: Darmstadt, Dieburger Str. 199

Zweitschrift

wurde/~~n~~ gemäß § 1 des Notaufnahmegesetzes vom 22. August 1950 (BGBl. S. 367)

am 05.12.1983

im Notaufnahmelager ~~Berlin~~ / Gießen / ~~Ueg.~~ in das Bundesgebiet aufgenommen und dem Land Hessen zugewiesen.

Einweisung erfolgt nach dem

Stadt- / ~~Land-~~ Kreis Darmstadt

Meldung hat in kürzester Frist beim zuständigen Stadt- / ~~Land~~kreis zu erfolgen.

1000 5. 83 371,853 Klein, Gießen Na 2

Erste Station im Westen: Die Einweisungsverfügung für das Notaufnahmelager in Gießen (Privatarchiv Rochau).

Abteilung XX

Halle, 25. März 1985
4/schu-scha

BStU
000309

KOPIE

Der Bundesbeauftragte für die Unterlagen des Staatssicherheitsdienstes der ehemaligen Deutschen Demokratischen Republik
– ASt. Halle –

Stellungnahme

zum Abschluß des OV "Prävention", Reg.-Nr. VIII 2665/81, der KD Halle-Neustadt

Im Ergebnis einer langjährigen zielgerichteten politisch-operativen Bearbeitung des ehemaligen Jugenddiakons

Rochau, Lothar
geb. am: 2. 9. 1952 in Weißenfels

konnte beweiskräftig dokumentiert werden, daß er unter Mißbrauch der kirchlichen Jugendarbeit und seiner Funktion subversiv gegen die sozialistische Staats- und Gesellschaftsordnung in der DDR tätig wurde.

Mit der Verurteilung Rochaus zu einer Haftstrafe von 3 Jahren wegen strafrechtlich-relevanten Handlungen gemäß §§ 219 und 106 StGB und der nachfolgenden Übersiedlung im Februar 1984 in die BRD konnte zugleich eine Konzentration feindlich-negativer Personen im kirchlichen Bereich in Halle-Neustadt zerschlagen werden.

Der im Rahmen des Bearbeitungsprozesses des Rochau erreichte innerkirchliche Differenzierungsprozeß hatte weiterhin zur Folge, daß Rochau keine "politische Aufwertung" durch westliche Massenmedien erfuhr.
Im Ergebnis des erreichten politisch-operativen Bearbeitungsstandes wird dem Abschluß des OV "Prävention" zugestimmt.

Unter Beachtung der vorliegenden Erkenntnisse über die weiteren Pläne und Absichten des Rochau ist erforderlich, in enger Koordinierung mit der Abteilung XX, weitere zielgerichtete Kontrollmaßnahmen zur Person sowie zu den Rückverbindungen (Eigenfeld und [redacted]) zu realisieren, um vorbeugend inspirierende Einflußnahmen auf diesen Personenkreis im Sinne der Organisierung einer politischen Untergrundtätigkeit unterbinden zu können.

Leiter der Abteilung

Gröger
Oberstleutnant

Der Abschlussbericht zum OV „Prävention" (BStU, MfS, BV Halle, Abt. VIII, Nr. 2665/81, Bl. 309).

BStU
000015

Abteilung XX

Halle, 21. März 1986
5/gä-ni

KOPIE

bestätigt:
Leiter der Abteilung

im Original gez. Gröger

Gröger
Oberst

Der Bundesbeauftragte für die Unterlagen des Staatssicherheitsdienstes der ehemaligen Deutschen Demokratischen Republik

Operativplan
zur zielstrebigen politisch-operativen Bearbeitung des OV "Aktion"

Die Zielstellung des OV besteht in:

- rechtzeitige Aufklärung der Pläne, Absichten und Maßnahmen sowie Mittel und Methoden des R. im Sinne der Organisierung und Inspirierung von politischer Untergrundtätigkeit aus dem Operationsgebiet und vorbeugende Verhinderung des Zusammenwirkens äußerer und innerer feindlicher Kräfte;

- Nachweisführung einer direkten oder indirekten geheimdienstlichen Steuerung des R. bzw. der Zusammenarbeit mit anderen Feindstellen im Operationsgebiet;

- Beseitigung negativ-feindlicher Wirkungsmöglichkeiten des R. durch Maßnahmen der Zersetzung, Verunsicherung und Isolierung sowie Liquidierung als feindliche Hauptkraft gegen die sozialistische Gesellschaftsordnung in der DDR.

Hauptrichtungen der Bearbeitung sind:

- Nachweis der Aktivitäten des R. im Sinne der Inspirierung und Organisierung von PUT in dem Verantwortungsbereich unserer DE und vorbeugende Verhinderung des Wirksamwerdens;

- Herausarbeitung der Zielstellung des R. in bezug auf seine Kontakte zu der Arbeitsgruppe "Osteuropa" der Bundespartei der Grünen, des sogenannten Arbeitskreises für Frieden und Menschenrechte in OSt und West, dessen Initiator er ist, sowie seine Kontakte zur Feindperson [redacted]

- Herausarbeitung weiterer operativ interessanter Verbindungspersonen im Operationsgebiet BRD/WB und in der DDR;

- ständige Analyse seiner Aktivitäten in bezug auf Inspirierung/Organisierung von PUT-Kräften unseres Verantwortungsbereiches zur Festlegung operativ wirksamer Maßnahmen hinsichtlich der Zersetzung, Verunsicherung bis zur Liquidierung als feindliche Hauptkraft.

Ausschnitt aus einem „Operativ-Plan": Auch nach der Abschiebung in den Westen wurde Lothar Rochau von der Stasi weiter beobachtet. Ziel war nichts weniger als die „Liquidierung als feindliche Hauptkraft" (BStU, MfS, BV Halle, Abt. VIII, Nr. 421/88, Bl. 15).